edition suhrkamp 2748

Nach Ereignissen wie dem Mord an Walter Lübcke, dem Anschlag in Halle oder den rassistischen Morden in Hanau im Februar 2020 wird regelmäßig darüber diskutiert, inwiefern es sich um isolierte Einzeltäter handelt oder ob ein Zusammenhang zu bestimmten Parteien und Ideologien besteht. Der renommierte Sozialwissenschaftler Wilhelm Heitmeyer hat dazu bereits 2012 das Modell eines konzentrischen Eskalationskontinuums präsentiert: ganz außen stehen menschenfeindliche Einstellungen in der Bevölkerung, im Zentrum terroristische Zellen, dazwischen organisierte Akteure des autoritären Nationalradikalismus, »Vordenker«, systemfeindliche Milieus und Unterstützernetzwerke. Die Gewaltbereitschaft nimmt von außen nach innen zu, die jeweils äußere Schicht liefert ihrer inneren Nachbarin Legitimation.

In dieser hochaktuellen Studie zeigt Wilhelm Heitmeyer zusammen mit Manuela Freiheit und Peter Sitzer u. a. am Beispiel der Ausschreitungen in Chemnitz im August 2018, wie sich innerhalb dieses Kontinuums Allianzen herausbilden und wie diese die offene Gesellschaft immer stärker bedrohen.

Wilhelm Heitmeyer war von 1996 bis 2013 Direktor des Instituts für interdisziplinäre Konflikt- und Gewaltforschung (IKG) der Universität Bielefeld. In der edition suhrkamp gab er u. a. die Reihe *Deutsche Zustände* heraus. Manuela Freiheit und Peter Sitzer forschten am IKG über »Autonome Nationalisten«. Freiheit ist wissenschaftliche Mitarbeiterin am IKG, Sitzer arbeitet an der Goethe-Universität Frankfurt am Main.

Wilhelm Heitmeyer,
Manuela Freiheit, Peter Sitzer

Rechte Bedrohungsallianzen

Signaturen der Bedrohung II

Suhrkamp

Erste Auflage 2020
edition suhrkamp 2748
Originalausgabe

Satz: Satz-Offizin Hümmer GmbH, Waldbüttelbrunn
Druck: C.H. Beck, Nördlingen
Printed in Germany
ISBN 978-3-518-12748-3

Inhalt

Vorwort

Dieses Buch setzt die 2018 begonnene Reihe »Signaturen der Bedrohung« fort. Inhaltlich knüpft es an den Vorgängerband *Autoritäre Versuchungen* an, insbesondere an das dort in Kapitel 14 entwickelte Konzept des konzentrischen Eskalationskontinuums, das die folgenden Analysen strukturiert. Wir befassen uns mit den verschiedenen Eskalationsstufen sowie den Wechselwirkungen zwischen ihnen und beschreiben eine Dynamik, die sich oftmals in Gewalttaten entlädt.

Unsere These lautet, dass sich eine *Ausdifferenzierung*, *Intellektualisierung* und *Dynamisierung* des rechten politischen Spektrums beobachten lässt. Einstellungen, die wir unter dem Begriff *Gruppenbezogene Menschenfeindlichkeit* zusammenfassen können, normalisieren sich in Teilen der Bevölkerung, die Grenzen zwischen dem rechten und dem demokratisch-konservativen Segment des Parteienspektrums werden durchlässig. Als Ursache dafür sehen wir ökonomische und sozial-kulturelle Verwerfungen. Kapitalistische Landnahmen, soziale Desintegration und Demokratieentleerung lassen das Vertrauen in das demokratische System schwinden.

Um dieses Buch schreiben zu können, haben wir verschiedene Kolleginnen und Kollegen zu Rate gezogen. Unser Dank gilt: Frank Asbrock (Chemnitz), Rafael Behr (Hamburg), Werner Bergmann (Berlin), Frerk Blome (Hannover), Dierk Borstel (Dortmund), Nils Böckler (Darmstadt), Frank Jansen (Berlin), Daniela Krause (Bielefeld), Stefan Malthaner (Hamburg), Timo Reinfrank (Berlin) und Ulrich Wagner (Marburg).

Danken möchten wir auch der Kollegin Sylja Wandschneider aus dem von der Deutschen Forschungsgemeinschaft (DFG) geförderten Projekt »Autonome Nationalisten« sowie den studentischen und wissenschaftlichen Hilfskräften Moritz Bühler, Alina Marie Gülle, Max Hemmann, Olga Janzen, Jannik Kohl, Alessandra Schädel, Sören Sponick, Kathrin Wagner und Felicitas Wagner. Besonders bedanken wir uns bei Ulrike Rogat, die souverän die Schreibarbeiten und die Manuskriptverwaltung besorgt hat.

Bielefeld, im Sommer 2020 Wilhelm Heitmeyer,
Manuela Freiheit,
Peter Sitzer

Vorbemerkung: Analysen in Zeiten der Corona-Pandemie

Jede Buchveröffentlichung zu politischen Themen und gesellschaftlichen Entwicklungen im Jahr 2020 hat eine Zäsur mitzudenken: die Corona-Pandemie und die Frage, ob die *vor* der weltweiten und damit natürlich auch nationalen Krise geschriebene Untersuchung noch tragfähig ist *nach* der Krise, wenn sie denn vergehen will und sich nicht zu einer chronischen Pandemie entwickelt.

Das betrifft auch unsere Analyse rechter Bedrohungsallianzen, bei deren Beschreibung und Erklärung wir immer wieder auf die Krisen der letzten beiden entsicherten Jahrzehnte zurückkommen, vor allem auf »9/11« (2001), auf »Hartz IV« (seit 2005), die Banken- und Finanzkrise (2008-2009) sowie die sogenannte »Flüchtlingskrise« (2015). Es waren Krisen, weil die Routinen zur Bewältigung sozialer, ökonomischer und politischer Aufgaben nicht mehr in gewohnter Weise funktionierten und weil klar war, dass die Zustände vor den krisenhaften Ereignissen sich nicht wiederherstellen lassen würden. Gleichzeitig gingen damit stets auch biografische, soziale, ökonomische und politische Kontrollverluste einher.

Diese Krisen unterscheiden sich in dreierlei Hinsicht von der Corona-Pandemie: Zum einen trafen sie mit einer zeitlichen »Staffelung« ein. Zum anderen betrafen sie unterschiedliche Gruppen in der Bevölkerung mit unterschiedlichen Risiken und Kontrollverlusten. Die beteiligten Institutionen in den sozialen Teilsystemen reagierten mit ihren jeweiligen Logiken auf die Erschütterungen. Drittens ereigneten sich diese Krisen (selbst die Bankenkrise) insofern im Rahmen stabiler ökonomischer Zustände, als Instrumente zu ihrer Bewältigung zur Verfügung standen. Mit Corona ist diese Logik der Beherrschbarkeit von Krisen in hoch differenzierten Gesellschaften zertrümmert worden.

Im Gegensatz zu den früheren Krisen in Teilsystemen haben wir es jetzt mit Kontrollverlusten des Gesamtsystems zu tun – mit der Konsequenz zeitweiliger Stilllegungen oder Beschränkungen von Lebensbereichen und Funktionssystemen. Dies gilt auch für politische Bewegungen und Parteien im öffentlichen Raum, mithin auch für rechte Bedrohungsallianzen, soweit sie nicht klandestin agieren und/oder terroristische Planungen verfolgen.

Was ist nun angesichts der unklaren Auswirkungen der Corona-Pandemie im Hinblick auf die Erklärungsreichweite unseres Ansatzes und auf gesellschaftliche wie politische Entwicklungsrichtungen anzunehmen? Dies ist eine empirische Frage, die sich im Sommer 2020 noch nicht wirklich beantworten lässt. Gleichwohl ist es notwendig, die öffentliche und wissenschaftliche Debatte zu beobachten, da im Verlauf der Krise angesichts der schrecklichen Todeszahlen und der gesellschaftlichen Schockstarre unterschiedliche Zukunftsentwürfe artikuliert werden.

Zeitenwende ist ein zentraler Kristallisationsbegriff, an den zahlreiche optimistische Hoffnungen geknüpft werden auf nicht weniger als *Strukturveränderungen* in Gesellschaft, Wirtschaft und Politik. Thematisiert wurden in »schnellen« Feuilletons »voraussichtliche« Verstetigungen solidarischen Verhaltens, Entschleunigungen der Globalisierung, eine Verminderung der sozialen Ungleichheit, Veränderungen des kapitalistischen Systems oder auch ein Umbau politischer Strukturen. Darin finden sich viele Elemente von Gesellschaftsromantik, denn nirgends ist erkennbar, wer die »Treiber« solcher weitreichenden Veränderungen sein könnten.

Zumal in den Debatten verdrängt wurde, dass der globale finanzialisierte Kapitalismus kein Interesse an gesellschaftlicher Integration oder daran hat, dass Solidarität zunimmt, Ungleichheit abnimmt usw. Die Leitlinien des ökonomistischen Denkens, das in die Gesellschaft eingedrungen ist, sind Nützlichkeit, Verwertbarkeit und Effizienz, nicht nur für die Produktion von Waschmaschinen, sondern auch für die Bewertung von Menschen.

Was sich – neben den massiven staatlichen Eingriffen in grundgesetzlich verbriefte Freiheitsrechte – bereits im Sommer 2020 abzeichnet, sind ein Konjunktureinbruch sowie strukturell tief greifende und zeitlich weitreichende Verwerfungen auf dem Arbeitsmarkt. Solche Verwerfungen gehen in der Regel mit Existenzängsten und Statusverlusten, zeitversetzt auch mit steigender sozialer Ungleichheit einher.

Diese Aussichten legen es nahe, in eine andere, weniger optimistische Richtung zu fragen: Werden die Akteure des rechten politischen Spektrums von diesen erneuten Verunsicherungen und Kontrollverlusten profitieren, wenn die Beschränkungen einmal endgültig aufgehoben und der öffentliche Raum wieder geöffnet worden ist (siehe dazu auch die Überlegungen im Postskriptum)? Nach allem, was wir über die Verarbeitung krisenhafter Ereignisse wissen, müssen wir davon ausgehen, dass autoritäre Versuchungen in einer solchen Situation eher zunehmen. Entsicherte Zustände sind selten gute Zeiten für Solidarität, breites demokratisches Engagement oder mutige Experimente mit neuen ökonomischen Konzepten oder Modellen der demokratischen Repräsentation.

Dass es während der Pandemie weniger öffentlich sichtbare Aktivitäten rechter Bedrohungsallianzen gab, heißt nicht, dass politische Herausforderungen wegen eines »natürlichen« Virus verschwunden wären. Vielmehr wurden sie durch die

Bewegungseinschränkungen und die Dominanz der Gesundheitsversorgung zeitweise überdeckt. Die These für die Zeit nach der Pandemie wäre also: Aus Kontrollverlusten wächst das Autoritäre. Die Überprüfung muss in den nächsten Jahren stattfinden.

1. Das Konzept

1.1. Problembeschreibung und leitende These: Ausdifferenzierung und Dynamisierung als Erfolgsmodell rechter Bedrohungsallianzen

In den letzten Jahren war im rechten politischen Spektrum eine *Ausdifferenzierung* von Bewegungen, Parteien und Netzwerken zu beobachten. Zugleich wurden die Kräfte gebündelt. Vor dem Hintergrund globaler und innergesellschaftlicher Probleme führte dies zu einer bislang ungekannten *Dynamisierung* von Bedrohungen für die offene Gesellschaft und die liberale Demokratie.

Diese Bedrohungen beginnen oft mit Verschiebungen auf der Einstellungsebene, etwa wenn basale Grundwerte wie die Gleichwertigkeit der Menschen, die in dieser Gesellschaft leben, nicht länger von allen geteilt werden. Solche Verschiebungen können in Angriffen auf die psychische und physische Unversehrtheit der Angehörigen markierter Gruppen resultieren – bis hin zu tödlicher terroristischer Gewalt. Aber auch die Institutionen der Gesellschaft und des Staates stehen im Fadenkreuz und sollen destabilisiert werden.

Die entsprechenden Allianzen umfassen Einzelpersonen ohne organisatorische Anbindung, die Einstellungen aufweisen, die sich unter gruppenbezogene Menschenfeindlichkeit subsumieren lassen, ein autoritär-nationalradikales Milieu mit entsprechenden Bewegungen und Parteien, systemfeindliche rechtsextremistische und neonazistische Netzwerke sowie klandestine terroristische Zellen und ihre Unterstützer. Wie gefährlich solche Allianzen für die offene Gesellschaft und die liberale Demokratie sind, lässt sich nur dann wirklich einschätzen, wenn man die Interaktionsprozesse zwischen den Teilgruppen mithilfe eines soziologischen Ansatzes (Kapitel 3) und vor dem Hintergrund des Konzepts des Eskalationskontinuums (Kapitel 4) analysiert. Parzellierte Betrachtungen einzelner Vorgänge, Organisationen oder Ereignisse hingegen führen aus unserer Sicht nicht weiter.

1.2 Definitorische Rahmung

Rechte Bedrohungsallianzen werden in dieser Analyse als Bündnisse zwischen individuellen Akteuren, Gruppen, sozialen Bewegungen und Parteien verstanden, die sich gegen die offene Gesellschaft und die liberale Demokratie richten. Dabei unterscheiden wir zwischen formellen Handlungs- und informellen »Gedanken«-Bündnissen in Form von Einstellungen in der Bevölkerung. Wir werden diese *Bedrohungsallianzen* in der folgenden Analyse explizit *nicht* allein im klassischen parteipolitischen Koordinatensystem verorten, da wir glauben, dass sie dafür zu komplex sind und eine zu große programmatische und taktisch-strategische Spannbreite aufweisen. Rechte Bedrohungsallianzen eint das Bestreben, eine autoritäre Entwicklung hin zu einer geschlossenen Gesellschaft und illiberalen Demokratie herbeizuführen. Deshalb werden die rechten Bedrohungsallianzen in dem konzipierten Eskalationskontinuum durch ihre Frontstellung gegen *qualitative Verfassungsgrundsätze* bestimmt. Zentral ist Artikel 1 Grundgesetz: »Die Würde des Menschen ist unantastbar.«

Was die konzentrischen Schichten des Eskalationskontinuums anbelangt, lassen diese sich insbesondere durch ihre jeweilige Aggressivität sowie Gewalt- und Vernichtungsbereitschaft unterscheiden. Außerdem können wir Prozesse auf drei Ebenen auseinanderhalten: Auf der *individuellen* Ebene geht es vor allem um die Ideologie der Ungleichwertigkeit sowie die Schädigung oder Zerstörung der psychischen und physischen Unversehrtheit von Menschen. Auf der Ebene der *Institutionen* zentral sind die Destabilisierung bisheriger Normalitätsstandards sowie die Veränderung sozialer Normen mit dem Ziel, ein neues, autoritäres Kontrollregime zu errichten. Auf der *gesellschaftlichen Ebene* wird ein Systemwechsel angestrebt, mit dem national fokussierte deutsche Zustände durchgesetzt werden sollen.

Bedrohungsallianzen werden hier ausdrücklich nicht im Sinne vertraglicher Zusammenschlüsse oder sonstiger formaler Vereinbarungen verstanden. Was uns vielmehr interessiert, sind ideologische Bezugnahmen und *Legitimationsbrücken* zwischen den einzelnen Bestandteilen dieser Allianzen. Im Extremfall reichen ihre Ziele bis hin zum Umsturz mithilfe terroristischer Zellen und zur Errichtung eines Gesellschaftssystems nach nationalsozialistischem Vorbild.

Darüber hinaus sind weitere Definitionsmarkierungen notwendig. Sowohl in der Öffentlichkeit als auch in der Wissenschaft kursieren so unterschiedliche Bezeichnungen wie »Rechtsradikalismus«, »Neonazismus« oder »Neofaschismus«, die nicht einfach andere Wörter für dasselbe Phänomen darstellen, sondern »als Begriffe auf unterschiedliche, teils gegensätzliche Wahrnehmungen und soziale wie politische Kontexte verweisen« (Salzborn 2015, S. 14; siehe auch Fenske 2013; FIPU 2014). Zugleich wird der Rechtsextremismus-Begriff im medialen und politischen Diskurs inflationär verwendet (vgl. Pfahl-Traughber 1995, S. 25). Komplettiert wird die Begriffsverwirrung dadurch, dass es selbst unter jenen Wissenschaftlern, die den Terminus verwenden, keine allgemein anerkannte Definition gibt und angesichts der verschiedenen gesellschaftspolitischen Standpunkte und methodischen Ansätze wohl kaum jemals geben wird (vgl. u.a. Mudde 1995; Heitmeyer 2002b; Backes [Hg.] 2003; Grumke 2013).

Wir stützen uns im Folgenden auf die Definition die eine *Ideologie der Ungleichwertigkeit* in Verbindung mit *Gewaltakzeptanz* als Kern der entsprechenden Phänomene identifiziert (Heitmeyer 1987). In der Langzeituntersuchung von Heitmeyer et al. (1992, S. 13 f.) wurde diese Auffassung weiter ausdifferenziert.

Die *Ideologie der Ungleichwertigkeit* basiert auf nationalistischer bzw. völkischer Selbstübersteigerung, rassistischen Kategorien, soziobiologischen Behauptungen natürlicher Hierarchien, auf einer sozialdarwinistischen Betonung des Rechts des Stärkeren, totalitären Abwertungen von »Anderssein« sowie einer Betonung von Homogenität. Diese Ideologie der Ungleichwertigkeit ist der kleinste gemeinsame Nenner, der alle Schichten des Eskalationskontinuums eint und der alle individuellen, gruppenbezogenen und nationalen Vergleiche durchzieht. Sie dient als Interpretationsfolie gesellschaftlicher Realität und als *Legitimationsfundus* für personen- wie gruppenbezogene Diskriminierung, Ausgrenzung und Gewalt.

An dieser Stelle kommt das zweite Element der Definition ins Spiel, die *Gewaltakzeptanz*. Ihre wesentlichen Varianten sind die Überzeugung, Gewalt gehöre unabänderlich zum sozialen Dasein, die Billigung fremdausgeübter privater bzw. repressiver staatlicher Gewalt, eigene Gewaltbereitschaft sowie schließlich tatsächliche Gewalttätigkeit. Gewalt gilt als normales und legitimes Mittel der Austragung von Konflikten sowie zur Durchsetzung der Ideologie der Ungleichwertigkeit. Damit einhergehen eine Geringschätzung rationaler Diskurse, die Überzeugung, das Leben sei ein alltäglicher

Kampf zur Sicherung des »Deutsch-Seins«, eine Ablehnung demokratischer Formen der Regelung sozialer und politischer Konflikte, der Wunsch nach autoritärem Durchregieren sowie ein gewisser Militarismus bzw. ein Faible für militärische Umgangsformen.

Ausgehend von diesen terminologischen und konzeptionellen Vorbemerkungen wird das Argument nach einer empirischen Bestandsaufnahme zum Ausmaß rechtsextremistischer Straf- und Gewalttaten (Kapitel 2) in neun Kapiteln entwickelt:

- In Kapitel 3 skizzieren wir einen soziologischen Forschungsansatz, bei dem in gesellschaftsanalytischer Hinsicht das Zusammenwirken ökonomischer Prozesse (etwa der Aufstieg des globalen Finanzkapitalismus), soziale Desintegrationsprozesse und politische Folgen einer Demokratieentleerung im Mittelpunkt stehen. Zudem stellen wir unser Konzept für die Analyse von Interaktionsprozessen zwischen politischen und sozialen Akteursgruppen vor, das uns dabei helfen soll, den Ursachenmustern weiter nachzugehen.
- Die Analyse rechter Bedrohungsbilanzen erfolgt mithilfe des Analyserahmens eines *konzentrischen Eskalationskontinuums* (Kapitel 4), bei dem wir zwischen fünf Kontexten unterscheiden, die wir separat und in ihrem eskalierenden Zusammenwirken betrachten.
- Bei diesen fünf Kontexten bzw. Schichten handelt es sich um in der Bevölkerung verbreitete Einstellungen der *gruppenbezogenen Menschenfeindlichkeit* (Kapitel 5), parteiförmige Ausprägungen des *autoritären Nationalradikalismus* (Kapitel 6), das gewaltaffine *systemfeindliche Milieu* des bewegungsförmigen Rechtsextremismus (Kapitel 7) sowie ein *klandestines rechtsterroristisches Planungsmilieu* (Kapitel 8), das nicht selten als Unterstützungsnetz-

werk für *terroristische Zellen* mit ihren Tötungsabsichten und Umsturzfantasien fungiert (Kapitel 9).

- Wie die Grenzen zwischen diesen Akteuren verschwimmen, so dass rechte Bedrohungsallianzen entstehen, analysieren wir exemplarisch am Beispiel der Ausschreitungen und Kundgebungen in *Chemnitz* im Spätsommer 2018 (Kapitel 10).
- Die spezielle Rolle des *Antisemitismus* sowie der *Muslimfeindlichkeit* für das Eskalationskontinuum ist Gegenstand von Kapitel 11.
- In Kapitel 12 erläutern wir unter Rückgriff auf die Ausführungen in den Kapiteln 5 bis 9 unsere *These einer Ausdifferenzierung und Dynamisierung* rechter Bedrohungsallianzen.
- Dann geben wir einen Ausblick auf die Zukünfte gesellschaftlicher Entwicklungen und Konflikte, wobei unser Augenmerk auch der europäischen Ebene gilt (Kapitel 13).
- Abschließend skizzieren wir in einem Postskriptum politische Szenarien, die sich aus der Corona-Pandemie entwickeln könnten.

2. Rechte Bedrohungs- und Zerstörungsaktivitäten

Die Spannbreite rechter Bedrohungen ist groß. Sie setzen dort ein, wo systematisch Angst erzeugt wird, und können im Extremfall bis zur Vernichtung menschlichen Lebens reichen. Rechte Bedrohungen richten sich damit ausdrücklich gegen zwei Grundwerte unserer Gesellschaft und greifen deren Substanz an: die Gleichwertigkeit aller Menschen, die in dieser Gesellschaft leben, und den Schutz ihrer psychischen und physischen Unversehrtheit. Außerdem hat sich die Reichweite rechter Bedrohungen vergrößert. Ihre Akteure sind mittlerweile bis in die Strukturen und Institutionen der demokratischen Kultur vorgedrungen.

Bislang lag der Schwerpunkt der öffentlichen Aufmerksamkeit häufig auf politisch motivierten Bedrohungen durch rechtsextremistische Täter(gruppen), die sich in den Statistiken der Strafverfolgungsbehörden als Propagandadelikte, Gewalttaten und Tötungen abbilden. Dieser Fokus reicht nicht mehr aus, da Prozesse der Entgrenzung und Vorverlagerung stattgefunden haben, die sich zunehmend eskalierend verdichten.

Aus wissenschaftlicher Sicht sind Bedrohungen jenseits von Straftatbeständen schwer zu fassen. Ein durch Hasskommunikation geschürtes Klima der Angst lässt sich schwer messen. In der Öffentlichkeit kommen deshalb immer wieder Debatten über die Relevanz und empirische Belastbarkeit von Studien zum Ausmaß rechter Bedrohungen auf. So wird deren Bedeutung im politischen Streit zerrieben, wovon ausschließlich die Täter(gruppen) profitieren.

Auch die juristische Bearbeitung dieser in den privaten

Bereich vorverlagerten Bedrohung stößt an Grenzen. Eine Äußerung wie »Ich weiß, wo du wohnst« kann für massive Verunsicherung sorgen. Aber ist sie schon eine strafbare Drohung? Darauf gibt es bisher keine eindeutige juristische Antwort.

2.1 Die Vorverlagerung und Ausweitung »verdunkelter« Bedrohungszonen

In den letzten zwei »entsicherten Jahrzehnten« (Heitmeyer 2018, S. 89-117) konnten wir eine Ausweitung und Vorverlagerung von Bedrohungszonen beobachten. Insbesondere Hasskommunikation wird gezielt eingesetzt, um Angst zu erzeugen und Menschen zu erniedrigen. Die Urheber solcher Drohungen wollen ihre Macht demonstrieren und sich dieser auch selbst vergewissern. Auf diese Weise wird ein Gefühl der Selbstwirksamkeit gegenüber Personen und Gruppen aufgebaut, die als Feinde der ersehnten homogenen Volksgemeinschaft gelten.

Hasskommunikation entfaltet ihre größte Wirkung, wenn sie anonymisiert erfolgt. Sie ruft dann eine diffuse Angst hervor. Der oder die Urheber der Attacke lassen sich nicht identifizieren, weshalb es schwerer fällt, eine Abwehr zu organisieren. Nichtanonymisierte Drohungen wiederum flößen Furcht ein, gegen die freilich Vorkehrungen getroffen werden können, weil der oder die Urheber bekannt sind.

Wir unterscheiden drei Varianten, wie sich Hasskommunikation ausweitet und verschärft:

(1) Veränderungen individueller *Einstellungen*: Abwertungen und Diskriminierungen spitzen sich zu und können sich gegen markierte Personenkreise, aber auch gegen Personen richten, die diese Gruppen verteidigen.

(2) Veränderungen im *Äußerungsmodus*: Umschalten von »leise« auf »laut«. Die öffentliche Debatte wird durch medial präsente Akteure aufgeheizt, im Alltag wird an der »Schweigespirale« (Noelle-Neumann 1998) gedreht. Haben Menschen in ihren Bezugsgruppen (Verwandtschaft, Freundeskreis, Betrieb, Sportverein, Kirchengemeinde etc.) das Gefühl, mit ihren Positionen in der Minderheit zu sein, bleiben sie leise. Entsteht hingegen der Eindruck, dass sie dort Teil einer Mehrheit sind, äußern sie sich laut.

(3) *Zusammenwirken* der beiden Veränderungen: Verschärfen sich die Einstellungsmuster der Abwertung und Diskriminierung und schaltet zusätzlich der Äußerungsmodus von leise auf laut, kommt es zu einer dramatischen Steigerung der Hasskommunikation.

Wodurch genau die quantitative Ausweitung und qualitative Eskalation der Bedrohung entsteht, ist bisher weitgehend unklar. Zumindest drei Faktoren müssen wir einbeziehen: die Rezeption öffentlicher Debatten, direkte Kontakte in Bezugsgruppen und die Gelegenheitsstrukturen in homogenen »Filterblasen« bzw. »Echokammern« im Internet.

Außerdem wissen wir, dass die Vorverlagerung der Bedrohung durch zwei Faktoren befördert wird: erstens durch die Ausdifferenzierung und Dynamisierung des rechten politischen Spektrums. So bietet die Partei Alternative für Deutschland (AfD) einen politischen Ort für den bisher »vagabundierenden« Autoritarismus in Teilen der Bevölkerung. Zweitens werden die neuen digitalen Kommunikationsmöglichkeiten exzessiv genutzt. Waren mit dem Internet einst Hoffnungen auf mehr demokratische Teilhabe verbunden, entwickelten sich dort auch »Radikalisierungsmaschinen« (Ebner 2019) und Zerstörungsapparaturen, die sich politisch nicht »abschalten« lassen, weil die Macht der globalen Internetkonzerne dies nicht zulässt.

Ein wesentlicher Teil ihres Marktmodells ist bekanntermaßen die Hasskommunikation. Im Zeitalter von Fake News (vgl. Gensing 2019) kann sie jederzeit ausgeweitet und brutalisiert werden. Dies geschieht insbesondere bei emotional ausbeutbaren Signalereignissen, die mit markierten Gruppen wie Migranten oder Flüchtlingen verbunden sind bzw. ihnen zugeschrieben werden können; aber auch in Bezug auf Privatpersonen oder Amtsträger, die sich für die Gleichwertigkeit aller Menschen und deren psychische wie physische Unversehrtheit einsetzen.

Mit dieser Vorverlagerung der Bedrohung in den privaten Alltag zivilgesellschaftlicher oder staatlicher Akteure ist eine Eskalation angestoßen worden, die unserer Meinung nach nur durch eine Politik gestoppt werden kann, die mit einigen kapitalistischen Logiken und Institutionen rigoros bricht. Allerdings gehen wir davon aus, dass die Kontrollgewinne des finanzialisierten globalen Kapitalismus, die infolge des Neoliberalismus und mit Unterstützung vieler Regierungen erzielt wurden, nicht wieder ausgeglichen werden können (vgl. Heitmeyer 2001a, S. 500). Deshalb spricht viel dafür, dass diese Vorverlagerung kaum mehr eingrenzbar ist. Dies gilt zumal dann, wenn Parteien es sich explizit zum Ziel gesetzt haben, »die Grenzen des Sagbaren auszuweiten«, wie Alexander Gauland (zitiert nach *Frankfurter Allgemeine Zeitung*, 7. Juni 2018) es für die AfD formuliert hat.

So verbinden sich gesellschaftliche Krisen mit technischen Möglichkeiten, ökonomische Profit- mit politischen Machtinteressen. Vormals geltende Grenzen zwischen dem privaten und dem öffentlich-politischen Raum werden im Säurebad der Hasskommunikation aufgelöst. Attacken und verbale Angriffe auf engagierte Bürgerinnen und Bürger, Bürgermeisterinnen und Bürgermeister oder kommunale Angestellte sollen diese dazu bewegen, sich aus dem öffentlichen Raum zurückzuziehen. Rechte Bedrohungsallianzen besetzen die frei werdenden Räume, um demokratische Institutionen zu destabilisieren und die offene Gesellschaft und liberale Demokratie sukzessive zu zerstören.

Daten der Landeskriminalämter zeigen, dass Straftaten gegen Mandatsträger in einzelnen Bundesländern von 2018 auf 2019 zugenommen haben (Umfrage der *Welt am Sonntag*, 12. Januar 2020). In Niedersachsen stieg die Zahl der angezeigten Fälle von 108 (2018) auf 167 (2019); in Baden-Württemberg auf 104 (2018: 81); in Rheinland-Pfalz auf 44 (25). Auffällig ist die Entwicklung in Ostdeutschland: Hier stieg die Zahl in Thüringen auf 101 (43) und in Sachsen auf 197 (99). Eine Umfrage der Zeitschrift *Kommunal* unter 1055 Bürgermeisterinnen und Bürgermeistern brachte zutage, dass 2019 mehr als 40 Prozent der Stadtverwaltungen mit Hassmails, Einschüchterungsversuchen oder anderen Übergriffen konfrontiert waren. In fast 8 Prozent der Rathäuser kam es zu körperlichen Attacken (allerdings sind nicht immer Akteure aus dem rechten Spektrum für die Taten verantwortlich; Erhardt 2019). Eine im Folgejahr unter 2494 Bürgermeisterinnen und Bürgermeistern durchgeführte Befragung ergab, dass nun sogar 64 Prozent von ihnen beleidigt, beschimpft, bedroht oder tätlich angegriffen worden waren (vgl. Erhardt 2020).

Angesichts des Ausmaßes, das das Problem mittlerweile angenommen hat, brachte die Bundesjustizministerin Ende 2019 eine Gesetzesnovelle auf den Weg, gemäß der soziale Netzwerke Hasspostings künftig nicht nur löschen, sondern die IP-Adresse des Absenders an das Bundeskriminalamt (BKA) weiterleiten müssen. Ein weltweit einmaliges Vorhaben. Allerdings bleibt offen, ob beispielsweise Facebook diesem Gesetz folgen wird. User könnten dagegen klagen, weil sie ihre Meinungsfreiheit bedroht sehen. Vermutlich werden

Strategien gefunden, um die Strafbarkeit zu unterlaufen, handelt es sich doch um lernende Systeme mit erheblicher Kreativität und Energie.

2.2 Entwicklung rechtsextremistischer Straftaten, Gewalttaten und Tötungen

Nachdem im November 2011 der »Nationalsozialistische Untergrund« (NSU) enttarnt wurde, offenbarten sich in der Folge schwere Unterlassungen und Fehleinschätzungen seitens des Verfassungsschutzes, der Polizei und der politisch Verantwortlichen. Daraufhin setzten sich Politik und Öffentlichkeit zwar intensiver mit rechtsextremer Gewalt auseinander, dennoch sind die Zahlen rechtsmotivierter Gewalt- und Straftaten in Deutschland seitdem stark gestiegen. Die Statistiken des BKA und des Statistischen Bundesamtes belegen dies ebenso wie die Zahlen nichtstaatlicher Melde- und Opferberatungsstellen. Verzeichnete das BKA im Jahr 2011 noch 16873 Straftaten, waren es 2016 bereits 23555 (vgl. PMK 2016,[1] S. 3). Damit wurde ein neuer Höchststand erreicht, seit 2001 ein gesondertes Definitionssystem für politisch motivierte Straftaten eingeführt wurde. Dieser Anstieg ist insbesondere mit der Agitation gegen die verstärkte Zuwanderung von Flüchtlingen seit 2015 verbunden.

Von den 23555 (2015: 22960) registrierten Straftaten, die dem Phänomenbereich »Politisch motivierte Kriminalität – rechts« zugeordnet wurden, konnte in 22471 Fällen (2015:

1 PMK [Politisch motivierte Kriminalität] 2016 – Bundesweite Fallzahlen politisch motivierter Kriminalität im Jahr 2016, die Statistik ist online verfügbar unter: {https://www.bmi.bund.de/SharedDocs/downloads/DE/veroeffentlichungen/2017/pmk-2016.pdf} (alle URL Stand Juli 2020).

21 933) ein rechtsextremistischer Hintergrund festgestellt werden (vgl. BMI/VSB 2017, S. 23). Es handelt sich also um Straftaten, mit denen zentrale Verfassungsgrundsätze der freiheitlich-demokratischen Grundordnung beschädigt oder unterlaufen werden sollten. Im Jahr 2016 waren darunter 12 476 Propagandadelikte (2015: 12 154) und 1600 Gewalttaten (2015: 1408, ebd., S. 24). Hiervon waren 1190 Fälle (2015: 918) fremdenfeindlich motiviert (ebd., S. 25). Wie Abbildung 1 zeigt, hat sich die Zahl der rechtsextremistischen Gewalttaten zwischen 2013 und 2016 verdoppelt. Nach dem Abflauen der Flüchtlingsdebatte zeigt sich ein Rückgang auf 925 im Jahr 2019.

Abb. 1: Gewalttaten mit extremistischem Hintergrund aus dem Bereich »Politisch motivierte Kriminalität – rechts« seit 2001

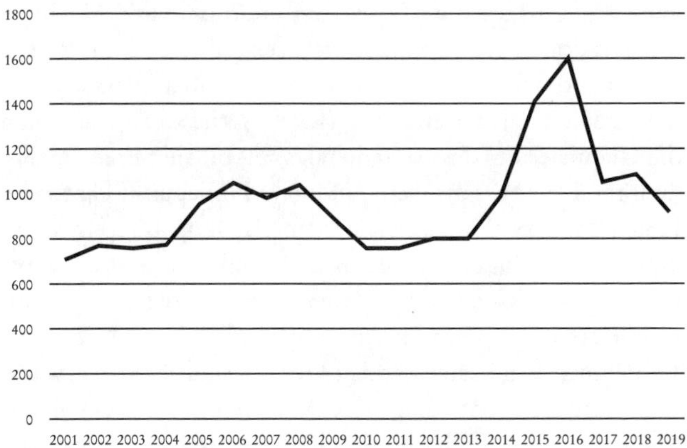

(Quelle: eigene Darstellung nach BMI/VSB 2002-2020)

Auch die Zahl rechtsextremistischer Aufmärsche sowie ihrer Teilnehmerinnen und Teilnehmer stieg sprunghaft an. Kam es 2013 zu 241 und 2014 zu 225 Aufmärschen, waren es allein im Jahr 2015 insgesamt 690 (BMI/VSB 2017, S. 64). Dieser massive Zulauf war insbesondere im Oktober und November 2015 zu verzeichnen, als sichtbar wurde, wie groß die unmittelbaren Herausforderungen waren, vor denen Verwaltung, Politik und Gesellschaft angesichts der Ankunft der Geflüchteten standen. Rechtsextremistische Demonstrationen, oftmals als Kundgebungen von Bürgerbewegungen getarnt, dienten vielen Bürgerinnen und Bürgern als Ventil, um ihren Unmut zu äußern. Sie fühlten sich von den verantwortlichen Behörden und Kommunalpolitikern unzureichend informiert, hatten Zukunftsängste und lehnten die Aufnahme und Unterbringung von Geflüchteten ab. Besonders die Vorkommnisse in der Silvesternacht 2015/16 in Köln wurden zu einem emotional ausbeutbaren Signalereignis.

Doch schon zuvor waren Netzwerken wie den »Hooligans gegen Salafisten« (HoGeSa) überraschende Machtdemonstrationen gelungen, beispielsweise als sich im Oktober 2014 in Köln über 3000 Personen an einem Aufmarsch beteiligten. Die Pegida-Bewegung (Patriotische Europäer gegen die Islamisierung des Abendlandes) mobilisierte regelmäßig zu ihren Demonstrationen (auf ihrem Höhepunkt kamen im Januar ca. 25000 Menschen zu einer Kundgebung in Dresden; vgl. Vorländer et al. 2016, S. 8) und veranstaltete »Spaziergänge« in Großstädten (aber auch in Dörfern), die mit Hunderten Teilnehmern eine Drohkulisse erzeugten. Die Teilnehmer skandierten Parolen wie »Wir sind das Volk«, warnten vor dem »Untergang des Abendlandes« und vor der »Lügenpresse«. Politiker der AfD heizten die Stimmung auf der Straße weiter an und verwandelten die teilweise diffusen Ängste der Menschen in Hass auf Migranten (vor allem Muslime), Geflüchtete und »linksgrünversiffte« Gruppen.

Auch rechtsextreme Parteien wie die Nationaldemokratische Partei Deutschlands (NPD) oder Der Dritte Weg konnten kurzzeitig deutlich mehr Sympathisanten für ihre Kundgebungen mobilisieren. 2015 nahmen insgesamt 95 200 Menschen an rechtsextremistischen oder maßgeblich von Rechtsextremisten gesteuerten Demonstrationen teil (2014: ca. 20 610 Personen) (vgl. BMI/VSB 2016, S. 62). 80 Prozent aller rechtsextremistischen Demonstrationen befassten sich mit den Themen Zuwanderung, Flüchtlinge und Asyl.[2] Im Jahr 2016 sank die Zahl rechtsextremistischer Kundgebungen zwar wieder auf 466, allerdings liegt die Vermutung nahe, dass der »harte Kern« des gemäßigten und extrem rechten Spektrums grundsätzlich gestärkt aus der »Flüchtlingskrise« hervorging. Als Beispiel sei hier die jährlich stattfindende Kundgebung des »Nationalen und sozialen Aktionsbündnisses 1. Mai« in Plauen (Sachsen) genannt. Der Zulauf zu dieser Kundgebung, die sich überwiegend an neonazistische und gewaltorientierte Personen richtet, übertraf 2016 selbst die Erwartungen des Veranstalterkreises, zu dem unter anderem Der Dritte Weg gehört: Mit rund 900 Personen hatte sich die Teilnehmerzahl gegenüber 2015 nahezu verdoppelt (vgl. BMI/VSB 2017, S. 65 f.).

Parallel zum Anstieg der Zahl rechter Aufmärsche nahmen auch die Angriffe auf Flüchtlingsunterkünfte zu. 2014 zählte das BKA 199 Taten, ein Jahr später waren es 1031 Delikte (vgl. BKA 2016, S. 32). 2016 sank die Zahl der Angriffe leicht auf 995 und 2017 auf 312 sowie 2018 auf 173 Taten (vgl. BKA 2020, S. 6).[3] Allerdings ist dies kein Grund zur Entwar-

2 Entsprechende Informationen sind auf der Website des Bundesamts für Verfassungsschutz online verfügbar unter: {https://www.verfassungsschutz.de/de/aktuelles/schlaglicht/schlaglicht-2016-10-asylthematik-verliert-an-bedeutung}.

3 Entsprechende Informationen sind auf der Website des Bundeskriminalamts online verfügbar unter: {https://www.bka.de/SharedDocs/Downloads/DE/Publikationen/JahresberichteUndLagebilder/Kri

nung, schließlich kamen 2016 weniger Asylsuchende nach Deutschland, so dass sich die Angriffe gegen Unterkünfte, also Brandstiftungen und Sachbeschädigungen, verringerten. Vielmehr scheint sich die Gewalt zu verlagern, Straftaten finden eher im öffentlichen Raum auf Straßen und Plätzen statt. Auseinandersetzungen zwischen jungen Geflüchteten und rechtsaffinen bis rechtsextremen jungen Erwachsenen ab September 2016 in Bautzen (Kurtenbach 2018), die sich aus Alltagssituationen heraus entwickelten, lassen das vermuten. Weitere Attacken gab es in Freital, Heidenau, Görlitz, Wurzen und Tröglitz. Zusammen mit der Enttarnung des NSU und den Umtrieben von Pegida haben diese Ereignisse zu einem Aufleben der Debatte über das »braune Erbe« der DDR bzw. über den »braunen Osten« geführt (vgl. Quent 2016, S. 176).

In den Folgejahren ist die Zahl der Straftaten mit rechtsextremistischem Hintergrund nicht wieder angestiegen. Es kam zu weniger Brandstiftungen und Sachbeschädigungen gegenüber Flüchtlingsunterkünften zwischen 2016 und 2017 (vgl. Tabelle 1). Allerdings signalisiert der Anstieg von Widerstandsdelikten gegen die Polizei, dass die Aggressivität und Brutalität deutlich zugenommen haben. Dies gilt es zu beachten, wenn man die bloßen Zahlen bewertet.

minalitaetImKontextVonZuwanderung/KriminalitaetImKontextVonZuwanderung_2015.pdf?_} und {https://www.bka.de/SharedDocs/Downloads/DE/Publikationen/JahresberichteUndLagebilder/KriminalitaetImKontextVonZuwanderung/kernaussagenZuKriminalitaetImKontextVonZuwanderungIIIQuartal2019.pdf?_}.

Tab. 1: Straftaten mit rechtsextremistisch motiviertem Hintergrund

Gewalttaten	2014	2015	2016	2017	2018	2019
Tötungsdelikte	0	0	1	0	0	2
Versuchte Tötungs-delikte	1	8	18	4	6	5
Körperverletzungen	871	1116	1313	904	938	781
Brandstiftungen	21	99	113	42	11	6
Herbeiführen einer Sprengstoffexplosion	6	18	10	5	0	2
Landfriedensbruch	23	42	23	10	14	8
Gefährliche Eingriffe in den Bahn-, Luft-, Schiffs- und Straßenverkehr	5	10	13	13	12	5
Freiheitsberaubung	1	0	2	2	2	1
Raub	8	23	16	3	14	13
Erpressung	7	7	16	21	17	36
Widerstandsdelikte	45	84	74	50	74	66
Sexualdelikte	2	1	1	0	0	0
gesamt	990	1408	1600	1054	1088	925
Sachbeschädigungen	819	1243	1501	1317	905	923
Nötigung/Bedrohung	209	443	451	336	352	376
Propagandadelikte	11055	12154	12476	11894	12404	13988
Störung der Totenruhe	12	9	11	5	8	11
andere Straftaten, insbes. Volksverhetzung	3474	6676	6432	4861	4652	5067
gesamt	15569	20525	20871	18413	18321	20365
Straftaten insgesamt	16559	21933	22471	19467	19409	21290

(Quelle: eigene Darstellung nach BMI/VSB 2015-2020)

Der Anstieg fremdenfeindlich motivierter Körperverletzungen von 2017 auf 2018 (vgl. Tabelle 2) könnte damit zusammenhängen, dass sich die Auseinandersetzungen stärker in den öffentlichen Raum verlagerten. Dafür spricht, dass die Zahl der Brandstiftungen gegen Flüchtlingsunterkünfte parallel zurückging. Dies hat wahrscheinlich mit dem Umstand zu tun, dass sich die öffentliche Debatte um die »Flüchtlingskrise« 2018 deutlich abgekühlt hatte. Es kamen immer weniger Geflüchtete nach Deutschland, zudem wurden sie meist dezentral untergebracht. Aufschlussreich sind auch die Anstiege bei Raubdelikten und Erpressungen. Eine rechtsextremistische Motivation zu Gewalttaten, die sich gegen Flüchtlinge oder Migrantinnen richtet, scheint ausdrücklich mit kriminellen Energien durchsetzt zu sein. Dabei ist erneut zu beachten, dass in diesen Statistiken lediglich angezeigte Taten erfasst werden. Aus kriminologischen Analysen (vgl. Mansel 2007) ist bekannt, dass insbesondere Migranten und erst recht Geflüchtete vor Anzeigen zurückschrecken. Die Dunkelziffer dürfte also vor allem in diesem Bereich besonders hoch sein.

Versucht man zu ermitteln, in welchen Bundesländern auffällig viele rechtsextremistisch motivierte Gewalttaten zu verzeichnen sind, steht man vor der Schwierigkeit, dass die reinen Zahlen der Verfassungsschutzberichte nicht sonderlich aussagekräftig sind. Die Bedrohungs- und Gefährdungsdichte ist immer in Relation zur Bevölkerungszahl eines Bundeslandes zu sehen (vgl. Abbildung 2). So wurden 2019 besonders viele Gewalttaten in Nordrhein-Westfalen verübt (158), gefolgt von Berlin (150), Brandenburg (90) und Sachsen-Anhalt (71) (vgl. BMI/VSB 2019, S. 29). Zu beachten ist hier freilich, dass Nordrhein-Westfalen mit 17,9 Millionen mehr Einwohner hat als ganz Ostdeutschland (12,6 Millionen ohne Berlin; vgl. Statistisches Bundesamt 2020).

Tab. 2: Rechtsextremistisch motivierte Gewalttaten mit fremdenfeindlichem Hintergrund

Gewalttaten	2014	2015	2016	2017	2018	2019
Tötungsdelikte	0	0	0	0	0	2
versuchte Tötungsdelikte	1	7	12	4	6	5
Körperverletzungen	464	756	1020	720	770	627
Brandstiftungen	16	83	92	23	5	5
Herbeiführen einer Sprengstoffexplosion	5	11	7	4	0	1
Landfriedensbruch	8	16	11	2	5	7
gefährliche Eingriffe in den Bahn-, Luft-, Schiffs- und Straßenverkehr	4	4	8	10	3	1
Freiheitsberaubung	0	0	2	1	1	1
Raub	5	16	13	3	12	8
Erpressung	2	3	5	0	9	20
Widerstandsdelikte	6	21	19	7	10	18
Sexualdelikte	1	1	1	0	0	0
fremdenfeindliche Gewalttaten insgesamt	512	918	1190	774	821	695

(Quelle: eigene Darstellung nach BMI/VSB 2015-2020)

Die Zahlenwerke des Verfassungsschutzes und des Bundeskriminalamtes bilden lediglich *einen* Rahmen, um rechtsextremistische (insbesondere mit Gewalt verbundene) Bedrohungen einzuschätzen. In der langfristigen Betrachtung taucht zudem immer wieder die Frage auf, wie valide diese Daten sind, da die Bundesländer kein einheitliches Meldeverhalten praktizieren, unterschiedliche Kriterien zugrunde legen und zum Teil ein politisches Interesse haben, das Aus-

Abb. 2: Gewalttaten mit extremistischem Hintergrund aus dem Bereich »Politisch motivierte Kriminalität – rechts« pro 100 000 Einwohner (2019)

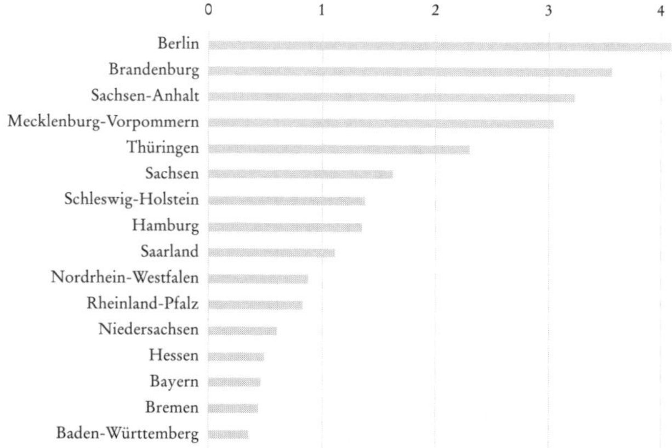

Häufigkeitszahl = erfasste Fälle × 100 000/Einwohnerzahl
(Quellen: BMI/VSB 2020, S. 29; Statistisches Bundesamt; eigene Berechnungen)

maß zu »begrenzen«, um das eigene Land nicht in einem schlechten Licht dastehen zu lassen. Darum waren insbesondere ostdeutsche Länder (allen voran Sachsen) bemüht.

Gerade um die Anzahl der Tötungsdelikte mit rechtsextremistischem Hintergrund toben seit Langem politische Deutungskämpfe. Die Kluft zwischen den Angaben staatlicher Stellen und den Zählungen zivilgesellschaftlicher Akteure (von Journalisten des *Tagesspiegel* und der *Zeit* etwa oder von der Amadeu-Antonio-Stiftung) ist riesig. In der Vergangenheit zögerten Polizei und Justiz häufig, Tötungen einem rechtsextremistischen, neonazistischen oder terroristischen Hintergrund zuzuordnen, oder vernachlässigten gar die politischen Motive der Täter. Erst nach Bekanntwerden der NSU-Morde veranlasste das Bundesministerium des Inneren eine Überprüfung 3300 bislang unaufgeklärter Tötungsdelikte (einschließlich versuchter Tötungen). Daraufhin wurden die Zahlen sukzessive nach oben korrigiert. Im Juni 2018 gab die Bundesregierung an, seit 1990 seien bei 76 Tötungsdelikten mit rechtsextremistischem Hintergrund 83 Menschen ums Leben gekommen. Die erhebliche Diskrepanz zu den zivilgesellschaftlich ermittelten Opferzahlen bleibt allerdings bestehen. Journalisten und NGOs gingen Stand Juni 2015 von 156 Todesopfern aus, bis 2020 stieg diese Zahl auf 182 (Jansen et al. 2015; siehe Kapitel 2.3).

Wie schwer sich Polizei, Justiz und Politik bis heute tun, bestimmte Tötungsdelikte als rechtsextremistisch motivierte Gewalttaten einzustufen, zeigt der 2016 von einen Jugendlichen verübte terroristische Anschlag im und am Olympia-Einkaufszentrum in München, bei dem neun Menschen getötet wurden. Erst nach langen gutachterlichen Auseinandersetzungen wurde die Tat 2019 als rechtsextremistisch motiviert bewertet. Um den am 2. Juni 2019 verübten Mord am Kasseler Regierungspräsidenten Walter Lübcke als entsprechende Tat einzustufen, benötigte das Landeskriminalamt in Hessen ein halbes Jahr.

2.3 Opfer haben Namen

Statistiken sind auf eine besondere Weise unmenschlich, weil sie die Namen der getöteten Menschen verschlucken. Deshalb seien hier alle Personen genannt (*Die Zeit*, 27. Februar 2020, S. 15), von denen bekannt ist, dass sie seit 1990 in Deutschland rechter Gewalt zum Opfer fielen.

Andrzej Frątczak, 36, 7. Oktober 1990, Lübbenau
Eberhard Arnold, 23, 21. Oktober 1990, Ludwigsburg

Amadeu Antonio Kiowa, 28, 25. November 1990, Eberswalde
Nihad Yusufoğlu, 37, 28. Dezember 1990, Hachenburg
Alexander Selchow, 21, 31. Dezember 1990, Rosdorf
Unbekannt, 31, 31. Dezember 1990, Flensburg
Jorge Gomondai, 28, 31. März 1991, Dresden
Matthias Knabe, 23, 8. Mai 1991, Gifhorn
Helmut Leja, 39, 4. Juni 1991, Kästorf
Agostinho Comboio, 35, 16. Juni 1991, Friedrichshafen
Wolfgang Auch, 28, 16. September 1991, Schwedt
Samuel Kofi Yeboah, 27, 19. September 1991, Saarlouis
Gerd Himmstädt, 30, 1. Dezember 1991, Hohenselchow
Timo Kählke, 29, 12. Dezember 1991, Meuro
Unbekanntes Opfer aus Sri Lanka, 31. Januar 1992, Lampertheim
Unbekanntes Opfer aus Sri Lanka, 31. Januar 1992, Lampertheim
Unbekanntes Opfer aus Sri Lanka, 31. Januar 1992, Lampertheim
Dragomir Christinel, 18, 15. März 1992, Saal
Gustav Schneeclaus, 53, 18. März 1992, Buxtehude
Ingo Finnern, 31, 19. März 1992, Flensburg
Erich Bosse, 4. April 1992, Hörstel
Nguyen Van Tu, 29, 24. April 1992, Berlin-Marzahn
Torsten Lamprecht, 23, 9. Mai 1992, Magdeburg
Emil Wendland, 50, 1. Juli 1992, Neuruppin
Sadri Berisha, 56, 8. Juli 1992, Ostfildern-Kemnat
Dieter Klaus Klein, 49, 1. August 1992, Bad Breisig
Ireneusz Szyderski, 24, 3. August 1992, Stotternheim
Frank Bönisch, 35, 24. August 1992, Koblenz
Günter Schwannecke, 58, 29. August 1992, Berlin-Charlottenburg
Waltraud Scheffler, 44, 11. Oktober 1992, Geierswalde
Rolf Schulze, 52, 7. November 1992, Lehnin
Karl-Hans Rohn, 53, 13. November 1992, Wuppertal
Silvio Meier, 27, 21. November 1992, Berlin-Friedrichshain
Bahide Arslan, 51, 22. November 1992, Mölln
Ayşe Yılmaz, 14, 22. November 1992, Mölln
Yeliz Arslan, 10, 22. November 1992, Mölln
Şahin Çalışır, 20, 27. Dezember 1992, Meerbusch
Karl Sidon, 45, 15. Januar 1993, Arnstadt
Mike Zerna, 22, 19. Februar 1993, Hoyerswerda
Mustafa Demiral, 56, 9. März 1993, Mülheim an der Ruhr
Hans-Peter Zarse, 18, 12. März 1993, Uelzen
Matthias Lüders, 23, 24. April 1993, Obhausen
Belaid Baylal, 42, 8. Mai 1993, Belzig

Jeff Dominiak, 25, 26. Mai 1993, Waldeck
Gürsün Inçe, 27, 29. Mai 1993, Solingen
Hatice Genç, 18, 29. Mai 1993, Solingen
Gülüstan Öztürk, 12, 29. Mai 1993, Solingen
Hülya Genç, 9, 29. Mai 1993, Solingen
Saime Genç, 4, 29. Mai 1993, Solingen
Horst Hennersdorf, 37, 5. Juni 1993, Fürstenwalde
Unbekannt, 33, 16. Juli 1993, Marl
Hans-Georg Jakobson, 35, 28. Juli 1993, Strausberg
Kolong Jamba, 19, 7. Dezember 1993, Buchholz
Eberhart Tennstedt, 43, 5. April 1994, Quedlinburg
Klaus R., 43, 28. Mai 1994, Leipzig
Beate Fischer, 32, 23. Juli 1994, Berlin-Reinickendorf
Jan Wnenczak, 45, 26. Juli 1994, Berlin-Friedrichshain
Horst Pulter, 65, 5. Februar 1995, Velbert
Peter T., 24, 25. Mai 1995, Hohenstein-Ernstthal
Dagmar Kohlmann, 25, 16. Juli 1995, Gladbeck
Klaus-Peter Beer, 48, 7. September 1995, Amberg
Patricia Wright, 23, 3. Februar 1996, Bergisch Gladbach
Sven Beuter, 23, 15. Februar 1996, Brandenburg an der Havel
Martin Kemming, 26, 15. März 1996, Dorsten-Rhade
Bernd Grigol, 43, 8. Mai 1996, Leipzig
Boris Morawek, 26, 11. Juli 1996, Wolgast
Werner Weickum, 44, 19. Juli 1996, Eppingen
Andreas Götz, 34, 1. August 1996, Eisenhüttenstadt
Achmed Bachir, 30, 23. Oktober 1996, Leipzig
Phan Van Toau, 42, 31. Januar 1997, Fredersdorf
Frank Böttcher, 17, 8. Februar 1997, Magdeburg
Antonio Melis, 37, 13. Februar 1997, Caputh
Stefan Grage, 23. Februar 1997, Roseburg
Chris Danneil, 31, 17. April 1997, Berlin-Treptow
Olaf Schmidke, 26, 17. April 1997, Berlin-Treptow
Horst Gens, 50, 22. April 1997, Sassnitz
Augustin Blotzki, 59, 8. Mai 1997, Königs Wusterhausen
Mathias Scheydt, 39, 23. September 1997, Cottbus
Erich Fisk, 59, 23. September 1997, Angermünde
Josef Anton Gera, 59, 14. Oktober 1997, Bochum
Jana G., 14, 26. März 1998, Saalfeld
Nuno Lourenço, 49, 4. Juli 1998, Leipzig
Farid Gouendoul, 28, 13. Februar 1999, Guben
Egon Effertz, 58, 17. März 1999, Duisburg

Peter Deutschmann, 44, 9. August 1999, Eschede
Carlos Fernando, 35, 15. August 1999, Kolbermoor
Patrick Thürmer, 17, 3. Oktober 1999, Oberlungwitz
Kurt Schneider, 38, 6. Oktober 1999, Berlin-Lichtenberg
Hans-Werner Gärtner, 37, 8. Oktober 1999, Löbejün
Daniela Peyerl, 18, 1. November 1999, Bad Reichenhall
Karl-Heinz Lietz, 54, 1. November 1999, Bad Reichenhall
Horst Zillenbiller, 60, 1. November 1999, Bad Reichenhall
Ruth Zillenbiller, 59, 1. November 1999, Bad Reichenhall
Jörg Danek, 38, 29. Dezember 1999, Halle-Neustadt
Bernd Schmidt, 52, 31. Januar 2000, Weißwasser
Helmut Sackers, 60, 29. April 2000, Halberstadt
Dieter Eich, 60, 25. Mai 2000, Berlin-Buch
Falko Lüdtke, 22, 31. Mai 2000, Eberswalde
Alberto Adriano, 39, 10. Juni 2000, Dessau
Thomas Goretzky, 35, 14. Juni 2000, Dortmund
Yvonne Hachtkemper, 34, 14. Juni 2000, Dortmund
Matthias Larisch von Woitowitz, 35, 14. Juni 2000, Dortmund
Klaus-Dieter Gerecke, 24. Juni 2000, Greifswald
Jürgen Seyfert, 52, 9. Juli 2000, Wismar
Norbert Plath, 51, 27. Juli 2000, Ahlbeck
Enver Şimşek, 38, 9. September 2000, Nürnberg
Malte Lerch, 45, 12. September 2000, Schleswig
Eckhard Rütz, 42, 25. November 2000, Greifswald
Willi Worg, 38, 25. März 2001, Milzau
Mohammed Belhadj, 31, 22. April 2001, Jarmen
Abdurrahim Özüdoğru, 49, 13. Juni 2001, Nürnberg
Süleyman Taşköprü, 31, 27. Juni 2001, Hamburg-Bahrenfeld
Dieter Manzke, 61, 9. August 2001, Dahlewitz
Klaus Dieter Harms, 61, 9. August 2001, Wittenberge
Doris Botts, 54, 17. August 2001, Fulda
Habil Kılıç, 38, 29. August 2001, München-Ramersdorf
Ingo Binsch, 36, 5. November 2001, Berlin-Hellersdorf
Kajrat Batesov, 24, 4. Mai 2002, Wittstock
Marinus Schöberl, 17, 12. Juli 2002, Potzlow
Ahmet Sarlak, 19, 9. August 2002, Sulzbach
Hartmut Balzke, 48, 25. Januar 2003, Erfurt
Andreas Oertel, 40, 20. März 2003, Naumburg
Enrico Schreiber, 25, 29. März 2003, Frankfurt (Oder)
Gerhard Fischhöder, 49, 10. Juli 2003, Scharnebeck
Thomas K., 16, 4. Oktober 2003, Leipzig

Hartmut Nickel, 61, 7. Oktober 2003, Overath
Mechthild Bucksteeg, 53, 7. Oktober 2003, Overath
Alia Nickel, 26, 7. Oktober 2003, Overath
Viktor Filimonov, 15, 19. Dezember 2003, Heidenheim
Waldemar Ickert, 16, 19. Dezember 2003, Heidenheim
Aleksander Schleicher, 17, 19. Dezember 2003, Heidenheim
Oleg Valgar, 27, 20. Januar 2004, Gera
Martin Görges, 46, 30. Januar 2004, Burg
Mehmet Turgut, 25, 25. Februar 2004, Rostock
Thomas Schulz, 32, 28. März 2005, Dortmund
İsmail Yaşar, 50, 9. Juni 2005, Nürnberg
Theodoros Boulgarides, 41, 15. Juni 2005, München-Westend
Tim Maier, 20, 26. November 2005, Bad Buchau
Mehmet Kubaşık, 39, 4. April 2006, Dortmund
Halit Yozgat, 21, 6. April 2006, Kassel
Andreas Pietrzak, 41, 6. Mai 2006, Plattling
Michèle Kiesewetter, 22, 25. April 2007, Heilbronn
M.S., 17, 14. Juli 2007, Brinjahe
Peter Siebert, 40, 26. April 2008, Memmingen
Bernd Köhler, 55, 22. Juli 2008, Templin
Karl-Heinz Teichmann, 59, 23. Juli 2008, Leipzig
Hans-Joachim Sbrzesny, 50, 1. August 2008, Dessau
Rick Langenstein, 20, 16. August 2008, Magdeburg
Marcel Wisser, 18, 24. August 2008, Bernburg
Marwa el-Sherbini, 31, 1. Juli 2009, Dresden
Kamal Kilade, 19, 24. Oktober 2010, Leipzig
André Kleinau, 50, 26. Mai 2011, Oschatz
Klaus-Peter Kühn, 59, 17. Juni 2012, Suhl
Karl-Heinz L., 59, 10. September 2012, Butzow
Andrea B., 44, 27. Oktober 2012, Hannover
Konstantin Moljanow, 34, 17. Juli 2013, Kaufbeuren
Charles Werabe, 55, 23. Oktober 2014, Limburg
Dijamant Zabergja, 21, 22. Juli 2016, München
Armela Sehashi, 14, 22. Juli 2016, München
Sabina Sulaj, 15, 22. Juli 2016, München
Sevda Dag, 45, 22. Juli 2016, München
Can Layla, 14, 22. Juli 2016, München
Selcuk Kilic, 15, 22. Juli 2016, München
Giuliano Josef Kollmann, 19, 22. Juli 2016, München
Janos Roberto Rafael, 15, 22. Juli 2016, München
Chousein Daitzik, 18, 22. Juli 2016, München

Eugeniu Botnari, 34, 17. September 2016, Berlin-Lichtenberg
Daniel Ernst, 32, 19. Oktober 2016, Georgensgmünd
Ruth K., 85, 1. März 2017, Döbeln
Christopher W., 27, 17. April 2018, Aue
Walter Lübcke, 65, 2. Juni 2019, Wolfhagen-Istha
Jana L., 40, 9. Oktober 2019, Halle (Saale)
Kevin S., 20, 9. Oktober 2019, Halle (Saale)
Gökhan Gültekin, 37, 19. Februar 2020, Hanau
Ferhat Unvar, 23, 19. Februar 2020, Hanau
Hamza Kurtović, Anfang 20, 19. Februar 2020, Hanau
Mercedes Kierpacz, 35, 19. Februar 2020, Hanau
Sedat Gürbüz, 30, 19. Februar 2020, Hanau
Kalojan Welkow, 32, 19. Februar 2020, Hanau
Vili Viorel Păun, 23, 19. Februar 2020, Hanau
Fatih Saraçoğlu, 34, 19. Februar 2020, Hanau
Said Nessar El Hashemi, 21, 19. Februar 2020, Hanau

3. Soziologischer Forschungsansatz

3.1 Gesellschaftsanalytischer Zugang

Der vorliegende Band knüpft an die 2018 erschienene Analyse *Autoritäre Versuchungen* an und führt die dortige Argumentation weiter. Wir legen das im Vorgängerband vorgestellte Analyseschema (vgl. Abbildung 3) zugrunde, wenn wir untersuchen, wie autoritäre Einstellungen in der Bevölkerung und Angebote autoritärer Bewegungen sowie Parteien so zusammenwirken, dass sich rechte Bedrohungsallianzen ausbilden können.

Abb. 3: Analyseschema

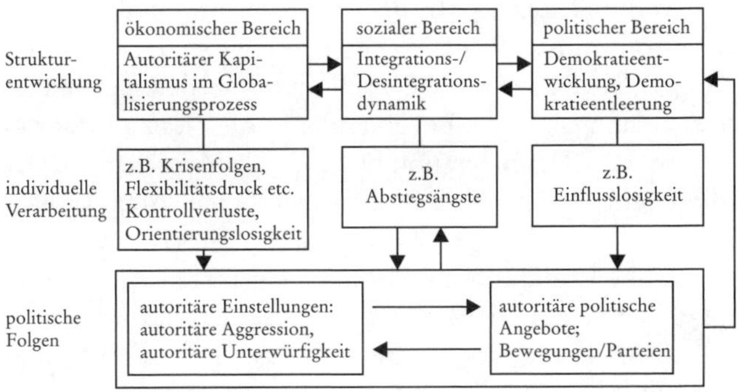

(Quelle: Heitmeyer 2018, S. 21)

Wir gehen also davon aus, dass sich ökonomische, soziale und politische Faktoren wechselseitig beeinflussen, und betrachten daher zunächst strukturelle Entwicklungen in diesen drei Bereichen. Anschließend zeigen wir, wie Wahrnehmungen bzw. Erfahrungen in diesen Bereichen individuell verarbeitet werden. Auf der dritten Ebene thematisieren wir schließlich die politischen Folgen, die sich aus den strukturellen Entwicklungen und deren individueller Verarbeitung ergeben: Wie können aus dieser Gemengelage rechte Bedrohungsallianzen entstehen?

Rekapitulieren wir zunächst knapp die ausführliche Darstellung des Analysemodells im Vorgängerband (Heitmeyer 2018, S. 30-218). Schon 1997 warnte der deutsch-britische Soziologe Ralf Dahrendorf (1997, S. 14f.), die Welt stehe möglicherweise an der Schwelle zu einem autoritären Jahrhundert. Anknüpfend an diese Prognose entstand die These, ein autoritärer Kapitalismus (Heitmeyer 2001a) sei im Begriff, sich weltweit auszubreiten und seine Verwertungslogik ungehindert durchzusetzen. Dabei werde er auch von nationalstaatlichen politischen Akteuren unterstützt. Den damit verbundenen Kontrollgewinnen des Kapitals stünden Kontrollverluste der nationalen Politik gegenüber, die nicht länger in der Lage sei, die wachsende soziale Ungleichheit einzudämmen. In der Bevölkerung werde dies zu Erfahrungen sozialer Desintegration führen, viele Menschen würden die Kontrolle über ihre Biografie verlieren. Auch Organisationen wie Gewerkschaften, die bislang zur Zähmung eines übergriffigen Kapitalismus beigetragen hatten, büßten Macht ein. In der Folge käme es zu einer »Entleerung« der Demokratie, das Vertrauen in das politische System schwinde.

Tatsächlich realisierten sich viele dieser Befürchtungen in den ersten beiden Jahrzehnten des 21. Jahrhunderts. Ein »landnehmender Kapitalismus« (Dörre 2009) drang in soziale Lebenswelten ein und verursachte schleichende Prozesse der Entsicherung von Lebenssituationen, Lebensplanungen und Statuspositionen. Weite Teile der Bevölkerung wurden mit Desintegrationsängsten konfrontiert oder mussten Desintegrationserfahrungen machen (vgl. Heitmeyer 2018, S. 146-176). Bei ihnen setzte sich der Eindruck fest, keinen Einfluss mehr auf die politischen Akteure zu haben bzw. von ihnen missachtet zu werden. In der Folge kommt es (insbesondere in Ostdeutschland) zu Demokratieentleerung sowie zu Anerkennungsdefiziten, wie empirische Analysen von Bevölkerungsbefragungen zeigen (vgl. Heitmeyer/Mansel 2003, S. 35-60). In der breiteren Öffentlichkeit werden solche Entsicherungen selten thematisiert; entsprechende Erfahrungen werden individualisiert, anstatt als kollektive Probleme auf die politische Agenda gesetzt zu werden.

Zu diesem verbreiteten Gefühl der Entsicherung trug auch eine Reihe öffentlichkeitswirksamer Signalereignisse bei, die sich als *Signaturen der Bedrohungen* in das Gedächtnis verschiedener Gruppen eingekerbt haben. Diese Ereignisse lösten gewaltige gesellschaftliche Krisen aus, ökonomische, soziale und politische Routinen zur Bewältigung des Alltags funktionierten nicht länger. Zu nennen sind hier insbesondere:

- 2001: Der Anschlag auf das World Trade Center in New York am 11. September löste eine *religiös-politische* Krise aus.
- 2005: Die Verabschiedung der Hartz-IV-Gesetze bewirkte für bestimmte Teile der Bevölkerung eine *soziale* Krise.
- 2008-2009: Die Finanz- und Bankenkrise hatte eine *ökonomisch-politische* Krise zur Folge.
- 2015: Die Flüchtlingsbewegungen im August/September führten zu einer *kulturell-politischen* Krise.

Von diesen Krisen waren verschiedene Bevölkerungsgruppen unterschiedlich stark betroffen, was auch ihre Wahrnehmung der Ereignisse sowie die Art und Weise beeinflusste, wie sie diese biografisch verarbeiteten. Dabei lassen sich einige typische Verarbeitungsweisen unterscheiden (vgl. Heitmeyer 2018, S. 95-109):

- »Weiter so«: Immunisierungen werden aktiviert, politische Umorientierungen finden nicht statt.
- Aufspaltung der Realität nach dem Motto »Der Gesellschaft geht es schlecht, aber mir geht es gut«. Diese Variante dient dem Schutz des Selbstwertgefühls. Von individuellen Problemen wird auf das »Ganze« umgelenkt, für das vornehmlich das politische Establishment verantwortlich gemacht wird.
- Kollektive Schuldzuweisungen dienen dazu, Wut zu kanalisieren. Sie können gegen »die da oben«, aber auch gegen »die da unten« gerichtet sein.
- Der demokratisch legitimierten Politik wird das Vertrauen entzogen, da diese ihre Lösungskompetenz verloren zu haben scheint.
- Solidaritätsnormen werden aufgekündigt, Etabliertenvorrechte eingefordert (»Wir zuerst«; »Deutsche zuerst«).

Einige dieser Verarbeitungsmuster lassen sich durch autoritäre Parteien und Mobilisierungsexperten politisch »aufladen«, die mit scharf konturierten Feindbildern die Sehnsucht nach einer »Wiederherstellung von Ordnung« bedienen. Ihr zentrales Motto lautet: »Wir holen uns unser Volk und unser Land zurück«, wie Alexander Gauland es am 24. September 2017 auf der AfD-Wahlparty in Berlin formulierte.

Erschwert wird die Verarbeitung gesellschaftlicher Krisen durch den Umstand, dass sich in den letzten Jahrzehnten bestimmte gesellschaftliche Koordinaten und damit auch Orientierungsmarken verschoben haben, mit deren Hilfe Menschen sich im gesellschaftlichen Raum verorten: Das Links-rechts-Schema verlor seine politische Aussagekraft, soziale Hierarchien wurden durcheinandergewirbelt, in einer ethnisch und religiös vielfältigeren Gesellschaft wird neu und heftig darüber gestritten, wer dazugehören soll und wer nicht. Während sich in vielen gesellschaftlichen Bereichen Liberalisierungen beobachten lassen, erleben wir gleichzeitig ein widerständiges Aufflackern konservativ-autoritärer Lebensstile. Das Modell einer »offenen« und heterogenen Gesellschaft gerät zunehmend unter Druck.

Die Positionierungsnöte, die sich aus solchen Verschiebungen ergeben, schlagen sich auch in den Ergebnissen sozialwissenschaftlicher Untersuchungen nieder. 2006 stimmten 64 Prozent der im Rahmen unserer Langzeitstudie befragten Personen folgender Aussage zu: »Es ist alles so in Unordnung geraten, dass niemand mehr weiß, wo er eigentlich steht.« Etwa genauso viele bestätigten: »Früher waren die Leute besser dran, weil man wusste, was man zu tun hatte.« (Vgl. Hüpping 2006, S. 89) Immer wieder wurde ein enger Zusammenhang zwischen solchen Verunsicherungen und Elementen der gruppenbezogenen Menschenfeindlichkeit sichtbar; zu nennen sind hier insbesondere Fremden- und Muslimfeindlichkeit, Antisemitismus sowie Rassismus.

Diese individuellen Verarbeitungen lassen sich mit Entwicklungen in den drei Strukturbereichen des Analyseschemas (vgl. Abbildung 3) verbinden. Im ersten Schritt gehen wir vom globalen finanzialisierten Kapitalismus aus und fragen nach seinen Folgen für das zweite Erklärungsmoment, die Desintegrationsdynamik. Dazu lassen sich drei kapitalismuskritische Zugänge heranziehen.

Ein Ausgangspunkt ist Klaus Dörres (2009) bereits erwähntes Theorem der »kapitalistischen Landnahme«. Der Kapitalismus, so Dörre, dringe sukzessive in ursprünglich nicht kapitalistisch organisierte Bereiche wie das Gesundheitswesen oder den Bildungssektor vor. In der kapitalistischen Verwertungslogik spiele es dabei keine Rolle, ob und wie gut es einer Gesellschaft gelingt, unterschiedliche Bevölkerungsgruppen zu integrieren. Vor allem prekär Beschäftigte sähen ihren Status bedroht, fühlten sich nicht mehr als gleichwertig anerkannt und hätten den Eindruck, die Kontrolle zu verlieren. Sie würden nicht als politisch systemrelevant betrachtet, sondern als Verfügungsmasse zur Stabilisierung des Finanzsystems. Aus dieser Perspektive ist der finanzialisierte Kapitalismus eine »Aktivierungsmaschine« (Lessenich 2008), die wesentlich von der Angst vor dem sozialen Abstieg lebt. Angst ist demnach keine unbeabsichtigte Nebenfolge, sondern ein bewusst ins System eingebautes Disziplinierungs- und Kontrollinstrument.

Das hat weitreichende Konsequenzen. Die kräftezehrende Verteidigung des gesellschaftlichen Status bzw. der Kampf gegen Prekarisierung zehrt die Ressourcen auf, die zuvor für politische Partizipation reserviert waren. Dadurch verändert sich der Blick auf das politische System im Sinne einer *Demokratieentleerung* (vgl. Heitmeyer 2018, S. 177-196). Die Demokratie wird demnach von innen ausgehöhlt, weil ein Teil der Bevölkerung das Gefühl hat, von der herrschenden Politik nicht mehr wahrgenommen zu werden, und weil das Vertrauen schwindet, dass die Regierung willens und in der Lage ist, soziale Ungleichheit zu bekämpfen. Viele Menschen haben den Eindruck, nur noch Bürgerinnen oder Bürger zweiter Klasse zu sein.

Wie weit fortgeschritten die Erosion des Vertrauens und wie verbreitet die Unzufriedenheit mit dem politischen System ist, zeigen zwei Umfragen aus dem Jahr 2019 (vgl. Abbildungen 4 und 5).

Besonders ausgeprägt ist diese Unzufriedenheit bei Personen mit einer Präferenz für die AfD.

Ein zweiter Zugang setzt anomietheoretisch an. Unter Rückgriff auf die kapitalismuskritische Institutional Anomie Theory von Steven F. Messner und Richard Rosenfeld (1994)

Abb. 4: Erosion des Vertrauens 2015-2019: Was ist Ihrer Meinung nach eine Stärke Deutschlands? (Angaben in Prozent)

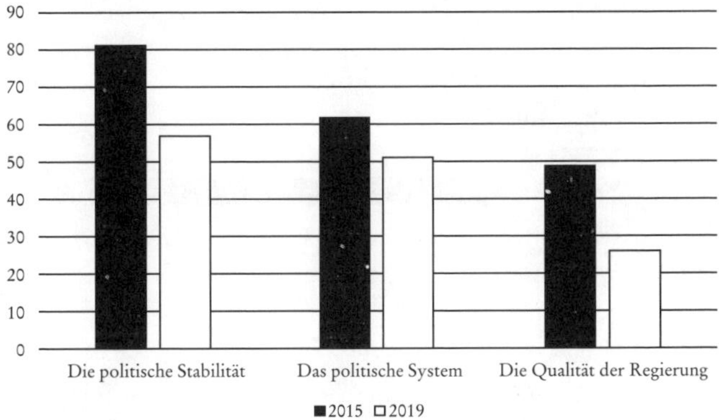

(Quelle: *Frankfurter Allgemeine Zeitung*, 20. November 2019)

formuliert Helmut Thome (2016) die These, die Dominanz einer übergriffigen Ökonomie stelle eine Quelle für Anomie und das Gefühl mangelnder Kontrolle dar. Die engen Zusammenhänge mit gruppenbezogen-menschenfeindlichen Einstellungen sind nachgewiesen (vgl. Hüpping 2006, S. 86-100).

Schließlich lässt sich ein dritter Ansatz in das Erklärungsmodell einfügen: Ulrich Bröcklings Konzept einer Ökonomisierung des Sozialen (2007), die sich für die Individuen im politisch propagierten Leitbild des »unternehmerischen Selbst« manifestiert. Gemeint sind hier Bestrebungen, die Aufgaben des Wohlfahrtsstaates in die Verantwortung der Einzelnen zu verlagern. Daraus ergeben sich ökonomistische Einstellungen, die fremde oder schwache Gruppen vorrangig nach deren Nützlichkeit, Verwertbarkeit und Effizienz bewerten, was wiederum zu gruppenbezogener Menschenfeindlichkeit führen kann. Entsprechende Einstellungen werden politisch ausgebeutet und instrumentalisiert, beispiels-

Abb. 5: Unzufriedenheit mit dem politischen System nach Parteipräferenz 2019 (Angaben in Prozent)

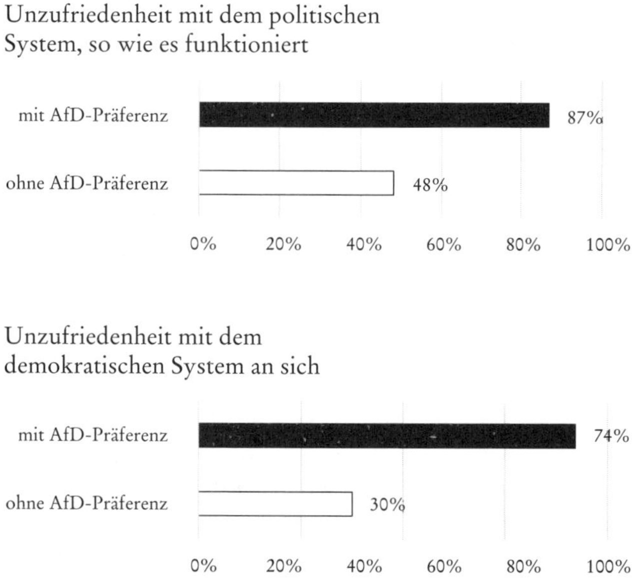

(Quelle: Forsa, 29. November 2019)

weise durch die autoritär-nationalradikale AfD (siehe Kapitel 6).

Zusammenfassend können wir festhalten: So unterschiedlich die drei kurz angerissenen theoretischen Zugänge der kapitalistischen Landnahme, der Anomietheorie und des »unternehmerischen Selbst« sein mögen, unterstreichen sie doch die problematischen bis zerstörerischen Auswirkungen des neoliberalen Kapitalismus auf die Integrationsqualität der Gesellschaft und auf die Politik. In einer solchen Situation können sich *autoritäre Versuchungen* herausbilden, die auf den Verlust sicherheitsstiftender Koordinaten, auf anomische Gefühle der »Standortlosigkeit«, auf Statusbedrohungen, sozialen Abstieg (bzw. die Angst davor) und auf Kontrollverluste reagieren. Neben einem unterwürfigen Autoritarismus bilden sich neue Formen wie der anomische und der machtbewusste Autoritarismus heraus (vgl. Heitmeyer 2018, S. 78-88). Zusammen mit der ohnehin bereits existierenden gruppenbezogenen Menschenfeindlichkeit (vgl. Hüpping 2006, S. 94) vergiften diese Einstellungen das Klima in der Gesellschaft. Wahlpolitisch blieben sie so lange ohne Konsequenzen für das demokratische System, wie es keinen politischen Ort für sie gab. Mit der AfD (siehe Kapitel 6) steht seit 2015 ein solches Angebot bereit.

3.2 Das Ursachen- und das Kontrollparadigma

Die Sichtweise auf rechte Bedrohungsallianzen hängt wesentlich davon ab, mit welchem Erklärungsmodell man die Phänomene betrachtet, zeitlich einordnet und gegebenenfalls bearbeitet. Studien, die ein *Ursachenparadigma* zugrunde legen, setzen bei den Entstehungs- und Ausbreitungsprozessen an. Sie konzentrieren sich auf den *Beginn* jener Verläufe, die im Alltag sowie auf der politischen Bühne ihre aggressive Wirkung entfalten und auch in Wahlergebnissen ihren Niederschlag finden. Mithilfe eines solchen Paradigmas können latente Veränderungen von Einstellungsmustern in unterschiedlichen Altersgruppen, Schichten oder Milieus frühzeitig erkannt und beschrieben werden.

Natürlich gibt es keinen »Null«-Punkt, an dem die hier thematisierten Entwicklungen beginnen, schon gar nicht, wenn man die lange Geschichte des Antisemitismus einschließlich seiner heutigen Varianten berücksichtigt. Gleichwohl ist es wichtig, »unauffällige« Verschiebungen in den Einstellungsmustern aufzuspüren, ehe sie sich verfestigen und von Bewegungen oder Parteien instrumentalisiert werden. Dabei gilt: Je früher solche Verschiebungen bemerkt und von politischen Entscheidungsträgern ernst genommen werden, desto bessere Chancen haben Maßnahmen zur Verteidigung und Festigung der liberal-demokratischen Grundsubstanz. Neben wissenschaftlicher Sensibilisierung und langfristiger Forschung ist dabei seitens der Politik die Bereitschaft gefragt, aus entsprechenden Untersuchungen auch die richtigen Schlüsse zu ziehen.

An genau dieser Stelle lässt sich allerdings ein verhängnisvoller Bruch konstatieren: Obwohl vielfältige empirische Ergebnisse vorlagen, die auf Verschiebungen in den Einstellungen hinwiesen (vgl. etwa die zehn Folgen der Langzeitstudie *Deutsche Zustände* sowie deren Fortführung in den »Mitte«-Studien), haben Vertreter insbesondere konservativer Parteien diese als »Alarmismus« abgetan oder gar als Stimmungsmache diffamiert. Damit wurde zu Beginn des 21. Jahrhunderts ein wichtiger Zeitpunkt für ein frühzeitiges Gegensteuern verpasst. Dies hat nicht zuletzt mit einer »blinden« Überlegenheitsattitüde gegenüber wissenschaftlichen Erkenntnissen und zivilgesellschaftlichen Organisationen zu tun. Operiert wurde (und wird) stattdessen mit einer unterkomplexen und veralteten Totalitarismustheorie, die »links« und »rechts« gleichsetzt. Als Bundestagspräsident Wolfgang Schäuble (CDU) am 5. März 2020 nach den Morden in Hanau von langfristigen Versäumnissen des Staates sprach, war das auch eine Bankrotterklärung des politischen und administrativen Personals. Dass der Staat über die Ursachen von Rechtsextremismus eigentlich gar nichts wissen wolle, wurde aus der Wissenschaft heraus freilich schon vor zwanzig Jahren kritisiert (vgl. Böhm/Hofmann 2000, S. 6f.). Obwohl es bereits Anfang der neunziger Jahre zu massiven Gewalttaten gekommen war, beispielsweise in Rostock-Lichtenhagen, Mölln und Solingen, waren seitens der Politik meist lediglich Verlautbarungen zu lesen und zu hören, mit denen Akteure auf Bundes-, Landes- und kommunaler Ebene sich selbst zu entlasten versuchten. Anstatt frühzeitig entschlossen einzugreifen, be- und verhinderten staatliche Stellen sogar in vielen Fällen entsprechende Ansätze und Initiativen. Das Bundesministerium für Jugend und Familie etwa beschloss 2011, dass Initiativen und Organisationen, die sich oft unter äußerst schwierigen Bedingungen gegen Rechtsextremismus engagieren, erst dann Fördergelder erhalten, wenn sie eine Erklärung unterzeichnen, in der sie sich zur freiheitlich-demokratischen Grundordnung bekennen und versichern, dass sie alle Projektpartnerinnen und -partner ebenfalls dahingehend überprüfen.

Allgemein ist festzuhalten, dass staatliche Stellen ihr Handeln oft nicht an einem Ursachen-, sondern an einem *Kontrollparadigma* ausrichten, das am *Ende* der Prozesse ansetzt, wenn gewalttätige Manifestationen rechter Bedrohungsallianzen sich nicht länger ignorieren lassen. Hier zeigt sich ein »mechanistisches« Missverständnis gesellschaftlicher Prozesse: Politiker und Behörden gehen allzu oft davon aus, dass sie nur hinreichend repressive Instrumente »auffahren« müssen, um abschreckende Effekte zu erzeugen. So setzte man ab den neunziger Jahren vorwiegend auf die Beobachtung durch den Verfassungsschutz sowie Verbote einzelner Gruppierungen oder Parteien. Das angeblich so »scharfe Schwert« der wehrhaften Demokratie leidet jedoch an einem schwerwiegenden Konstruktionsfehler: Die politisch-juristische Denkweise in Ministerien und Strafverfolgungsbehörden blendet die soziologische Dynamik lernender Systeme und damit die Möglichkeit aus, dass Rechtsextremisten auf repressive Maßnahmen mit taktischen und strategischen »Innovationen« reagieren (Heitmeyer 2012). Claudia Luzar (2015) verweist in diesem Zusammenhang auf das Verbot der Autonomen Nationalisten des Nationalen Widerstands Dortmund (NWDo) 2012: Bereits wenige Wochen später hatte sich der NWDo als Kreisverband der Partei Die Rechte reorganisiert – und unter dem Schirm dieser Partei ging alles weiter wie bisher.

Auch hier spielt der Zeitfaktor eine wichtige Rolle. Gewalttätige oder gar terroristische Akteure haben einen strukturellen *Zeitvorsprung*, insbesondere wenn sie im Geheimen agieren (siehe Kapitel 7-9). Zusätzlich verschärft wird die Situation durch lange *Reaktionszeiten*, wie sie bei Angriffen auf Kommunalpolitikerinnen oder auch beim Verbot der Gruppe Combat 18 zu beobachten waren, über das man sehr lange diskutierte, bevor es endlich vollzogen wurde.

3.3 Analysekonzept zu Interaktionsprozessen

Der skizzierte gesellschaftsanalytische Zugang soll nun ergänzt werden um einen Ansatz, der auf die Interaktionsprozesse abstellt, in denen sich rechte Bedrohungsallianzen herausbilden. In der Rechtsextremismusforschung werden klassischerweise Parteiprogramme, Wahlerfolge, politische Symbole, historisch-politische Bezugnahmen und anderes mehr untersucht. Mit der Fixierung auf das Parteiensystem lässt sich jedoch nach Ansicht des Politikwissenschaftlers Hans-Jürgen Bieling (2017) der Aufschwung rechter und rechtsextremer Kräfte nicht erklären. An diesem Punkt setzt eine soziologische Rechtsextremismusforschung an (Heitmeyer 2011a, S. 23-27), die Interaktionsprozesse, Erfahrungen sozialer Integration bzw. Desintegration, subjektive Verarbeitungen, politische Einstellungen und die Radikalisierung in Gruppen in den Vordergrund stellt. Diese Forschung befasst sich nicht isoliert mit radikalisierten Milieus, einzelnen Gruppierungen wie Autonomen Nationalisten oder Freien Kameradschaften oder mit Terrorzellen. Sie untersucht diese vielmehr stets im Kontext entsprechender menschenfeindlicher Einstellungen in der Bevölkerung und einer sich ausbreitenden Ideologie der Ungleichwertigkeit. Es geht um ein *Kontinuum* der Radikalisierung, das bei der Billigung von Gewalt beginnt und bis zu tödlicher Gewalt reichen kann. Die soziologische Rechtsextremismusforschung konzentriert sich dabei weniger auf die ideologische Innenausstattung des rechten Spektrums als vielmehr auf die Interaktionsprozesse zwischen Rechtsextremisten und ihrem sozialen Umfeld. Sie nimmt dabei auch die gesellschaftlichen und politischen Folgen in den Blick, sei es ein durch Drohungen erzeugtes Klima der Angst oder die Rekrutierung neuer Mitstreiter. Mit diesem Ansatz tragen wir der einleitend formulierten These einer *Dynamisierung* des rechten Spektrums analytisch Rechnung. Außerdem erteilen wir dem *mechanistischen Ansatz* eine klare Absage, der im staatlichen Kontrollparadigma zum Ausdruck kommt. Stattdessen gilt es, die komplexe Eigendynamik von Interaktionsprozessen in den Blick zu nehmen, wie sie im nachfolgenden Modell dargestellt werden (vgl. Abbildung 6).

Prozess 1: Politische Entscheidungen, die zu sozialer Desintegration führen, verstärken vorhandene gruppenbezogene Menschenfeindlichkeit in der Bevölkerung (Mansel et al. 2012).

Prozess 2: Menschenfeindliche Mentalitäten vergiften das soziale Klima und die politische Kultur in Städten und Ge-

Abb. 6: Interaktive Prozesszusammenhänge

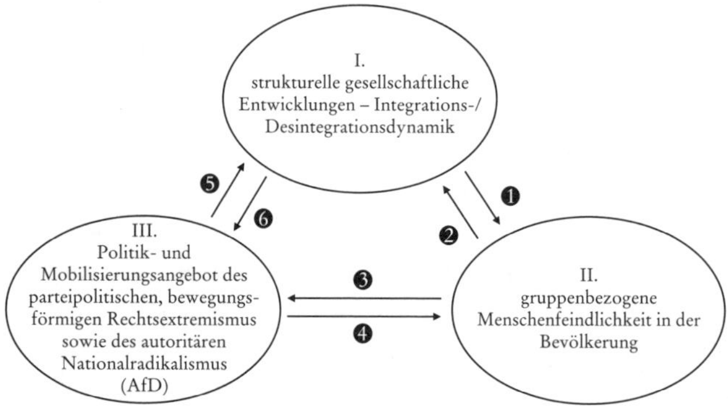

(Quelle: Heitmeyer 2011a, S. 24)

meinden (Petzke/Endrikat/Kühnel 2007; Marth et al. 2010; Grau et al. 2012).

Prozess 3: Gruppenbezogene Menschenfeindlichkeit in Teilen der Bevölkerung schafft Legitimationen für autoritär-nationalradikale Bewegungen und Parteien sowie für den bewegungsförmigen Rechtsextremismus.

Prozess 4: Die autoritär-nationalradikale AfD sowie rechtsextreme Parteien unterbreiten Wahlangebote und knüpfen an den Zusammenhang von sozialer Desintegration und Demokratieentleerung an.

Prozess 5: Diese Parteien skandalisieren gesellschaftliche Entwicklungen wie Desintegration, Migration und teilweise auch die Effekte des autoritären Kapitalismus (vgl. Wagner 2008; Borstel 2011). Lokale und regionale Wahlerfolge führen zu einer »Normalisierung« solcher Parteien in Teilen der Bevölkerung (Zick/Küpper/Legge 2009).

Prozess 6: Gegenreaktionen: Staatliche Repression und zivilgesellschaftliche Intervention werden zunehmend aktiviert im Zuge rechtsextremistischer Mobilisierungserfolge und politischer Zustimmung in Teilen der Bevölkerung (Heitmeyer 2007).

Bei all diesen Interaktionen stellt sich im Sinne des *Ursachenparadigmas* stets die Frage, welche Akteursgruppen in welche Prozesse mit welcher Erklärungs- und Handlungskompetenz eingreifen können. Ein solches Paradigma nimmt alle drei Eckpunkte des Modells in den Blick, während das *Kontrollparadigma* ausschließlich auf Strafverfolgung sowie Verbote setzt und Mentalitäten in der Bevölkerung ausblendet. Damit werden zentrale Ursachenzusammenhänge für rechte Bedrohungsallianzen ignoriert.

4. Das konzentrische Eskalationskontinuum

4.1 Der Analyserahmen für rechte Bedrohungsallianzen

Als ab 2011 das volle Ausmaß der Taten des NSU ans Tageslicht kam, wurde in den Medien und von der Politik vielfach ein dichotomisches Bild »deutscher Zustände« gezeichnet: auf der einen Seite die intakte Gesellschaft, auf der anderen die verbrecherische Terrorzelle. Diese konstruierte Selbstentlastung und der politische Selbstbetrug (vgl. Heitmeyer 2012b, S. 22), die auch vor Verfassungsschutz, Polizei und Justiz nicht haltmachten, behinderten lange die gesellschaftliche Selbstaufklärung sowie die Strafverfolgung, wie sich beispielsweise im NSU-Prozess gezeigt hat (vgl. u.a. Schultz 2018).

Wir arbeiten deshalb mit einem Analyseschema, das auf den Erkenntnissen der soziologischen Rechtsextremismusforschung aufbaut (siehe Kapitel 3). Abbildung 7 zeigt das von Borstel und Heitmeyer (2012, S. 343) entworfene, von Heitmeyer (2018, S. 356) konkretisierte und an die aktuelle Entwicklung angepasste *konzentrische Eskalationsmodell.* Mit diesem Schema wollen wir die Limitierungen von Untersuchungen überwinden, die sich nur einzelnen Bereichen des rechten Spektrums widmen. Natürlich haben auch solche partiellen Analysen ihren Wert und ihre Berechtigung, aber die Wucht rechter Bedrohungsallianzen wird erst im Eskalations*kontinuum* wirklich erkennbar. Um die Besonderheiten der einzelnen Bereiche angemessen zu erfassen, legen wir dabei das Milieukonzept zugrunde. Wir untersuchen nicht nur Einstellungen und Verhaltensweisen einzelner Personen, die unverbunden nebeneinanderleben, und betrach-

Abb. 7: Konzentrisches Eskalationsmodell

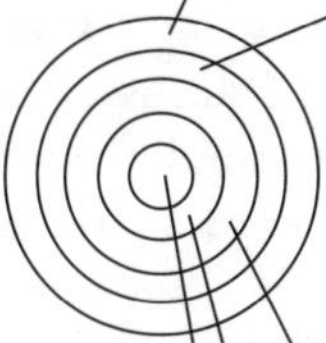

gruppenbezogene Menschenfeindlichkeit in der Bevölkerung
Erscheinungsformen: Abwertung und Diskriminierung von markierten Gruppen mit einer Ideologie der Ungleichwertigkeit
Funktion: Legitimationsfundus für politische Aktionen von Bewegungen und Parteien

Milieu des autoritären Nationalradikalismus
Erscheinungsformen: politische Formationen von autoritären und nationalistischen Bewegungen und Parteien (AfD, Pegida etc.)
Zielsetzungen: De-Stabilisierung von gesellschaftlichen Institutionen und der liberalen Demokratie mit dem Ziel eines »Systemwechsels«; Ausgrenzung von Gruppen zur Schaffung einer geschlossenen Gesellschaft; Neudeutung deutscher Geschichte

systemfeindliches Milieu
Erscheinungsformen: bewegungsförmiger Rechtsextremismus, neonazistische Kameradschaften, Identitäre Bewegung und unorganisierte Szenen von Reichsbürgern und völkischen Siedlungsbewegungen
Zielsetzungen: Sturz des demokratischen Systems und Zerstörung der offenen Gesellschaft, z. T. auch mit Gewalt

klandestines terroristisches Planungs- und Unterstützungsmilieu
Erscheinungsformen: konspirativ agierende Gruppen, die sich vielfach aus den systemfeindlichen Milieus rekrutieren und eine weitere Radikalisierung durchlaufen in Richtung der Planung terroristischer Taten
Zielsetzungen: gewaltsame Aktionen gegen Angehörige markierter politischer Gruppen und Minderheiten sowie gegen Vertreter des politischen Systems

terroristische Vernichtungsakteure
Erscheinungsformen: gruppenorganisierte Akteure mit realen Unterstützungsmilieus oder individualzentrierte Akteure in virtuellen Gemeinschaften
vollzogene Taten: Vernichtung von markierten Personen oder Gruppen zum Zwecke des Zusammenbruchs der gesellschaftlichen und staatlichen Ordnung

(Quelle: Weiterentwicklung auf der Grundlage von Borstel/Heitmeyer 2012, S. 343; Heitmeyer 2018, S. 356)

ten auch nicht ausschließlich formelle Mitgliedschaften beispielsweise in politischen Parteien.

Milieus im soziologischen Sinne umfassen Facetten des Denkens und Handels, die sich verdichten, Übereinstimmungen hervorbringen und die wechselseitig kommuniziert werden, um Wirkungsmacht gegenüber anderen Milieus zu erzeugen. Dieser Prozess ist nicht an bestimmte soziale Schichten, Alters- oder Berufsgruppen gebunden. Der Soziologe Stefan Hradil (2006) führt aus, dass Milieus nicht nur durch gemeinsame Werte und Mentalitäten, sondern auch durch einen »inneren Zusammenhalt« und ein »Wir«-Gefühl gekennzeichnet sind, das zur verstärkten Pflege von Binnenkontakten führt (vgl. auch Malthaner/Waldmann 2012, S. 19f.). Heute sind dazu nicht mehr zwingend physische Kontakte notwendig, sondern Milieubildung findet immer auch im virtuellen Raum statt. Entscheidend ist in unserem Zusammenhang, dass mit diesem »Wir«-Gefühl eine ausgrenzende, abwertende und diskriminierende »Die«-Kategorie gleich mitgeliefert wird.

Unser Modell des konzentrischen Eskalationskontinuums ist im Prinzip aufgebaut wie eine »Zwiebel«. Wir unterscheiden fünf Bereiche oder »Schichten«: Die äußerste »Schicht« repräsentiert die Bevölkerung insgesamt, in der – auch abhängig von gesellschaftlichen Debatten – in unterschiedlichem Ausmaß Einstellungen vertreten werden, die sich unter *gruppenbezogene Menschenfeindlichkeit* subsumieren lassen. Daran schließt das Milieu des organisierten *autoritären Nationalradikalismus* an, das konstruierte Feindbilder sowie die entsprechenden Ausgrenzungsstrategien präsentiert und propagiert. In der nächsten Schicht, dem *systemfeindlichen Milieu*, sind bereits Gewaltattitüden verbreitet. Das *klandestine terroristische Planungs- und Unterstützungsmilieu* ist noch radikaler und agiert im Geheimen mit eindeutiger Gewaltoption oder gar Gewalttätigkeit. Im Kern der »Zwiebel« finden wir *terroristische Zellen* oder *Einzeltäter*. Von außen nach innen nehmen die Radikalität der Einstellungen, die Klandestinität sowie die Bereitschaft zu terroristischer Gewalt zu. Gleichzeitig werden die inneren Schichten von den äußeren mit Legitimation versorgt. Dieses Konzept des Eskalationskontinuums soll in den folgenden Kapiteln 5 bis 9 »durchbuchstabiert« werden.

4.2 *Differenzkriterien zwischen den Schichten des konzentrischen Eskalationskontinuums*

Um die einzelnen Stufen des Kontinuums eindeutig zu beschreiben, ist es notwendig, qualitative Unterschiede zwischen den Schichten herauszuarbeiten und die jeweiligen *Legitimationsbrücken* zu benennen (siehe Kapitel 4.3).

Differenz zwischen Einstellungen der gruppenbezogenen Menschenfeindlichkeit in der Gesamtbevölkerung und dem autoritär nationalradikalen Milieu: Bei den Einstellungen in der Bevölkerung handelt es sich um individuelle Positionierungen, die parteipolitisch gebunden, aber auch »freischwebend« sein oder zwischen allen vorhandenen Parteien »vagabundieren« können. Zwar sympathisieren Personen mit menschenfeindlichen Einstellungen in hohem Maße mit der AfD, sie können aber auch andere Parteien präferieren.

Der *autoritäre Nationalradikalismus* insbesondere der AfD »saugt« die individuellen Einstellungen in der Bevölkerung auf. Er verdichtet sie zu kollektiven Aussagen und setzt sie auf die politische Agenda. Die AfD bildet somit den parlamentarischen Arm für potenzielle menschenfeindliche Einstellungen, die im Vorfeld bereits durch Bewegungen wie Pegida verdichtet werden.

Differenz zwischen dem autoritär-nationalradikalen Milieu und dem systemfeindlichen Milieu: Die Schicht des organisierten *autoritären Nationalradikalismus* ist noch durch eine gewisse ideologische Heterogenität gekennzeichnet; die Einstellungen reichen von rechtskonservativen bis hin zu »Übergangspositionen« in das systemfeindliche Milieu des völkischen »Flügels« der AfD. Die AfD versucht dabei immer stärker, sich den Anstrich einer »bürgerlichen« Partei zu geben, um Anschluss an die Mitte der Gesellschaft zu finden. Sie verbindet damit zugleich den Anspruch auf eine zukünftige Machtbeteiligung innerhalb der parlamentarischen Demokratie, getreu ihrer Losung einer »friedlichen Revolution« gegen das »politische System« (Gauland) (vgl. Bender 2018).

Demgegenüber ist das *systemfeindliche Milieu* parteipolitisch bereits eindeutig im rechtsextremistischen Fahrwasser verortet; man orientiert sich an der NPD oder an der Partei Die Rechte und damit an einschlägigen historischen Vorbildern. Dies gilt auch für die extremistisch-modernistische Identitäre Bewegung (IB). Ihre gemeinsame Grundlage ist die Ideologie der Ungleichwertigkeit, die den Kern gruppenbezogen-menschenfeindlicher Einstellungen ausmacht. Gewalt wird akzeptiert, zur Gewaltausübung ist man (zumindest situativ) durchaus bereit.

Differenz zwischen dem systemfeindlichen Milieu und dem klandestinen terroristischen Planungs- und Unterstützungsmilieu: Zum *systemfeindlichen Milieu* zählen rechtsextremistische Bewegungen und neonazistische Kameradschaften, wobei anzumerken ist, dass in der Literatur die Begriffe »Rechtsextremismus« und »Neonazismus« immer wieder synonym verwendet werden. Diesem Sprachgebrauch folgen wir hier nicht. Allerdings ist es nicht immer einfach, konkrete Akteure einer Kategorie zuzuordnen, da viele Gruppierungen in »Bewegung« sind. Sie suchen und beschreiten »Übergangswege«, um ihre Macht zu erweitern. Gleichwohl lassen sich Kriterien ausmachen, die dafür sprechen, im Eskalationskontinuum zwei Stufen zu unterscheiden.

Im Milieu des *bewegungsförmigen Rechtsextremismus* versammeln sich systemfeindliche Akteure, die zerstörerische Absichten verfolgen und dazu teilweise auch Gewalt einsetzen. Dabei arbeiten sie in einem doppelten Modus: In der Öffentlichkeit betätigen sich die verschiedenen Gruppen, zumeist juristisch »ausgetestet«, scharf unterhalb der Schwelle, ab welcher der Staat rechtlich eingreifen kann. Ihr Handeln bietet zugleich Anschlussmöglichkeiten für Gruppen im *klandestinen Milieu*, um sich zu situativen, lokalen oder überregionalen Aktionen zusammenzufinden.

Im *neonazistischen Milieu* sind Ideologie, Sprache, Ästhetik und Gewalt noch einmal deutlich aggressiver. Die dominierenden Akteure haben sich auf drei zentrale Eckpunkte verständigt: Steigerung des Gewaltniveaus, Reaktivierung und Rekultivierung der Grundlagen des NS-Systems (einschließlich der Leugnung des Holocaust), martialische Machtdemonstrationen im öffentlichen Raum (u.a. durch »reine« Körperlichkeit). Diese Gruppen operieren klandestin, schirmen sich also massiv nach außen ab, und können auf diese Weise auch rechtsterroristische Zellen ideologisch und logistisch unterstützen. Zudem stellen sie Anerkennung für kleine *terroristische Zellen* bereit; der Fall NSU bietet hier konkretes Anschauungsmaterial.

Im Gegensatz zum *terroristischen Planungs- und Unterstützungsmilieu* lässt sich das *systemfeindliche Milieu* in Form von Parteien durchaus auf eine vorübergehende Teilnahme am demokratischen System ein. Hierin besteht der wesentliche Unterschied zwischen den beiden Eskalationsstufen. Das systemfeindliche Milieu passt sich strategisch an staatliche Vorgaben an, beispielsweise indem Demonstrationen angemeldet werden. »Systemüberwindung« ist gleichwohl das zentrale Ziel. In der »Parteifantasie« arbeitet man auf den »Volksaufstand« hin, mit dem die Vergangenheit wiederhergestellt werden soll. Es ist ein offener und weitgehend öffentlicher Kampf gegen das verhasste System.

Dagegen fasst das *terroristische Planungs- und Unterstützungsmilieu* jede partielle und temporäre Teilnahme am demokratischen System als Verrat an der Bewegung auf. Es geht vor allem um den »Umsturz«, wenn nötig mit Waffengewalt. Deshalb wird auch der verdeckte Kampf aus dem Untergrund unterstützt. Die hohe Zahl untergetauchter rechtsextremistischer Straftäter (im Frühjahr 2019 waren es 497) ist hier ein aufschlussreiches Indiz (Deutscher Bundestag, Drucksache 19/10886).

Differenz zwischen dem klandestinen terroristischen Planungs- und Unterstützungsmilieu und terroristischen Zellen bzw. Individualterrorismus: Zwischen diesen beiden Eskalationsstufen besteht der Unterschied nur noch im Grad der Klandestinität und Vernichtungsrealisierung. Die einen führen zum Schein noch ein »normales« Alltagsleben, die anderen eine Existenz im Untergrund. Sie beschaffen Waffen, erstellen Todeslisten und bereiten sich auf den Tag X vor. Die einen planen die Vernichtungstaten, die anderen setzen sie um.

4.3 Legitimationsbrücken

Im vorangegangenen Abschnitt haben wir erläutert, wie sich die Stufen des Eskalationskontinuums im Spektrum vom rechten Denken bis zum terroristischen Handeln unterscheiden. Doch wodurch werden die einzelnen Schichten zusammengehalten? In unseren Untersuchungen sind wir auf ein

Set unterschiedlicher *Legitimationen* gestoßen, mit denen das Denken und Handeln gerechtfertigt wird.

Legitimationen können aus gesellschaftlichen Entwicklungen entstehen, für die es keine Lösungen zu geben scheint. Sie werden als Bedrohungen empfunden, für die »die da oben« oder die »Anderen« (also Geflüchtete, Migranten oder Menschen mit anderen Lebensstilen) verantwortlich gemacht werden. Solche kollektiven Schuldzuweisungen übersetzen sich dann in gruppenbezogene Menschenfeindlichkeit. Legitimationen ergeben sich aber auch aus Anleihen bei historischen ideologischen Konzepten oder gesellschaftlichen Ordnungen wie dem Regime des Nationalsozialismus, die wiederhergestellt werden sollen. Schließlich lassen sich Legitimationen auch aus Verschwörungsideologien herleiten, die weder auf realen oder vermeintlichen Problemlagen noch auf historischen Vorbildern beruhen, sondern neue »Wirklichkeiten« konstruieren, die von geheimnisvollen und übermächtigen Akteuren gesteuert werden. Diese nur beispielhaft aufgezeigten Legitimationsquellen müssen im Eskalationskontinuum von den äußeren Schichten nach innen »transportiert« werden.

Im Strukturbild des Eskalationskontinuums sind Personen, die Einstellungsmuster gruppenbezogener Menschenfeindlichkeit aufweisen und diese in sozialen Bezugsgruppen wie Verwandtschaften, Freundeskreisen, Betrieben, Kirchengemeinden, Sportvereinen etc. artikulieren, die *Legitimationszulieferer* für den autoritären Nationalradikalismus. Dieser wirkt in seinen verschiedenen Organisationsformen als *Legitimationsverdichter*, indem Führungskräfte Parolen formulieren, die nach zwei Seiten »ausstrahlen«: Zum einen finden Bevölkerungsteile mit gruppenbezogen-menschenfeindlichen Einstellungen Bestätigung und einen politischen Ort (ab 2014 etwa in Form von Pegida, seit 2015 in Form der radikalisierten AfD). Zum anderen treten in diesem Milieu auch *Legitimationsproduzenten* aus dem intellektuellen Spektrum auf, die mit historischen Aufladungen und revisionistischen Geschichtsauffassungen *Legitimationsübergänge* zum systemfeindlichen Milieu schaffen. Hierbei spielen vor allem Denkfiguren wie der »Untergang Deutschlands«, den es mit allen Mitteln zu verhindern gelte, eine zentrale Rolle. Gerade im Milieu des autoritären Nationalradikalismus sind zudem hochwirksame intellektuelle *Legitimationstransporteure* zu finden, die auf das Internet setzen, um homogene Nutzergruppen aufzubauen, die sich in selbstreferentiellen Aufschaukelungsprozessen radikalisieren. Schließlich sind *Legitimationsumwandler* am Werk, die in klandestinen Gruppierungen den Übergang von extremistischen Denkmustern zur Akzeptanz tödlicher Gewalt vorantreiben, die dann schließlich von terroristischen Zellen oder einzelnen Terroristen ausgeübt wird.

Wenn man sich mit den im Eskalationskontinuum versammelten Akteuren und Gruppen befasst, gilt es also stets auf *Legitimationsströme* zwischen den verschiedenen Schichten sowie auf Rückkopplungseffekte zu achten, die sich vor allem im Fall erfolgreicher Aktionen ergeben. Von entscheidender Bedeutung sind dabei die bereits angesprochenen *Legitimationsbrücken* zwischen den einzelnen Kontexten und Gruppen. Im Eskalationskontinuum sind vier solche Brücken erkennbar (Abbildung 8).

(1) Ausgangspunkt sind gruppenbezogen-menschenfeindliche Einstellungen in Teilen der Bevölkerung, die dem autoritären Nationalradikalismus der AfD als Legitimation dienen, Feindbilder aufzubauen und zuzuspitzen. Auch Menschen mit entsprechenden Einstellungen, die *nicht* mit der AfD sympathisieren oder sie wählen, tragen zu diesem Legitimationsfundus bei, da sie das gesellschaftliche Klima mit-

Abb. 8: Legitimationsbrücken im Eskalationskontinuum

(1) Einstellungsmuster gruppenbezogene Menschenfeindlichkeit	autoritärer Nationalradikalismus	Feindbilder
(2) autoritärer Nationalradikalismus	systemfeindliche Milieus	»Gewaltmembran«
(3) systemfeindliches Milieu	klandestine Gruppierungen	Gewalttätigkeit
(4) klandestine Gruppierungen	terroristische Zellen	Vernichtung

bestimmen, aus dem die Partei ihre politische Legitimation »saugt«.

(2) Führende Vertreter des *autoritären Nationalradikalismus* bedienen sich einer »Gewaltmembran« (Heitmeyer 2018, S. 270ff.). Damit werden der nächsten »Zwiebelschicht«, dem *systemfeindlichen Milieu*, Motive für Gewalt geliefert. Die Membran trennt die beiden Milieus, ist aber für spezifische Begriffe durchlässig, die in anderen Handlungskontexten Gewalt erzeugen können, ohne dass diese den Urhebern der Parolen juristisch zurechenbar wäre. Dazu gehören Rhetoriken wie »Volkstod« oder »Bevölkerungsaustausch«. Die *Legitimationsbrücke* wird von Führungskräften der AfD gebaut, indem sie Untergangsszenarien beschwören oder eine Reinterpretation der deutschen Geschichte propagieren. Insbesondere der völkische »Flügel« der AfD bringt die »Gewaltmembran« zum Schwingen, wenn seine Repräsentanten Begriffe wie »Umvolkung« verwenden und »das deutsche Volk« zum Opfer stilisieren. Vor die Wahl gestellt, »Schaf« oder »Wolf« zu sein, müsse man sich für die Rolle des »Wolfes« entscheiden (so Björn Höcke am 23. Juni 2018 auf dem Kyffhäuser-Treffen). Ein zentrales Konzept, dem man in diesen Milieus immer wieder begegnet und das bis in neona-

zistische Netzwerke hineinwirkt, ist die (2015 im Kontext der »Flüchtlingskrise« von dem Philosophen Peter Sloterdijk geprägte) Formel von der »wohltemperierten Grausamkeit«, die im Zusammenhang mit der angestrebten Remigration notwendig sei (Höcke 2018, S. 254). Vor dem Hintergrund der angesprochenen Untergangsfantasien erzeugt eine solche Rhetorik Handlungsdruck.

(3) Im systemfeindlichen Milieu balancieren verschiedene Akteure auf der Schwelle zur Legitimation offener Gewalt gegen Minderheiten sowie Vertreter des Staates. So liefert beispielsweise die Partei Die Rechte, die sich aus dem Milieu des bewegungsförmigen Rechtsextremismus speist, den klandestinen terroristischen Planungsmilieus Legitimation und Motivation.

(4) Die klandestinen Planungsmilieus schließlich errichten keine zusätzlichen ideologischen Legitimationsbrücken, sondern konzentrieren sich auf »Brücken zur Tat« und schirmen terroristische Akteure gegen staatliche Verfolgung ab.

4.4 Neue Funktionsdifferenzierungen in realen und virtuellen Aktionsräumen

Um der Vielfalt der Akteure und den komplexen Wechselwirkungen innerhalb des Eskalationskontinuums gerecht zu werden, müssen wir immer zugleich Aktionen auf Straßen und Plätzen sowie Aktivitäten im Internet betrachten – zwei Bereiche, die bislang häufig unabhängig voneinander untersucht wurden. Die »Durchschlagskraft« der Akteursgruppen ergibt sich aber gerade daraus, dass sie beide Räume parallel bespielen. Deshalb skizzieren wir hier die Versäumnisse und Probleme wirkungsvoller Intervention, um die Veränderungen zu verdeutlichen, die wesentlich zur Dynamisierung rechter Bedrohungsallianzen beigetragen haben.

Diese Veränderungen der Aktivitäten im realen Raum verschieben die Aufmerksamkeit etwa im Sinne des Kontrollparadigmas (siehe Kapitel 3.2) immer deutlicher hin zum virtuellen Raum der sozialen Netzwerke, wie sich an den medialen und politischen Debatten nach dem Terroranschlag in Halle im Oktober 2019 und nach den terroristischen Morden in Hanau im Februar 2020 nachzeichnen lässt. Diese Aktivitäten sind weder national noch raumgebunden; sie sind international und virtuell, quasi »ortlos«.

Hinsichtlich seiner Bedeutung für die Entwicklung rechter Bedrohungsallianzen wurde das Internet lange unterschätzt, weil Politik und Polizei auf die in vielerlei Hinsicht rückständige NPD fixiert waren. Man investierte viel Energie in letztlich vergebliche Verbotsanträge, weil man damit die ideologischen und gewalttätigen Aktivitäten der NPD auf Straßen und Plätzen unterbinden wollte. Gleichzeitig vernachlässigte man jedoch die Auseinandersetzung mit dem bewegungsförmigen Rechtsextremismus (siehe Kapitel 7) mit seinen teilweise professionellen Internetauftritten. Ebenso wurde kaum beachtet, dass sich in der Bevölkerung gruppenbezogen-menschenfeindliche Einstellungen immer weiter ausbreiteten (siehe Kapitel 5) und auf Plattformen wie »Politically Incorrect« zusätzlich aufgeheizt wurden. Die AfD, die gesellschaftspolitisch in die nationale Vergangenheit blickt, hat kommunikationstechnisch einen Mobilisierungsvorsprung.

Es ist also unbedingt notwendig, sich verstärkt mit dem virtuellen Raum zu befassen. Das Internet, dessen demokratisches Potenzial zunächst vielfach hervorgehoben wurde, hat sich (auch) zu einem Instrument der Demokratiezerstörung entwickelt. Die globale Marktmacht der Digitalkonzerne wird sich politisch kaum wieder »einfangen« lassen. Soziale Netzwerke entwickeln sich zu einer »Schnellbahn« für Hass und Gewaltaufrufe. Die Anonymität im Netz erweist sich dabei vielfach als zentraler »Explosionsmechanismus«. In abgedichteten »Filterblasen« laufen »Radikalisierungsmaschinen« (Ebner 2019) auf Hochtouren. Es sind neue, personenunabhängige Automatismen entstanden. Die »Dunkle Seite der Plattformen« – so der Untertitel eines Buches des Medientheoretikers Geert Lovink (2019) – und die dunklen Seiten der Gesellschaft haben sich untrennbar miteinander verbunden.

Dass autoritär-nationalradikale, rechtsextremistische, neonazistische und terroristische Akteure ihre Überlegenheitsfantasien mit Untergangsszenarien verknüpfen, Verschwörungsideologien wie die vom »Großen Austausch« (Camus 2016) verbreiten und gruppenbezogen-menschenfeindliche Einstellungen mit Gewaltaufrufen verbinden, ist *kein Resultat* der neuen technischen Möglichkeiten. Diese Bedrohungen sind in der realen Welt entstanden, in der sich eine »Destruktion durch Normalitätsverschiebungen« beobachten lässt (Heitmeyer 2018, S. 277-322). Die sozialen Medien ermöglichen es aber, dass rechte Einstellungen sich rasant ausbreiten und schneller verfestigen (vgl. Fielitz/Marcks 2019). Außerdem kommen auf diesem Weg »Innovationen« und Anleitungen zur Tatbegehung in Umlauf, was sich jüngst beim Anschlag auf die Hallenser Synagoge erneut gezeigt hat. Der Täter hatte sich mehrere Schusswaffen nach im Internet verfügbaren Plänen selbst gebaut; außerdem orientierte er sich an der Logik und Ästhetik von Computerspielen. Eine solche »Gamifizierung« ist freilich kein ganz neues Phänomen, werden Computerspiele doch schon seit Jahren genutzt, um Amokläufe in Schulen vorzubereiten (vgl. Heitmeyer/Böckler/Seeger 2013, S. 27-54).

Insgesamt sind noch viele Fragen offen. Wie genau werden die Ideologien, der Hass und die Gewaltaufforderungen, die in der realen Welt erdacht werden, in der virtuellen Welt platziert und verbreitet? Was passiert, »wenn die Hetze das Netz verlässt«, wie Anna Sophie Kümpel und Diana Rieger es ausdrücken (2019, S. 7)? Sie stellen in einem knappen Überblick experimentelle Ergebnisse vor, die darauf hindeuten, dass Personen, die im Internet mit Hass konfrontiert waren, sich danach oft selbst aggressiver verhalten. Ebenso traten rechte Hassverbrechen im realen Raum dort verstärkt auf, wo sich auch Hassbotschaften in sozialen Netzwerken häuften. Aber dies sind Korrelationen und noch keine eindeutigen Hinweise auf die dahinterliegenden Mechanismen. Betont wird aber erneut die Rolle der sozialen Bezugsgruppen. Die dort geltenden Normen können sich durch die Betätigung im Internet verschieben; Hasskommunikation kann sich normalisieren und aus der virtuellen in die reale Welt gelangen.

Schlüsselelemente für den Übergang aus der virtuellen in die reale Welt werden in vielen Untersuchungen genannt, insbesondere gehören dazu Überlegenheitsfantasien, Untergangsängste und Opfermythen. Die Mechanismen, die letztlich zu Gewalttaten führen, sind allerdings komplex und vielfach noch nicht aufgeklärt. In Kapitel 9.4 skizzieren wir dazu einen eigenen Ansatz.

Das Fatale ist jedenfalls, dass staatliche Repression immer auch »Innovationen« auf der Gegenseite hervorbringt. Allerdings ist bei alldem die Bedeutung des realen Raums nicht zu unterschätzen. Der öffentliche Raum ist der Ort der Machtdemonstrationen und der physischen Gewalt, während der virtuelle Raum der Ort der ideologischen »Aufheizung« ist. Oft reicht dann schon ein bestimmter Anlass oder ein symbolträchtiges Datum (im Fall des Terroranschlags von Halle war das Jom Kippur, der höchste jüdische Feiertag), damit der virtuelle Raum verlassen und der Schritt zur zerstörerischen Gewalttat getan wird.

Eine weitere Dimension der neuen Funktionsdifferenzierung findet sich in den unterschiedlichen Sozialräumen städtischer und ländlich-kleinstädtischer Gebiete. Gemeinhin wird der Eindruck vermittelt, dass sich der Kampf um die offene Gesellschaft und die liberale Demokratie in Großstädten, also in den politischen Machtzentren entscheidet. Die Peripherie hingegen scheint nicht so wichtig zu sein, da der virtuelle Raum vielfach über- und der reale Raum in ländlich-kleinstädtischen Gebieten unterschätzt wird. Statistiken zur Gewalt gegen Bewohner von Flüchtlingsheimen und andere Personengruppen zeichnen aber ein anderes Bild und lenken die Aufmerksamkeit insbesondere auf sozial und kulturell homogene Regionen, die wirtschaftlich zunehmend abgehängt werden (siehe Kapitel 7).

4.5 Das verdeckte Eindringen in Sicherheitsinstitutionen

Institutionen sind auf Dauer gestellte Einrichtungen einer Gesellschaft und sollen mit jeweils aufgabenspezifischen Regelsystemen die durch die Verfassung vorgegebene soziale Ordnung sichern. Eine spezifische Form sind Sicherheitsbehörden. Umso problematischer ist es für die offene Gesellschaft und die liberale Demokratie, wenn sich innerhalb der Strukturen dieser Institutionen Einstellungen und Handlungen feststellen lassen, die auf rechte Bedrohungsallianzen hindeuten.

Einzelne Aktivitäten gegen ihre Grundwerte kann eine Gesellschaft durchaus verarbeiten, ohne Schaden zu nehmen, beispielsweise indem sie die Urheber polizeilich verfolgt und sanktioniert. Gefährlich wird es, wenn Akteure sich zu Netzwerken zusammenschließen, diese sich zunehmend verdichten und Normalisierungsprozesse durchlaufen. In der Folge können sich dann auch die Verhaltensstandards in Organisationen verändern. Besonders relevant ist dies bei Behörden, die für die öffentliche Sicherheit zuständig und deshalb mit dem Gewaltmonopol des Staates ausgestattet sind, also in erster Linie die Polizei und die Bundeswehr. Betroffen sind aber auch der Justizapparat und Geheimdienste wie der Verfassungsschutz (vgl. u.a. Meisner/Kleffner [Hg.] 2019). Wenn Beschäftigte sicherheitsrelevanter Institutionen gruppenbezogene Menschenfeindlichkeit aufweisen oder autoritär-nationalradikale Positionen vertreten, wie sie auch die AfD propagiert, ist das für die wehrhafte Demokratie ein Problem. Besonders bedrohlich wird es, wenn die entsprechenden Personen Zugang zu Waffen und Kontakte zu klandestinen Gruppierungen haben (siehe Kapitel 4.1), die verdeckt »aufrüsten« und so das Gewaltmonopol des Staates unterminieren.

Polizei

Dass fremdenfeindliche und rechtsextreme Einstellungen auch in der Polizei verbreitet sind, ist nicht neu. Das Thema erhält aber durch die gesellschaftlichen Normalitätsverschiebungen und die Ausdifferenzierung des rechten politischen Spektrums zusätzliche Brisanz. Bereits Anfang der neunziger Jahre, als die Zahl der Asylbewerberinnen stark anstieg und es zu rechtsextremistischen Brandanschlägen auf Asylbewerberheime etwa in Hoyerswerda und Rostock-Lichtenhagen kam, zeigten sich fremdenfeindliche Tendenzen in der Polizei. Daraufhin wurde öffentlich die Frage nach ihrem inneren Zustand und ihrem Verhältnis zu fremdenfeindlichen und rechtsextremistischen Netzwerken laut (vgl. Kopke 2019). Der Politikwissenschaftler Hans-Gerd Jaschke (1996) hat frühzeitig die öffentlichen Reaktionen von Polizeiführungen analysiert und vier typische Deutungsmuster herausgearbeitet, die von Behördenvertretern zur Entlastung immer wieder angeführt werden. Gemäß der *Einzelfallthese* handelt es sich bei den bekannt gewordenen rechten Verdachtsfällen um »schwarze Schafe«. Damit wird signalisiert, dass solche Vorfälle nichts mit der Institution an sich zu tun haben, also zu vernachlässigen seien. Die *Relativierungsthese* postuliert, dass solche Einstellungen und Verhaltensweisen auch in anderen Berufsgruppen vorkommen. Die *Spiegelbildthese* behauptet, dass das Personal der Polizei schlicht ein Abbild der deutschen Gesellschaft sei. Schließlich wird die *Manipulationsthese* angeführt, wonach die Fremdenfeindlichkeit oder die Nähe eines Teils des Personals zu rechtsextremistischen Kreisen ein Konstrukt der Medien sei, um die Polizei als Ganzes zu diffamieren.

Mit Bezug auf mehrere Untersuchungen zeigt der Politikwissenschaftler Christoph Kopke die Probleme dieser Thesen auf:

> Allen vier Deutungsmustern, die Jaschke in ihrem Gehalt als »Halbwahrheiten« bezeichnet, ist gemeinsam, dass sie die Frage nach der Bedeutung von Fremdenfeindlichkeit in den Reihen der Polizei verdrängen und sowohl sozialwissenschaftliche Forschungen als auch Fortbildungsmaßnahmen erschweren. Sie zielen auf eine institutionelle Selbstentlastung sowie auf eine Auslagerung der speziellen Verantwortung an die Gesamtgesellschaft. (Kopke 2019, S. 38)

Keine der vier Selbstentlastungen ist demnach empirisch haltbar. Allerdings sträuben sich die Innenministerien des Bundes und der Länder nach wie vor gegen unabhängige Untersuchungen. Aus diesem Grund liegen auch nur sehr vereinzelte Studien vor, beispielsweise eine Erhebung der Führungsakademie der Polizei (1996) und empirische Analysen des Bielefelder Instituts für interdisziplinäre Konflikt- und Gewaltforschung (Backes et al. 1997), die nach dem sogenannten »Hamburger Polizeiskandal« 1994 durchgeführt wurde. Leider handelt es sich dabei um absolute Ausnahmen. Das Land Hessen hat 2019 angesichts zahlreicher Vorfälle eine Befragung aller Beschäftigten bei der Polizei veranlasst, allerdings unter Federführung einer Abteilung des Innenministeriums und nicht durch externe Wissenschaftler. Nur 25 Prozent der 17000 Beamten und Tarifbeschäftigten nahmen an der freiwilligen Online-Befragung teil. Offen bleibt also, was 75 Prozent der Angehörigen der hessischen Polizei denken. Nach Auswertung der Ergebnisse gab der hessische Innenminister schließlich bekannt, bei den rechten Verdachtsfällen handele es sich um »Einzelfälle« (vgl. Bartsch/Ziegler 2020). Diese Deutung wurde nach längerem Schweigen von Mitgliedern des wissenschaftlichen Beirates kritisiert (ebd.).

Allgemein lassen sich Studien in diesem sensiblen Bereich entweder einem sozialwissenschaftlichen Aufklärungstypus oder einem politischen Abschirmungstypus zurechnen. Die hessische Untersuchung zählt eindeutig zur zweiten Kategorie: Sie mag für politische Interessen der Entlastung wertvoll sein, sozialwissenschaftlich ist sie allerdings weitgehend wertlos. Im Juli 2020 musste der hessische Innenminister schließlich einräumen, dass es möglicherweise Netzwerke in der Polizei gebe, nachdem Drohmails an eine Opfer-Anwältin im NSU-Prozess, eine Politikerin und eine Kabarettistin bekannt geworden waren, die mit »NSU 2.0« unterzeichnet waren und die private Daten enthielten, die über Polizeicomputer in Frankfurt und Wiesbaden abgefragt worden waren. Obwohl bereits im Sommer 2018 erstmals über die Drohmails an die Anwältin berichtet wurde, sind diese

Vorgänge bislang nicht aufgeklärt worden. Wir haben es hier mit gravierenden Beispielen für die oben angesprochenen Vorverlagerungen in den privaten Bereich zu tun (Kapitel 2.1). Dass diese Drohungen von Angehörigen des Sicherheitsapparats ausgingen, verschärft die Situation für die Betroffenen noch einmal gravierend. Der Umstand, dass unter ihnen vor allem Frauen sind, steht im Einklang mit dem dominierenden abwertenden Frauenbild im rechtsextremen Milieu (vgl. Sauer 2018, S. 314ff., und Kapitel 7.1).

Gleichwohl sind seit den neunziger Jahren auch wichtige positive Entwicklungen innerhalb der Polizei zu verzeichnen. So wurden die Ausbildung und die gesamte Organisationskultur verändert, vor allem wurden Führungskräfte für das Thema sensibilisiert. Im Zusammenhang mit der Aufdeckung der Mordserie des NSU im Jahr 2011 wurden aber erneut strukturelle Probleme sichtbar. Diese zeigten sich unter anderem in einer massiven Verengung der Perspektive: Statt zunächst in alle Richtungen zu ermitteln, wie es angemessen gewesen wäre, konzentrierten sich die Behörden zunächst auf verschiedene migrantische Milieus und deren angebliche kriminelle Aktivitäten.

In den letzten Jahren, insbesondere seit der Flüchtlingsbewegung 2015, zeichnet sich eine neue Entwicklung ab. Das rechte Spektrum hat sich unter anderem durch den autoritären Nationalradikalismus der AfD ausdifferenziert. Mit ihren Erfolgen bei Landtagswahlen und bei der Bundestagswahl 2017 konnte die Partei auf ihrer eigenen »Erfolgsspur« in gesellschaftliche und staatliche Institutionen eindringen (vgl. Heitmeyer 2018, S. 236). Die diskursive Strategie der Partei, vermeintliche Schattenseiten der offenen Gesellschaft zu skandalisieren, mit Schlagworten wie »Umvolkung« oder »Bevölkerungsaustausch« (siehe Kapitel 6.1) einen Kontrollverlust an die Wand zu malen und diesem ein Sicherheitsversprechen entgegenzustellen, geht insbesondere in Polizeikreisen auf, da es häufig Personen mit wertkonservativen und autoritären Ordnungsvorstellungen sind, die diesen Beruf wählen. Insofern ist die Spiegelbildthese nicht tragfähig. Der Hamburger Polizeiforscher Rafael Behr nimmt hier allerdings eine differenzierende Position ein: »Bei der zu beobachtenden Vielfalt der Persönlichkeiten ist [...] nicht davon auszugehen, dass der Polizeiberuf attraktiv für auffällig aggressive oder autoritative Charaktere ist.« (Behr 2019, S. 26) Behr vertraut auf die regulative Funktion psychologischer Auswahltests. Dabei ist jedoch zu berücksichtigen, dass die Normalisierung rechter Positionen in Teilen der Bevölkerung, die Ausdifferenzierung des politischen Angebotes und seine Vertretung im Bundestag und in Landtagen besonders radikale Einstellungen à la NPD gar nicht mehr nötig machen. Auch Behr verweist freilich auf gesellschaftliche Normalitätsverschiebungen: Aktuell gewinne »wieder ein Habitus an Wertschätzung, der in bestimmten Organisationsteilen zu einer besonderen Betonung von Disziplin und Bezwingermentalität« führe (ebd.). Er hat dabei vor allem Eliteeinheiten im Auge, die oft einen besonderen Korpsgeist entwickeln, meist relativ »abgeschirmt« agieren und auch in Deutschland zunehmend mit militärischen Waffen und Fahrzeugen ausgestattet werden (ebd.).

Auch andere Polizeiforscher wie der Bochumer Kriminologe Tobias Singelnstein verweisen auf verstärkte rechte Tendenzen in der Polizei:

> Die Rechtsentwicklung, die unsere Gesellschaft gerade durchmacht, können wir in der Polizei wie unter einem Brennglas sehen. Das liegt nicht vorrangig daran, dass nun ganz viele rassistisch oder rechtsextrem eingestellte Personen zur Polizei gehen. Sondern dass es schon immer einen Anteil an Personen in der Polizei gab, die solche Einstellungen haben. Inzwischen äußern sie sich aber offener. (Zit. nach Kleffner/Meisner 2019, S. 121)

Klar rechtsextremistische Aktivitäten von Beamten und Angestellten der Polizei, etwa eine Mitgliedschaft in der NPD oder die Teilnahme an neonazistischen Rockkonzerten, werden meist strikt sanktioniert. Das belegt ein Bericht des Norddeutschen Rundfunks vom 14. Januar 2020 über rechtsextrem auffällige Polizisten in den norddeutschen Bundesländern.[1] Seit 2014 sind demnach mindestens 54 Fälle aktenmäßig erfasst, jedoch verhinderte der Beamtenstatus meist eine Entlassung aus dem Dienst.

Wir erinnern hier an die Vorfälle in Frankfurter Polizeirevieren und die angesprochenen Drohungen gegen eine Anwältin der Nebenklage im NSU-Prozess; an rechtsradikale Vorfälle in der baden-württembergischen Polizei; an Brandenburger Polizisten, die einer rechtsextremen Gruppe in Cottbus nahestehen; an einen Präzisionsschützen eines SEK-Kommandos in Mecklenburg-Vorpommern, der privat Waffen und Munition hortete und Kontakte zur sogenannten Prepper-Szene pflegte, die sich auf den Tag X vorbereitet. Mögliche Netzwerkstrukturen werden in diesen und anderen Fällen nicht verfolgt, um die Einzelfallthese aufrechterhalten zu können. Oder sie werden nicht aufgeklärt, weil die Justiz an Grenzen stößt bzw. sich selbst Grenzen setzt (vgl. Meisner 2019, S. 211 f.).

Aufgrund ihrer herausgehobenen Bedeutung muss die Polizei von der Zivilgesellschaft, den Medien und der Wissenschaft kritisch beobachtet werden. Das gilt insbesondere dann, wenn sich vor dem Hintergrund des *ambivalenten* Gewaltmonopols (Behr 2019, S. 24) der Polizei Präferenzen für ein autoritäres Gesellschaftsmodell und rechtsextremis-

1 Die Sendung vom 14. Januar 2020 ist online verfügbar unter: {https://www.ndr.de/fernsehen/sendungen/panorama3/Rechte-Polizisten-durch-Beamtenstatus-geschuetzt-,rechtepolizisten100.html} (Stand: Juli 2020).

tische Einstellungen mit den mitunter gefährlichen Dynamiken der Binnenkohäsion verbinden. Der vielzitierte Korpsgeist soll den Zusammenhalt im Alltag garantieren und sicherstellen, dass Polizistinnen und Polizisten sich in gefährlichen Situationen uneingeschränkt aufeinander verlassen können. Wenn sich dann jedoch bei Einsätzen gegen markierte Gruppen wie Flüchtlinge fremdenfeindliche oder rechtsextremistische Positionen einfädeln, entstehen Risikokonstellationen, die den Polizeialltag vergiften.

Die Normalisierung autoritärer Versuchungen und die autoritär-nationalradikalen Angebote der AfD, die auch in der Polizei Resonanz finden, machen eine »gesellschaftliche Durchlüftung« dringend notwendig, und zwar mithilfe unabhängiger wissenschaftlicher Institute, die keiner politischen Weisungsbefugnis unterliegen und nicht in die Hierarchien der Polizei eingegliedert sind. Solange dies von den Innenministerien und den Polizeiführungen abgewehrt wird, werden die Verantwortlichen weiterhin schlechte Argumente haben, wenn ihnen vorgehalten wird, die bekannt gewordenen Fälle seien lediglich die sprichwörtliche »Spitze des Eisbergs«.

Bundeswehr

In der Bundeswehr ist die Situation in vielerlei Hinsicht anders gelagert als in der Polizei, aber es finden sich auch Parallelen, und zwar insbesondere wenn man Strukturen betrachtet und Probleme nicht vereinfachend personalisiert. Letztere Sichtweise setzt darauf, dass sich Probleme mit der Zeit quasi von selbst erledigen, wenn Personen mit rechtsextremen Haltungen pensioniert oder entlassen werden. Diese Hoffnung ist in der Gegenwart so trügerisch wie nach dem Ende des Nationalsozialismus. Damals wie heute verweisen die rechtsextremistischen Einstellungen in der Bundeswehr vielmehr auf ein strukturelles Problem. 1997 beispielsweise wurden in der Bundeswehr zahlreiche rechtsextreme Vorfälle bekannt, weshalb sich der damalige Verteidigungsminister Volker Rühe (CDU) veranlasst sah, die Ereignisse aufklären zu lassen. Allerdings wurden dabei diverse Strategien verfolgt, die verhindern sollten, dass wirklich in die Strukturen hineingeleuchtet wurde. So stritt der Verteidigungsminister ab, dass die Bundeswehr insgesamt rechtsextremistisch sei – was freilich auch niemand behauptet hatte. Auch hier betrieb man »Skandalisierung nach außen und Tabuisierung nach innen« (Heitmeyer 1997c, S. 11). Die Führung bemühte einmal mehr die Einzelfallthese. Der Freiburger Militärhistoriker Wolfram Wette kam – im Januar 2020, also vor den inzwischen öffentlich gewordenen Vorfällen beim Kommando Spezialkräfte (KSK) – zu dem Ergebnis: »Rechtsextremismus in der Bundeswehr ist eine unterschätzte Gefahr, seit Jahrzehnten wird das Problem heruntergespielt.« (Wette 2020, S. 55) Zumindest bis zum Beginn des 21. Jahrhunderts galt: »Der Staat will nichts wissen« (Heitmeyer im Interview mit Böhm/Hofmann 2000, S. 6f.) – trotz Warnungen aus den Sozialwissenschaften. Hätte er die Aufklärung von Strukturen vorangetrieben, wären auch »eigene« Institutionen betroffen gewesen und damit eigene Versäumnisse ans Licht gekommen. Praktiziert wurde stattdessen eine Art »selektiver Unaufmerksamkeit«: wegsehen bei gleichzeitigem Wissen. Auch die Spiegelbildthese kam zum Einsatz. Wie falsch beide Thesen offensichtlich sind, zeigt sich im Fall der Bundeswehr noch deutlicher als bei der Polizei.

Das Bundesamt für den Militärischen Abschirmdienst (MAD) hat im Januar 2020 auf Anfrage der FDP-Fraktion im Bundestag neue Zahlen veröffentlicht (vgl. Redaktionsnetzwerk Deutschland vom 17. Januar 2020). Demnach wurden zwischen dem 1. Januar 2016 und dem 29. November 2019 insgesamt 1173 Soldatinnen und Soldaten und 83 Zivilbedienstete mit rechtsextremistischem Bezug gezählt. Das zahlenmäßige Ausmaß allein ist hier freilich nicht wirklich aussagekräftig, man muss auch die Verteilung über die Dienstgrade betrachten. Außer 208 Offizieren wurden 425 Unteroffiziere sowie 531 Mannschaftsdienstgrade vom Militärgeheimdienst beobachtet. Diese Zahlen deuten in zweifacher Hinsicht auf ein weitaus größeres Potenzial hin. Offiziere verfügen in der Regel über Befehlsgewalt, einen hohen formalen Bildungsgrad und eine herausgehobene Deutungsmacht. Zweitens hat der MAD die spezielle Suchkategorie des »geschlossenen rechtsextremistischen Weltbildes« angewandt (vgl. Flade/Mascolo/Steinke 2019, S. 3). Diese Kategorie ist wissenschaftlich jedoch sehr umstritten, weil die Definitionskriterien unklar sind. Zugleich ist sie angesichts der Ausdifferenzierung und Dynamisierung des rechten Spektrums völlig unangemessen, da sie viel zu eng gefasst ist.

Wir stehen vor einem Dilemma: Einerseits ist Berichterstattung über spektakuläre Fälle notwendig, andererseits kann sie die Einzelfallthese unterstützen, also von strukturellen Bedingungen ablenken. Ein Beispiel dafür ist der Fall Franco A. Der Oberleutnant, der in seiner Masterarbeit schrieb, »Diasporagruppen« wie beispielweise Juden bedeuteten eine Gefahr für die jeweilige Umgebungsgesellschaft und die Aufnahme von Migranten stelle einen »Genozid« an den Deutschen dar (ebd.), pflegte Kontakte zu rechtsextremistischen Netzwerken. Nachdem er am Wiener Flughafen verhaftet wurde, weil er eine Waffe nach Deutschland schmuggeln wollte, stellte sich heraus, dass er sich zuvor als syrischer Kriegsflüchtling ausgegeben und mit Komplizen einen Terroranschlag »unter falscher Flagge« geplant hatte. Franco A. ist formal noch Angehöriger der Streitkräfte, wurde allerdings außer Dienst gestellt.

Auch über auffällige Vorgänge im Kommando Spezialkräfte (KSK) liegen schon seit geraumer Zeit Berichte vor. Diese vergleichsweise kleine Einheit zeigt offensichtlich die typischen Zeichen einer elitären Gemeinschaft: Da sie für Geheimoperationen vorgesehen ist, wird sie nach außen völlig abgeschottet. Intern dominiert wohl das ausgeprägte Bewusstsein, zu einem ausgewählten Kreis mit eigenen Regeln zu gehören. Der Militärhistoriker Wette berichtet von einer privaten E-Mail eines KSK-Offiziers an einen Offizier, der zum Arbeitskreis Darmstädter Signal, einer Gruppierung kritischer Soldatinnen und Soldaten, gehört. In der E-Mail aus dem Jahr 2007 heißt es: »Ich beurteile Sie als Feind im Innern und werde mein Handeln danach ausrichten, diesen Feind im Schwerpunkt zu zerschlagen. [...] Sie werden beobachtet [...] von Offizieren einer neuen Generation, die handeln werden, wenn es die Zeit erforderlich macht.« (Zit. nach Wette 2020, S. 55) Wette betont, dieser Duktus entspreche exakt dem rechtsradikaler Freikorpskämpfer in der Weimarer Republik. Der Feind wird nicht nur außerhalb, sondern auch innerhalb des eigenen Systems gesehen. Er gilt als Bedrohung für die nationale Identität und das deutsche Volk.

Allein gegen Angehörige des KSK sind seit 2018 39 Strafverfahren anhängig (vgl. Hock/Schweppe 2019, S. 4). Seit der Entdeckung eines umfangreichen Waffenlagers auf dem Privatgrundstück eines Oberstabsfeldwebels im Mai 2020 sind auch die politische Führung der Bundeswehr und der Kommandeur des KSK alarmiert: »Wir sprechen nicht von Einzelfällen.« (Interview in *Welt am Sonntag*, 31. Mai 2020, S. 17) Mitglieder des KSK hatten bzw. haben Verbindungen zu dem Verein Uniter, der paramilitärische Übungen organisiert und auch Zivilisten für den Fall von Terror- und Katastrophenlagen an Waffen ausbildet. Einzelne Uniter-Mitglieder pflegen Kontakte zum rechtsextremistischen Spektrum. Inzwischen wird der Verein auch aus Soldatenkreisen kritisiert, wobei wohl weder der Verfassungsschutz noch der MAD über die Strukturen und die Aktivitäten von Uniter wirklich im Bilde sind. Auch am Ausbildungszentrum Spezielle Operationen in Pfullendorf, wo Fallschirmjäger für die Übernahme in das KSK gedrillt werden, wurden rassistische und holocaustverherrlichende Äußerungen dokumentiert (vgl. Walter 2019, S. 266f.).

Die Brisanz der Vorfälle um das KSK hat seit Juni 2020 deutlich zugenommen. Ein KSK-Hauptmann wandte sich in einem Brief direkt an Verteidigungsministerin Annegret Kramp-Karrenbauer. Er schreibt, dass »rechtsextreme Tendenzen geduldet, teilweise wissentlich vertuscht würden und den Mitgliedern eingebläut werde, keine Vorkommnisse zu melden« (*Der Spiegel*, 12. Juni 2020). Jetzt wird überprüft, ob es strukturelle Faktoren gibt, die Rechtsextremismus beim KSK begünstigen. Zudem wird auch überprüft, ob Angehörige des MAD Informationen an Angehörige des KSK weitergegeben haben. Der Präsident des MAD, Christof Gramm, sieht jedenfalls eine »neue Dimension« beim Problem des Rechtsextremismus in der Bundeswehr. Bei einer öffentlichen Anhörung am 29. Juni 2020 im Bundestag sprach er von einer »Mauer des Schweigens« beim KSK, die auf rechte Netzwerke schließen lasse.

Wie eng sich entsprechende Netzwerke über Chatgruppen verknüpfen können, zeigt der Fall »Nordkreuz«. Zu dieser Gruppierung gehörten Angehörige der Bundeswehr und der Polizei, darunter mehrere ehemalige Mitglieder sowie ein aktives Mitglied des Spezialeinsatzkommandos des LKA Mecklenburg-Vorpommern. Sie alle verfügen über Zugang zu und Kompetenz im Umgang mit Waffen. Ermittlungen ergaben, dass die Gruppe gezielte Morde geplant hatte. Zudem waren nach Medienberichten einige Angehörige Mitglied der AfD (zit. nach *Neue Westfälische*, 6./7. Juli 2019, S. 3).

Diese Aufzählung ließe sich fortsetzen. Die Vorfälle weisen auf strukturelle Probleme der Bundeswehr hin, die sich bereits Anfang der neunziger Jahre abzeichneten, obwohl es damals noch die Wehrpflicht gab:

> [In] den letzten Jahren [hat es] eine politische Entmischung bei den eingezogenen Soldaten gegeben. Die Tatsache, dass immer mehr junge Männer den Zivildienst vorziehen, hat auch negative Begleiterscheinungen. Das Spektrum links von der Mitte ist dadurch in der Bundeswehr schwächer, Nationalkonservative und auch Rechtsextremisten sind folglich stärker geworden. Die Truppe scheint homogener als früher, was auch den Verlust an sozialer Kontrolle mit sich bringt. Bei den Debatten in den Kasernen ist man nun häufiger unter sich und schneller einer Meinung. (Heitmeyer 1997c, S. 11)

Gerade bei einer eher homogenen Zusammensetzung haben es kritische Soldatinnen und Soldaten schwer, intern auf gruppenbezogen-menschenfeindliche Einstellungen, insbesondere auf Antisemitismus, sowie auf explizit rechtsextremistische Positionen aufmerksam zu machen. Publik geworden ist der Fall des Unteroffiziers Patrick J., der solche Fälle an den MAD gemeldet hatte – und dem daraufhin die Entlassung angekündigt wurde (vgl. *Der Spiegel*, 1. Juni 2019, S. 42-44). Zwar hatte die ehemalige Verteidigungsministerin Ursula von der Leyen relativ klar Position bezogen und vor einem »falsch verstandenen Korpsgeist« gewarnt. Von der Leyen wurde für ihre Äußerungen jedoch massiv kritisiert. Ein Teil der Führungsebene entzog ihr das Vertrauen und warf ihr Pauschalisierung vor. Die neuen Fälle, etwa beim KSK, haben nun eine veränderte politische Situation geschaffen, intensive Untersuchungen werden vorbereitet.

Am 30. Juni 2020 griff Verteidigungsministerin Annegret

Kramp-Karrenbauer zu drastischen Maßnahmen für das KSK, zumal große Mengen an Sprengstoff und Munition nicht auffindbar sind. Eine Kompanie, in der es besonders schwerwiegende Vorfälle gegeben hat, wurde im Juli 2020 aufgelöst, die Ausbildung wird reformiert und die Kontrollen verschärft. Klandestine Netzwerke und das systemfeindliche Denken sind damit aber nicht aufgelöst. Der MAD spricht nicht mehr von Einzelfällen, beschwichtigt aber zugleich, man habe auch keine »Untergrundarmee« entdeckt. Allein dass in solcher Kategorie gedacht wird, ist ein Indiz für die grassierende Gefährlichkeit von Netzwerken der Bundeswehr als Bestandteil rechter Bedrohungsallianzen.

Die AfD zählt auffällig viele frühere Berufs- und Zeitsoldaten zu ihren Mandatsträgern (vgl. Hock/Naumann 2019, S. 51). Entsprechend liest sich das vom Arbeitskreis Verteidigung der AfD-Bundestagsfraktion (2019) vorgelegte Planungspapier »Streitkraft Bundeswehr. Der Weg zur Verteidigungsfähigkeit Deutschlands«. Der Journalist Peter Carstens hat dieses Papier in der *Frankfurter Allgemeinen Zeitung* analysiert (2019). Er zeigt die nach rechts ausgerichteten Positionen. So soll die im Grundgesetz verankerte Trennung von Truppe und ziviler Verwaltung aufgehoben werden. Die Armee soll unabhängig von Parlament und Regierung selbst definieren, in welcher Militärtradition sie sich sieht. Der Aufbau einer »eigenen Militärjustiz« ist ebenfalls geplant. »All das«, so Carstens, »zielt hin auf die Restauration der Streitkräfte in Form eines Staates im Staate.« Darüber hinaus soll die Armee auch ein Instrument der Innenpolitik werden, unter anderem mit einem 50000 Mann starken Reservekorps. Diese Armee neuen Typs solle einen »starken Korpsgeist, ihre Traditionen und deutsche Werte« pflegen, wie es in dem Planungspapier heißt. Carstens kritisiert vor allem das unklare Verhältnis zur Wehrmacht und zur Waffen-SS, wendet sich das Papier doch gegen eine pauschale Distanzierung, wie sie der aktuelle Traditionserlass des Verteidigungsministeriums vorsieht. »Die Bundeswehr ist Teil einer Jahrhunderte alten deutschen Militärtradition«, so das Planungspapier (2019, S. 15). Alexander Gauland, Ehrenvorsitzender der AfD und Fraktionsvorsitzender im Bundestag, hat es so ausgedrückt: »Wir haben das Recht, stolz zu sein auf Leistungen deutscher Soldaten in zwei Weltkriegen.« Das passe, so Carstens, »in seiner Pauschalität zu Gaulands Urteil über Hitler und den Holocaust als ›Vogelschiss‹«. Zwar hat Gauland sich für diese Aussage später entschuldigt, doch sie verriet viel über seine Denkstrukturen und die seiner Partei.

Die Übergänge sind aufschlussreich. Der 2018 mit einem großen Zapfenstreich verabschiedete Drei-Sterne-General der Luftwaffe, der im Oktober 2019 für die AfD bei der Oberbürgermeisterwahl in Hannover antrat (er landete freilich im ersten Wahlgang abgeschlagen auf dem vierten Platz), hatte zuvor unter anderem geäußert, es müsse »vieles falsch gelaufen sein, wenn sich inzwischen ein Großteil des linken Spektrums inklusive der Kanzlerin einer ehemals eher konservativen Partei als antideutsch positioniert« (zit. nach Burghardt 2019, S. 5). »Antideutsch« ist eine typische Parole der AfD, mit der Untergangsfantasien angeheizt werden sollen. Dass ein hochrangiger Offizier nach seiner Pensionierung öffentlich solche Positionen vertritt, dürfte zu einer weiteren Normalisierung entsprechender Einstellungen und für ermunternde »Rückkopplungseffekte« in der Bundeswehr sorgen.

Vor diesem Hintergrund kommt auch den 115 000 Reservisten der Bundeswehr Bedeutung zu. Ausgestattet mit Waffenkompetenz, in Reserveübungen immer wieder trainiert und eingebettet in ein unauffälliges ziviles Leben, bilden sie einen verdeckten und damit gefährlichen »Übergangsbereich« zwischen zivilen und militärischen Kontexten. MAD-Präsident Gramm berichtete am 29. Juni 2020 im Bundestag, in den Monaten zuvor seien rund 800 Reservisten wegen ihrer verfassungsfeindlichen Haltung von Reserveübungen ausgeschlossen worden (*Spiegel.de*, 1. Juli 2020).

Verfassungsschutz

Als Inlandsgeheimdienst ist der Verfassungsschutz innerhalb der Sicherheitsarchitektur in besonderer Weise abgeschirmt bzw. nach außen abgedichtet. Das gilt sowohl für das Bundesamt als auch für die 16 Verfassungsschutzämter der Länder. Zwar wurden parlamentarische Gremien eingerichtet, um die Arbeit dieser Behörden zu kontrollieren, die Öffentlichkeit bleibt aber mit Ausnahme der jährlichen Verfassungsschutzberichte informationell »ausgesperrt«.

Seine teils problematische Rolle im Zusammenhang mit rechten Bedrohungsallianzen hat auch mit seiner Geschichte und der politischen Richtung zu tun, aus der eine potenzielle Bedrohung vermutet wurde. In der alten wie der neuen Bundesrepublik waren die Augen der Verfassungsschützer lange fast ausschließlich nach links gerichtet. Von Beginn an konzentrierte man sich auf eine angebliche kommunistische Bedrohung, was 1972 zum sogenannten »Radikalenerlass« führte. Später gerieten vor allem »Linksautonome« ins Visier. Zunächst schrittweise und dann massiv schwenkte die Beobachtungsrichtung schließlich auf islamistischen Terror um. Das rechte Spektrum hingegen blieb durchgehend unterbelichtet – trotz der deutschen Geschichte und trotz des sich entwickelnden Gewaltpotenzials. Rechte Bedrohungs*allianzen* wurden konzeptionell gar nicht erst in den Blick genommen.

Die Geschichte und das intransparente »Eigenleben« des

Verfassungsschutzes schlagen sich auch in Arbeitsabläufen und im Verhalten von Führungspersonen nieder. Ein prominentes Beispiel ist hier der ehemalige Präsident des Bundesamtes, Hans-Georg Maaßen, der sich zu beratenden Gesprächen mit mehreren führenden Mitgliedern der AfD traf. Im Spätsommer 2018 tat er Berichte über rechte Übergriffe (die Rede war von »Hetzjagden«) in einem *Bild*-Artikel mehr oder weniger als Falschmeldungen ab. Seit seiner Versetzung in den einstweiligen Ruhestand im November 2018 fällt er immer wieder mit äußerst kontroversen Äußerungen auf, darunter auch Aussagen, die eine verharmlosende Sicht auf den Rechtsextremismus andeuten.

In eine ähnliche Richtung gehen die Aktivitäten des ehemaligen Präsidenten des Thüringer Landesamtes, Helmut Roewer. Mitte der neunziger Jahre ließ er den damaligen Fraktionsvorsitzenden der PDS (heute Die Linke) im Erfurter Landtag und späteren thüringischen Ministerpräsidenten Bodo Ramelow beobachten. Während Roewers Amtszeit konnte sich die rechte Szene des Landes deutlich erweitern und radikalisieren. So wurde beispielsweise durch das Honorar eines V-Mannes die rechtsextremistische Szene einschließlich der späteren Terrorgruppe NSU mitfinanziert. Nach seiner Suspendierung publizierte Roewer wiederholt in Jürgen Elsässers rechtsextremem Magazin *Compact* und in der Wochenzeitung *Junge Freiheit*. Er tritt als Redner bei extrem rechten Burschenschaften und bei der AfD auf (vgl. Hemmerling 2019, S. 291).

Man kann davon ausgehen, dass erfolgreiche Präsidenten auch immer über loyale Mitarbeiterinnen und Mitarbeiter auf den verschiedenen Ebenen der Institution verfügen. Dementsprechend ist die Annahme begründet, dass zahlreiche Vorkommnisse noch gar nicht ans Tageslicht gekommen sind. Wie das in der Realität aussehen kann, deutet die sogenannte »Aktenschredder-Affäre« an: Kurz nach Bekanntwerden der Morde, Sprengstoffanschläge und Banküberfälle des NSU 2011 wurden beim Bundesamt für Verfassungsschutz potenziell relevante Akten zum Umfeld der Täter vernichtet. Das rechtswidrige Vorgehen von Mitarbeitern führte unter anderem 2012 zum Rücktritt des damaligen Präsidenten Heinz Fromm. Der begründete den Schritt damit, dass er sich von den eigenen Mitarbeitern hintergangen sah. Ein anderer Fall betrifft das Landesamt in Hessen. Der Mord am Inhaber eines Kasseler Internetcafés durch den NSU ist bis heute nicht aufgeklärt. Zur Tatzeit hielt sich ein V-Mann in dem Internetcafé auf.

Claus Leggewie und Horst Meier urteilten damals (2012), in dieser Verfassung gehe der Nutzwert des Verfassungsschutzes gegen null. Entsprechend ist auch hier eine »gesellschaftliche Durchlüftung« dringend geboten. Sonst bleibt eine Frage von Heribert Prantl (2012) auch weiterhin relevant: »Wer schützt die Verfassung vor dem Verfassungsschutz?«

Mit der Ablösung Maaßens deutet sich im Bundesamt für Verfassungsschutz unter der neuen Leitung von Thomas Haldenwang eine intensivere Beobachtung des rechten Spektrums an. Das belegen das Gutachten von 2019 zur AfD und die Entscheidung vom Februar 2020, den sogenannten »Flügel« mit nachrichtendienstlichen Methoden zu untersuchen, weil er laut den Erkenntnissen des Verfassungsschutzes dem rechtsextremistischen Spektrum zugerechnet werden muss.

5. Gruppenbezogene Menschenfeindlichkeit in der Bevölkerung: Legitimationen für rechte Bedrohungsallianzen

5.1 Das Konzept

Im Modell des Eskalationskontinuums bilden gruppenbezogen-menschenfeindliche Einstellungen in Teilen der Bevölkerung den Ausgangspunkt für die Analyse rechter Bedrohungsallianzen. Dabei geht es uns ausdrücklich nicht um Feindschaft zwischen oder gegenüber einzelnen Personen, sondern um Fälle, wo Menschen allein aufgrund ihrer zugewiesenen oder selbstgewählten Gruppenzugehörigkeit Abwertungen und Diskriminierungen erleben oder mit Gewalt konfrontiert werden. Wir gehen von der Annahme aus, dass es sich bei Vorurteilsformen wie Rassismus, Antisemitismus, Sexismus oder der Abwertung homosexueller, behinderter, langzeitarbeitsloser oder obdachloser Menschen um verschiedene Elemente eines Syndroms handelt. Unterschiedliche Vorurteile haben in diesem Verständnis nicht nur ähnliche Ursachen, sondern auch einen gemeinsamen Kern, nämlich die Ideologie der Ungleichwertigkeit (vgl. Heitmeyer 2002a; Klein/Groß/Zick 2014, S. 65).

Nachfolgend analysieren wir die Entwicklung verschiedener Elemente dieses Syndroms, das nicht nur gegen ethnisch-kulturell oder religiös »Fremde« gerichtet ist, sondern auch gegen »Gleiche«, die als »normabweichend« definiert werden (vgl. Heitmeyer 2012a, S. 16).[1]

---

1 Im Syndrom *Gruppenbezogene Menschenfeindlichkeit* werden aktuell zwölf Vorurteile berücksichtigt: 1. Rassismus (Abwertung auf-

Abb. 9: Das Syndrom der gruppenbezogenen Menschenfeindlichkeit

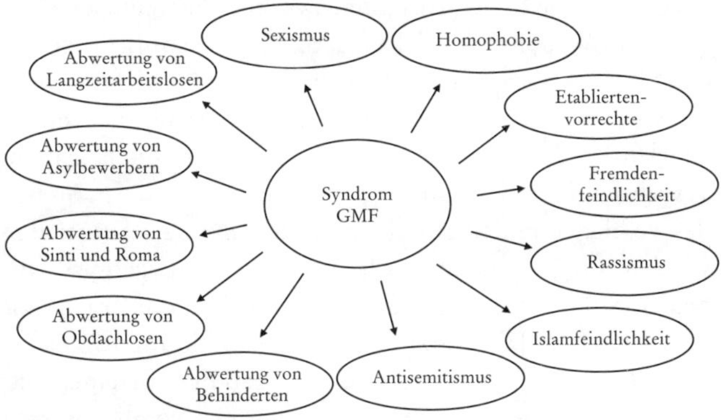

(Quelle: Heitmeyer 2012a, S. 17)

5.2 *Ausgewählte empirische Ergebnisse*

In der Langzeitstudie *Deutsche Zustände* (Heitmeyer [Hg.] 2002-2012) wurden jährlich in repräsentativen Befragungen umfangreiche Daten zu gruppenbezogener Menschenfeind-

grund der Vorstellung biologischer oder natürlicher Unterschiede); 2. Fremdenfeindlichkeit (Abwertung oder Abwehr vermeintlicher Konkurrenz durch Gruppen anderer ethnischer Herkunft); 3. Antisemitismus; 4. Islamphobie; 5. Sexismus (maskuline Vormachtstellung, Verteidigung klassischer Rollenvorstellungen); 6. Homophobie (Abwertung aufgrund als von der Norm abweichend wahrgenommener sexueller Orientierung); 7. Abwertung von Menschen mit Behinderungen; 8. Abwertung von Obdachlosen; 9. Einforderung von Etabliertenvorrechten (im Anschluss an Elias/Scotson 1990 [1965]); 10. Vorurteile gegenüber Langzeitarbeitslosen (Abwertung erfolgt beispielweise durch Bezeichnungen wie »Sozialschmarotzer«); 11. Abwertung von Asylbewerbern; 12. Abwertung von Sinti und Roma (vgl. Heitmeyer 2012a: 15 ff.).

lichkeit erhoben. Mittlerweile werden die Untersuchungen in einem zweijährigen Rhythmus weitergeführt und als »Mitte-Studien« publiziert (Zick et al. 2014, 2016, 2019). Sie zeigen ein differenziertes Entwicklungsbild dieser Einstellungsmuster. In den Analysen wurden breit gefächerte, theoretisch angeleitete Ursachenanalysen vorgenommen, die hier nicht ausgebreitet werden können, aber an verschiedenen Stellen des vorliegenden Buchs thematisch fokussiert aufgerufen werden. Im Folgenden werden ausgewählte Ergebnisse aus beiden Studienreihen zusammengefasst, um die Ergebnisse über jeweils 16 Jahre abzubilden (vgl. Abbildung 10). Dabei ist zu berücksichtigen, dass das Ausmaß der einzelnen Elemente nur in ihren Verläufen über die Zeit verglichen werden kann, weil die verschiedenen Syndromelemente unterschiedlich gemessen wurden.

Abb. 10: Verlauf der Zustimmung zu ausgewählten Elementen der gruppenbezogenen Menschenfeindlichkeit 2002-2018/19 (Angaben in Prozent)

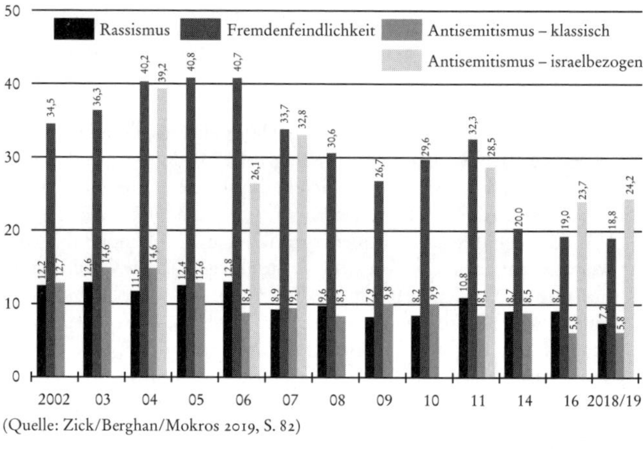

(Quelle: Zick/Berghan/Mokros 2019, S. 82)

Das Ausmaß rassistischer Einstellungen hat sich im untersuchten Zeitraum kaum verändert, wobei dies nichts über rassistisch motivierte Angriffe auf markierte Gruppen aussagt. Fremdenfeindliche Einstellungen hingegen nahmen nach einem kurzzeitigen Anstieg nach der Finanz- und Bankenkrise eher ab. Klassisch antisemitische Einstellungen gingen ebenfalls schrittweise zurück, während der israelbezogene Antisemitismus eine »Wellenbewegung« vollzog. Auch hier gilt, dass Attacken gegen Juden in der Öffentlichkeit nicht direkt auf Einstellungen in der deutschen Bevölkerung zurückgeführt werden können, zumal auch muslimische Täter in erheblichem Ausmaß daran beteiligt sind.

Abb. 11: Verlauf der Zustimmung zu ausgewählten Elementen der gruppenbezogenen Menschenfeindlichkeit 2002-2018/19 (Angaben in Prozent)

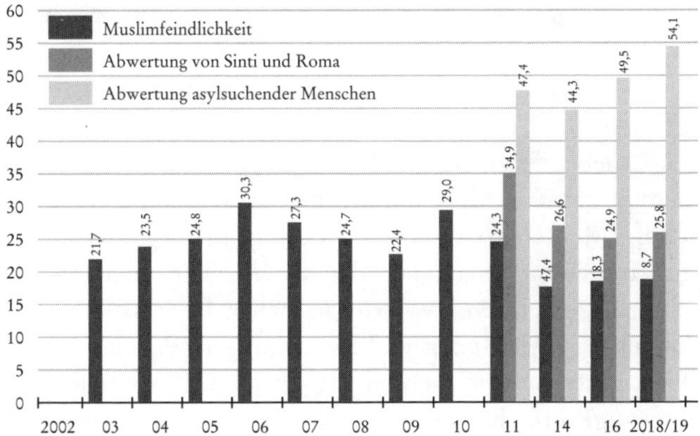

(Quelle: Zick/Berghan/Mokros 2019, S. 83)

Das Ausmaß muslimfeindlicher Einstellungen hat sich im genannten Zeitraum kaum verändert (vgl. Abbildung 11). Allerdings ist die Abwertung asylsuchender Menschen seit 2011 und insbesondere nach der Flüchtlingsbewegung 2015 deutlich gestiegen – trotz ab 2016 sinkender Flüchtlingszahlen.

Abb. 12: Verlauf der Zustimmung zu ausgewählten Elementen der gruppenbezogenen Menschenfeindlichkeit 2002-2018/19 (Angaben in Prozent)

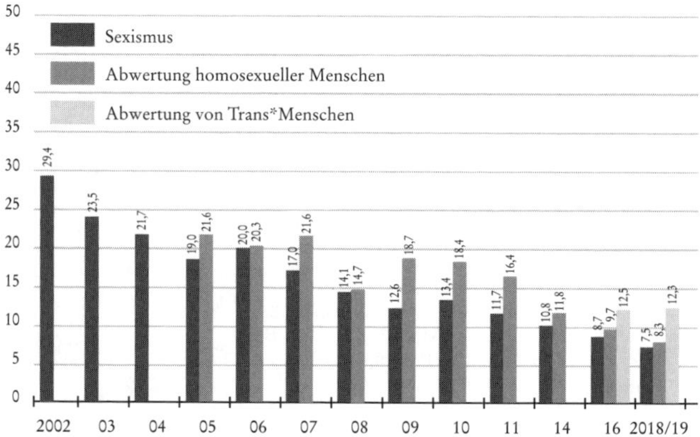

(Quelle: Zick/Berghan/Mokros 2019, S. 83)

Abschließend lässt sich auch ein erfreulicher Trend verzeichnen: Sexistische Einstellungen und Abwertungen homosexueller Menschen nahmen im Zeitverlauf ab (vgl. Abbildung 12). Insgesamt zeigen sich damit bei Einstellungen gegenüber als abweichend wahrgenommenen Lebensstilen »Einheimischer« eher positive Entwicklungen. Problematische Trends werden dort sichtbar, wo es um Gruppen geht, die aufgrund ihrer Religion oder Kultur als »fremd« definiert werden. Diese Tendenzen machen sich die rechtsextremen Akteursgruppen des Eskalationskontinuums als Legitimationsfundus zunutze.

Vor diesem Hintergrund ist es wichtig, die Entwicklungen der Einstellungsmuster immer wieder auch mit spezifischen politischen Haltungen zu verbinden. Wir schauen uns hier drei Aspekte an: Erstens vergleichen wir das Ausmaß des Rechtspopulismus sowie Gewaltbilligung und Gewaltbereitschaft in den 16 Bundesländern. Hierzu wurden die zwischen 2002 und 2006 erhobenen Daten aus dem Langzeitprojekt aufsummiert (vgl. Tabelle 3). Im Ergebnis zeigen sich für die ostdeutschen Bundesländer auffällige Werte. Es wird deutlich, dass die »deutschen Zustände« anno 2020 nicht wie ein unerwartetes »Naturereignis« über die Gesellschaft hereingebrochen sind.

Tab. 3: Rechtpopulismus und Einstellungen zu Gewalt in den einzelnen Bundesländern (Angaben in Prozent und Mittelwerte, kumulierter GMF-Survey)

Bundesland	**Rechtspopulismus**	**Gewaltbilligung**	**Gewaltbereitschaft**
Hamburg	15,2	1,53	1,51
Berlin	16,4	1,53	1,61
Bremen	17,6	1,47	1,53
Schleswig-Holstein	12,0	1,59	1,57
Nordrhein-Westfalen	15,0	1,53	1,56
Rheinland-Pfalz	18,0	1,60	1,55
Baden-Württemberg	17,4	1,61	1,51
Hessen	16,8	1,63	1,59
Niedersachsen	18,6	1,59	1,58
Bayern	22,1	1,57	1,54
Saarland	31,4	1,62	1,49
Brandenburg	21,1	1,68	1,67

Bundesland	**Rechts-populismus**	**Gewalt-billigung**	**Gewalt-bereitschaft**
Sachsen	20,8	1,72	1,64
Sachsen-Anhalt	23,0	1,70	1,68
Meck.-Vorpommern	21,2	1,70	1,69
Thüringen	23,2	1,64	1,64
Gesamt	18,3	1,59	1,57
F	4,1	7,1	4,8
Eta	0,08	0,10	0,08
N	8962	11544	
alte Bundesländer	17,5	1,57	1,56
neue Bundesländer	21,8	1,69	1,66
t	−4,9	−8,8	−7,5
Phi bzw. Cramers V	0,05	0,09	0,08

Grau unterlegte Werte liegen über dem Gesamtmittelwert/Gesamtprozentwert.
(Quelle: Babka von Gostomski/Küpper/Heitmeyer 2007, S. 120)

Zweitens betrachten wir Unterschiede zwischen Personen mit und Personen ohne rechtspopulistische Einstellungen und setzen hierzu die Elemente Fremdenfeindlichkeit, Antisemitismus und autoritäre Aggression (Schaefer/Mansel/Heitmeyer 2002) ins Verhältnis zu anderen Elementen des Syndroms. Bei allen Elementen zeigen sich hoch signifikante Unterschiede zwischen den beiden Personengruppen (vgl. Abbildung 13). Bei Personen mit rechtspopulistischen Einstellungen war demnach im Jahre 2011 bereits ein »Einstellungsvorrat« vorhanden, der mit einem entsprechenden politischen Angebot ausgebeutet werden konnte.

Abb. 13: Gruppenbezogene Menschenfeindlichkeit bei rechtspopulistisch und nicht rechtspopulistisch eingestellten Menschen 2011 (Angaben in Prozent)

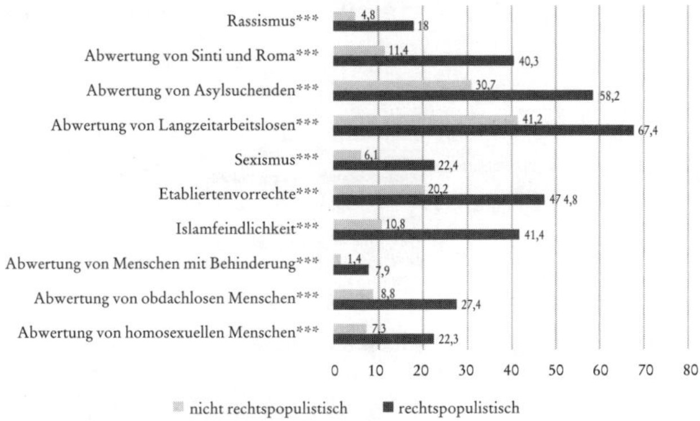

*** = sehr hohe Signifikanzen
(Quelle: Heitmeyer 2018, S. 213)

Ein solches politisches Angebot trat dann 2015 mit der AfD auf den Plan. Bei denjenigen, die mit der AfD sympathisierten, nahm zwischen 2014 und 2016 das Ausmaß gruppenbezogen-menschenfeindlicher Einstellungen insgesamt wesentlich stärker zu (vgl. Abbildung 14).

Dieses Ergebnis hängt auch mit den öffentlichen Propagandaerfolgen der AfD seit der Flüchtlingsbewegung 2015 zusammen. Gleichwohl ist Vorsicht geboten: Auch Menschen, die sich nicht für die AfD begeistern, werten als »fremd« definierte Personengruppen ab. Unter veränderten gesellschaftlichen Bedingungen können sie als »Mobilisierungsreserve« für den autoritären Nationalradikalismus der AfD aktiviert werden.

Drittens werfen wir einen Blick auf sechs Indikatoren, die explizit ein rechtsextremistisches Einstellungsmuster belegen (Befürwortung einer rechtsautoritären Diktatur, Chauvinis-

Abb. 14: Zustimmung zu gruppenbezogener Menschenfeindlichkeit nach Sympathie mit der AfD in 2014 und 2016 (Angaben in Prozent)

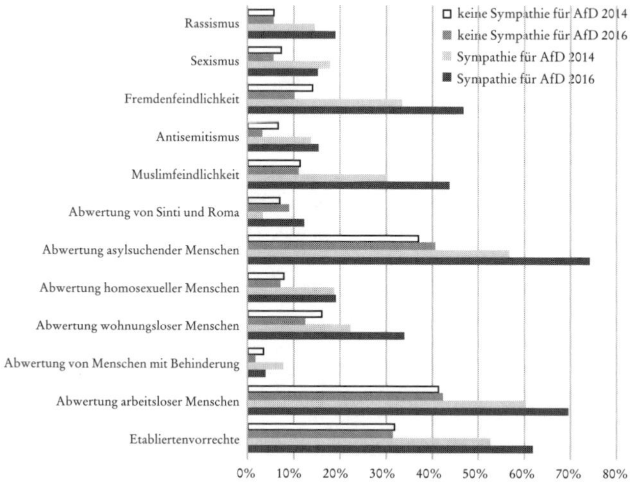

(Quelle: Hövermann/Groß 2016, S. 174)

mus, Verharmlosung des Nationalsozialismus, Fremdenfeindlichkeit, Antisemitismus, Sozialdarwinismus). Erwartungsgemäß zeigt sich hier eine niedrigere Ausprägung als bei den Einstellungen zur gruppenbezogenen Menschenfeindlichkeit, weil mit diesen Indikationen ausdrücklich historische und aktuelle Systemfragen aufgerufen werden (vgl. Abbildung 15 und 16).

Dass rechtsextremistische Einstellungen in der Bevölkerung insgesamt weniger stark ausgeprägt sind, entspricht der Logik des »zwiebelförmigen« Eskalationskontinuums. Die Positionen werden von außen nach innen immer extremer, gleichzeitig sinken jedoch die Zustimmungsraten.

Abb. 15: Entwicklung ausgewählter rechtsextremer Einstellungen in der Bevölkerung 2002-2018/19 (Angaben in Prozent)

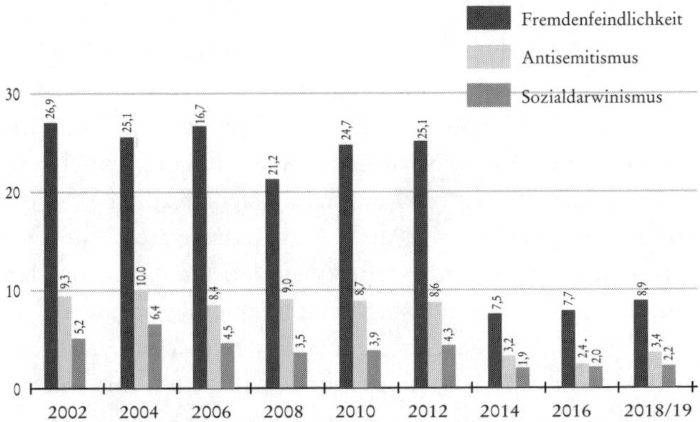

(Quelle: Küpper/Krause/Zick 2019, S. 141)

Abb. 16: Entwicklung ausgewählter rechtsextremer Einstellungen in der Bevölkerung 2002-2018/19 (Angaben in Prozent)

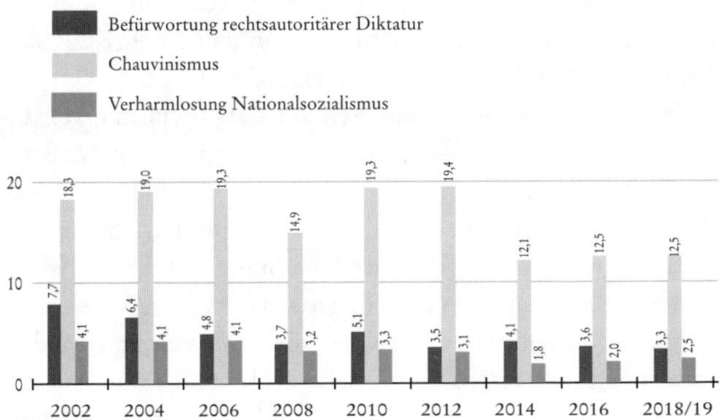

(Quelle: Küpper/Krause/Zick 2019, S. 141)

5.3 Die Legitimationsfunktion der Einstellungen im Eskalationskontinuum

Mit den ausgewählten Ergebnissen zur Entwicklung der gruppenbezogenen Menschenfeindlichkeit möchten wir unterstreichen, dass diese Einstellungsmuster schon *vor* der Gründung der AfD und vor ihrer Spaltung 2015, mit der eine zunehmende Radikalisierung ihren Lauf nahm (siehe Kapitel 6), in der bundesdeutschen Gesellschaft vorhanden waren. Dies verdeutlicht im nächsten Schritt zweierlei: Die traditionellen, schon länger im Bundestag vertretenen (Regierungs-)Parteien haben die feindseligen Einstellungen – trotz vieler Studien – nicht ernst genommen bzw. Menschen mit solchen Einstellungen als eine zu vernachlässigende Größe abgetan. Gleichzeitig stand in der Bevölkerung bereits seit zwei, drei Jahrzehnten ein Einstellungspotenzial bereit, das von einer Partei wie der AfD mit emotional bewegenden Themen mobilisiert werden kann. Die Ankunft Hunderttausender Geflüchteter im Herbst 2015 lieferte dann den entsprechenden Anlass.

So gesehen ist das Auftauchen der AfD nicht in erster Linie auf ihre eigene Stärke, sondern in weit größerem Maß auf die Wahrnehmungsschwächen der traditionellen demokratischen Parteien zurückzuführen. In Kapitel 3.2 haben wir darauf hingewiesen, wie staatliche Stellen und ihre parteipolitisch verpflichteten Führungspersonen diese Schwächen kultiviert haben, indem sie diese Entwicklungen und ihre Ursachen ignorierten. Notorisch berühmt ist in diesem Zusammenhang die Formulierung des aus Westdeutschland stammenden ehemaligen sächsischen Ministerpräsidenten Kurt Biedenkopf (CDU), »wir Sachsen« seien gegen den Rechtsextremismus immun.

Vor diesem Hintergrund haben die gruppenbezogen-menschenfeindlichen Einstellungen in der Bevölkerung eine wichtige Legitimationsfunktion für die Akteure im Eskalationskontinuum: Egal ob aggressive soziale Bewegungen und Parteien, gewalttätige Gruppen oder Terroristen – sie alle können sich auf »das Volk« beziehen. Und zwar nicht nur auf die AfD-Sympathisantinnen und -Sympathisanten, sondern auch auf jene, die nicht zur Wählerschaft der AfD gehören, aber trotzdem entsprechende Einstellungen aufweisen. Bislang ist dieses Potenzial in unterschiedlichem Ausmaß auch an andere im Bundestag vertretene Parteien gebunden. Ob die AfD diese »Mobilisierungsreserve« im Zuge nachlassender Parteibindungen bei gleichzeitig wachsender sozialer Enthemmung anlässlich emotional ausbeutbarer Signalereignisse wird »anzapfen« können, ist derzeit offen.

Folgt man dem hier entwickelten Gedankengang, wäre es politischer Selbstbetrug, die Verantwortung etwa für den Massenmord in Hanau *allein* dem autoritären Nationalradikalismus der AfD und ihren menschenfeindlichen Parolen zuzuschreiben, wie dies zum Beispiel in der Bundestagsdebatte am 5. März 2020 geschah. Die Ursachen sind viel komplizierter und reichen weit in die sogenannte »Mitte« der Gesellschaft hinein.

6. Das Milieu des autoritären Nationalradikalismus: Destabilisierung von Institutionen

Dem Eskalationsmodell folgend, analysieren wir im nächsten Schritt den bewegungs- oder parteiförmig organisierten autoritären Nationalradikalismus einschließlich des ihn unterstützenden intellektuellen Milieus. Gemeinsam ist diesen Bewegungen, Parteien und Intellektuellen, dass sie autoritäre Kontrollabsichten gegenüber gesellschaftlichen Vorgängen hegen, bestimmte Gruppen ausgrenzen, aggressive bis gewaltförmige Mobilisierungsstrategien verfolgen sowie harte Feindbilder und revisionistische Geschichtsauffassungen propagieren. Insbesondere schauen wir hier auf die AfD und die Pegida-Bewegung, die seit 2014 vor allem in Dresden aktiv ist, aber auch Ableger in anderen Städten hat.

Im Eskalationsmodell bildet der organisierte autoritäre Nationalradikalismus den Übergang zwischen dem rechten Rand des demokratischen Spektrums und dem systemfeindlichen bewegungsförmigen Rechtsextremismus (Borstel/Heitmeyer 2012, S. 346; Heitmeyer 2018, S. 356; siehe oben Kapitel 4.1). In diese Schicht gehören auch Bürgerinitiativen wie Pro Köln oder Pro NRW (vgl. Häusler 2008), die ebenfalls mit dem Versprechen werben, sich für das »einfache«, »wahre« Volk einzusetzen und es gegen eine vermeintlich ausbeuterische, dekadente und »volksverräterische« Elite zu verteidigen. Diese erklärte Opposition zum sogenannten Establishment verzichtet dabei bewusst auf den Zuspruch bestimmter Bevölkerungsteile und verschafft sich durch einen selbst konstruierten Opferstatus Glaubwürdigkeit und Legitimation (vgl. u. a. Decker/Lewandowski 2017, S. 5; Priester 2012, S. 4f.).

Dieser Status ist eines der wichtigsten Instrumente, um Anhänger an sich zu binden. Dazu ist es notwendig, sich als Opfer ungerechtfertigter Ausgrenzungen und gewalttätiger Angriffe darzustellen. Gelingt dies, erlangen diese Akteure in den Augen ihrer partei- oder bewegungspolitischen Anhängerschaft eine Art moralische Überlegenheit, die sich politisch ausbeuten lässt, wo es beispielsweise darum geht, Grenzüberschreitungen als legitime »Notwehr« zu deklarieren.

Allerdings wird diese Opferrolle nicht ausschließlich selbst konstruiert, sondern auch durch linksextremistische Akteure »geliefert«, etwa durch Brandanschläge auf Autos, Parteibüros etc. Dass diese Linksextremisten, die oft eine moralische Überlegenheit für sich reklamieren, damit ihre eigene Glaubwürdigkeit zerstören, scheint aus ihrer Sicht nebensächlich zu sein. Objektiv haben solche Aktionen eine stabilisierende Funktion für den autoritären Nationalradikalismus.

Parteien und Bewegungen des autoritären Nationalradikalismus inszenieren sich (im Sinne einer »schweigenden Mehrheit«) als »Mitte der Gesellschaft« und als »Sprachrohr des kleinen Mannes« (vgl. Decker 2015, S. 29). Das »Volk« wird dabei als homogene Einheit gedacht und »mit relativ vagen, moralischen Topoi belegt« (Siri/Lewandowski 2016, S. 5). Allerdings verzichtet der autoritäre Nationalradikalismus auf körperliche Gewalt, um politische Ziele durchzusetzen, oder lehnt Gewalt sogar explizit ab. Hierin besteht der wesentliche Unterschied zur nächsten Eskalationsstufe, also dem systemfeindlichen Milieu des bewegungsförmigen Rechtsextremismus.

6.1 *Der Kern: Die Partei Alternative für Deutschland*

Wenn wir die AfD betrachten, wie sie sich aktuell präsentiert, finden wir zum einen immer noch klassische rechtspopulistische Merkmale wie etwa die Anti-Establishment-Rhetorik. Die gesellschaftlichen Veränderungen der letzten Jahre haben die politischen Koordinaten der AfD jedoch insgesamt deutlich nach rechts verschoben. Angesichts der programmatischen Verlautbarungen der Führungspersonen, ihrer Gefolgschaft in der Partei und auch ihrer Wähler – insbesondere im Zusammenhang mit der Bundestagswahl 2017 – sind inzwischen neue Klassifikationen notwendig. Daher arbeiten wir mit dem Begriff *autoritärer Nationalradikalismus* (Heitmeyer 2018), um die AfD zu beschreiben und zu verorten.

Das ist gerade deshalb notwendig, weil der Begriff *Rechtspopulismus* in den letzten Jahren eine atemberaubende Karriere gemacht und viele alternative Benennungen hat verkümmern lassen. Die allseitige Verwendung des Terminus ist aber kritisch zu beurteilen (vgl. Heitmeyer 2019b), da dadurch der »eingemeindende« Eindruck vermittelt wird, alle Debattenteilnehmerinnen seien gleichermaßen informiert und wüssten, worum es geht. Doch ist diese rundgeschliffene Bezeichnung wirklich geeignet, die gegensätzlichen, sperrigen, vielschichtigen und bedrohlichen Entwicklungen angemessen »einzufangen«? Unserer Einschätzung nach ist sie das nicht. Auch der Jurist Michael Meyer-Resende kritisiert: »Wer Populismus sagt, macht es sich einfach, denn der Begriff ist so unscharf, dass man ihn nicht weiter begründen muss. [...] Offensichtlich ist, dass der Begriff keinerlei Aussage darüber trifft, ob Populismus die Demokratie belebt oder beschädigt.« (Meyer-Resende 2019, S. 9)

Jeder nachdenkliche Blick auf die politischen Landschaften, ob nun in den USA, in Brasilien oder in den europäischen Gesellschaften, zeigt, dass der Einheitsbegriff Rechtspopulismus als »Catch-all-Term« den sperrigen Realitäten in diesen Ländern mit ihren jeweiligen historischen und kulturellen Traditionen und mit ihren Erfahrungen im Zeitalter des rabiaten Kapitalismus in keiner Weise gerecht wird. Leider ist hier kein Platz für Differenzierungen im weltweiten Maßstab, weshalb wir uns im Folgenden auf die neuere deutsche Debatte beschränken

Wenn Medien, Politik und Wissenschaft mit dem Einheitsbegriff Rechtspopulismus arbeiten, bedienen sie tendenziell – nicht unbedingt bewusst, sondern aus Nachlässigkeit – Vernebelungstaktiken der politischen Akteure und Bewegungen. Denn sie benennen damit nicht die genauen ideologischen Komponenten der jeweiligen Programme. Genau das wäre aber notwendig, um Gegengifte zu entwickeln. Aufgrund der Verliebtheit in eine Kurzformel wird die vielfältige Realität begrifflich nicht differenziert abgebildet. Die Begriffe müssen aber sperrig und unpoliert sein.

Der Begriff *autoritärer Nationalradikalismus* hebt auf drei wesentliche Charakteristika ab (vgl. Heitmeyer 2018, S. 234f.):

(1) Das *Autoritäre* zeigt sich darin, dass Politik und Gesellschaft entsprechend einem Kontrollparadigma organisiert werden sollen. Dazu gehören Forderungen nach einer rigiden Führung politischer Institutionen, die Betonung einer hierarchischen sozialen Ordnung sowie ein fundamentalistisches Verständnis des politischen Agierens und Opponierens – ohne Kompromisse. Leitend sind dichotomische Gesellschaftsbilder, die die Grundlage bilden für kämpferisch initiierte »Entweder-oder-Konflikte«.

(2) Das *Nationale* kommt in der Betonung der besonderen Stellung des deutschen Volkes zum Ausdruck. Die Leitfor-

meln reichen von »Deutschland zuerst« bis »Deutschland den Deutschen«. Insgesamt soll eine Überlegenheit gegenüber anderen Nationen, Völkern sowie ethnischen und religiösen Gruppen unterstrichen werden. Hinzu kommt das Reklamieren einer neuen, »deutschen« Vergangenheitsdeutung.

(3) Das *Radikale* ist ganz dem ursprünglichen Wortsinn nach zu verstehen. Die offene Gesellschaft und die liberale Demokratie, wie sie in Jahrzehnten – trotz zahlreicher kritikwürdiger Defekte – gewachsen sind, sollen entwurzelt und grundlegend umgebaut werden. Dazu dient ein rabiater und emotionalisierter Mobilisierungsstil, der vor allem mit menschenfeindlichen Grenzüberschreitungen operiert.

Die Erfolgsspur des autoritären Nationalradikalismus, wie er sich beispielsweise in der AfD manifestiert, liegt zwischen dem Rechtspopulismus auf der einen Seite und dem gewalttätigen Rechtsextremismus bzw. Neonazismus auf der anderen Seite (vgl. Abbildung 17). Der Rechtspopulismus mit seiner »flachen« Ideologie und der dramatisierten Konfliktlinie Volk gegen Elite ist auf kurzzeitige Erregungszustände ausgerichtet, die über klassische Massen- und über soziale Medien transportiert werden sollen. Der gewalttätige Rechtsextremismus will in öffentlichen Räumen situativen Schrecken verbreiten, was wiederum zahlreiche Wähler oder Sympathisanten abschreckt.

Anzumerken ist an dieser Stelle, dass die inzwischen in politischen Auseinandersetzungen verwendete Klassifizierung des autoritären Nationalradikalismus als faschistische Gesinnung aus mehreren Gründen falsch ist. Denn dabei wird übersehen, dass der italienische Faschismus nicht identisch ist mit dem Nationalsozialismus, in dem der Antisemitismus eine zentrale Rolle spielte. Die inflationäre Verwendung trägt außerdem zur Verharmlosung des NS-Regimes bei (vgl. auch Winkler 2020, S. 4).

Abb. 17: Die Erfolgsspur des autoritären Nationalradikalismus

Rechtspopulismus	**autoritärer Nationalradikalismus**	**Rechtsextremismus/ Neonazismus**
Generierung kurzzeitiger *Erregungszustände*	*Destabilisierung* von Institutionen	Verbreitung situativen *Schreckens*
Verbreitung über Massenmedien	langfristiges Eindringen in diese Institutionen	Aktionen im öffentlichen Raum (z. B. Nazirock-Konzerte, Anschläge auf Asylbewerberunterkünfte)
flache Ideologie, gerichtet gegen »die da oben«	autoritäres Kontrollparadigma, gerichtet gegen die offene Gesellschaft und die liberale Demokratie	Gewalt und Umsturz des Systems

(Quelle: nach Heitmeyer 2018, S. 236)

Der autoritäre Nationalradikalismus, wie er oben charakterisiert wurde, zielt auf die destabilisierende Veränderung gesellschaftlicher und politischer Institutionen, um einen »Systemwechsel« (Gauland) herbeizuführen. In den Fokus geraten Polizei, Militär, Gerichte, Rundfunkräte, Gewerkschaften, Schulen, Theater, politische Bildung, Feuerwehrverbände usw. (siehe Kapitel 4.5 und 6.2-6.4). Mittlerweile ist auch das parlamentarische System betroffen, wie das Fiasko um die Wahl des thüringischen Ministerpräsidenten im Februar 2020 (siehe Kapitel 6.5) verdeutlicht.

Um destabilisierende Veränderungen zu erreichen, greift der autoritäre Nationalradikalismus überwiegend auf dichotome Welt- und Gesellschaftsbilder zurück. Sie gehören zum politischen Werkzeugkasten der extremen wie der gemäßigten Rechten und lassen sich auf mehreren Ebenen beschreiben (Abbildung 18).

Abb. 18: Dichotomische Welt- und Gesellschaftsbilder

gesellschaftliche Ebene	
Politik	*Volk* vs. Elite
Macht	*Überlegenheit* vs. Unterlegenheit
Ziele	*geschlossene* vs. offene Gesellschaft
Wertestruktur	*Anti-Pluralismus* vs. Vielfalt
Geschichte	*Verklärung* vs. Aufklärung
kollektive Identität	*Deutsch-Sein* vs. Internationalität
Kultur	*Reinheit* vs. Überfremdung/Dekadenz
Gruppenebene	
Gruppenformation	*»wir«* vs. »die«
Gemeinschaftsform	*Homogenität* vs. Heterogenität
Status	*Etablierte* vs. »Eindringlinge«
Gruppenrelationen	*drinnen* vs. draußen
individuelle Ebene	
Bewertung von Menschen	*Ungleichwertigkeit* vs. Gleichwertigkeit
Denkstile	*Emotionalisierung* vs. Rationalität
Selbstbilder	*Opfer* vs. fremde Aggressoren
Moral	*Wahrheit* vs. Unwahrheit

(Quelle: Heitmeyer 2018, S. 248)

Dichotome Weltbilder kennen häufig nur Entweder-oder-Konflikte (Hirschman 1994). Wo bei Mehr-oder-weniger-Konflikten Verhandlungen und Kompromisse möglich sind, laufen Entweder-oder-Konflikte auf klare Fronten und eindeutige Entscheidungen hinaus: »wir« oder »die«. In der bewussten Gegenüberstellung von »Christentum« und »Islam« wird diese Konfliktstruktur besonders gut sichtbar. Der Islam gilt als unvereinbar mit einer deutschen bzw. europäischen Kultur und wird zum ideologischen Hauptfeind erkoren. Als Schuldige werden neben Bundeskanzlerin Angela Merkel die aktuelle Regierung bzw. allgemein die Befürworter der merkelschen »Überfremdungspolitik« identifiziert.

Verstärkt wird die Wirksamkeit solcher Dichotomien, wenn Emotionen ins Spiel kommen (vgl. Aarøe 2011). Deshalb werden bestimmte Ängste bewusst angesprochen und geschürt: die demografische Angst vor einer »Abschaffung Deutschlands«, ökonomische Angst vor den Verwerfungen der Globalisierung, kulturelle Angst vor Überfremdung, Angst vor den Folgen der Digitalisierung, Angst vor dem vermeintlich islamischen Terror (vgl. Heitmeyer 2018; siehe auch Weiß 2017). Bewegungsforscher, die mit dem Framing-Ansatz arbeiten, können dabei zeigen, dass auf Personen oder Ereignisse fokussierende Deutungsmuster stärkere Emotionen hervorrufen als solche, die mit abstrakten Informationen arbeiten oder auf die Bedeutung situativer Umstände hinweisen. Schließlich bestimmt auch die empfundene Wichtigkeit eines Themas die Stärke der emotionalen Reaktion (vgl. Kühne 2013, S. 13).

Zudem instrumentalisieren nationalradikale und rechtsextreme Bewegungsakteure oft Signalereignisse und emotional »bewegende Themen«, über die in der Öffentlichkeit viel und widersprüchlich diskutiert wird (vgl. Anhut/Heitmeyer 2000, S. 61; vgl. auch Heitmeyer 2012a, S. 19). Seit 2015 instrumentalisieren sie insbesondere Migration und Islam für ihre Agitation, Pegida warnt gar vor einer »Islamisierung des Abendlandes«. Entsprechend werden dann zum Beispiel Moscheebauten oder Segregationstendenzen in einzelnen Stadtteilen aggressiv emotional aufgeladen. Dass ein Fokus auf »bewegende Themen« die Wahrnehmung von Integrationsproblemen und interethnischen Konflikten erheblich beeinflussen kann, ist vielfach belegt (vgl. u.a. Tezcan 2000; Hüttermann 2010).

Die Pegida-Anhängerschaft ist weitaus schwieriger zu bestimmen und sozial zu verorten als die der AfD. Dies ist ein generelles Problem der Bewegungsforschung. Denn neben dem regelmäßigen Teilnehmerfeld der »Empörten«, die sich durch »kollektive Wut und rituelle Gemeinschaftsstiftung« (Vorländer/Herold/Schäller 2016, S. 101) zusammenfinden, kann sich der Kreis je nach Redner anders zusammensetzen. Hinzu kommen die stark schwankenden Teilnehmerzahlen, die sich zwischen geschätzten 25000 auf dem Höhepunkt im Januar 2015 und geschätzten 1000 Personen im Herbst 2017 bewegen, was natürlich Auswirkungen auf die Zusammensetzung hat. Festhalten kann man jedenfalls, dass Pegida ein »volksgemeinschaftliches« Ziel verfolgt: gesellschaftliche Homogenität (Rehberg 2016, S. 29). Diese Sehnsucht wird zum Einfallstor für autoritäre Kontrollversuche und findet in Teilen der Bevölkerung Widerhall.

Die Pegida-Bewegung konnte sich zwar nicht weiter ausbreiten, im Gegenteil, einige Gruppen lösten sich auf, andere dümpeln vor sich hin. Gleichwohl: »Die hohe Emotionalität, der konfrontative Gestus, der Modus zur Schau gestellter Entrüstung und der erfolgreiche Versuch, kommunikative Macht auf prominenten Plätzen und Straßen zu erzeugen, hat Pegida zu einer Protestbewegung neuen Stils werden lassen.« (Vorländer/Herold/Schäller 2016, S. 139; vgl. auch Funke 2016)

Trotz der ideologischen Nähe ist der autoritäre Nationalradikalismus von Pegida und AfD bislang nicht deckungsgleich mit dem extremen Milieu des organisierten und des bewegungsförmigen Rechtsextremismus (vgl. Abbildung 7).

Die Grenze markieren hier das Verhältnis zu körperlicher Gewalt und das (zumindest rhetorische) Bekenntnis zum formalen demokratischen System. Gleichwohl gibt es natürlich Kontakte zwischen den beiden »Zwiebelschichten«, etwa wenn AfD-Mitglieder und Anhänger der Identitären Bewegung oder Akteure neonazistischer Gruppierungen bei Veranstaltungen zusammentreffen (zumal einige AfD-Politiker zuvor in solchen Netzwerken aktiv waren).

Wir fassen an dieser Stelle kurz zusammen: Zum Instrumentarium des organisierten autoritären Nationalradikalismus gehören vor allem acht Elemente (vgl. Heitmeyer 2018, S. 213-276):

- »Deutsch-Sein« als Schlüsselkategorie und sicherheitsspendender Identitätsanker;
- Propagierung dichotomer Weltbilder;
- Kontrollparadigma als Versprechen einer autoritären sozialen Ordnung;
- Emotionalisierung gesellschaftlicher Probleme als Kontrollverluste;
- eskalativer Mobilisierungsstil zur Wiederherstellung von Kontrolle;
- Forcierung sozialer Vergleichsprozesse zwecks Radikalisierung;
- Ausnutzen der »Gewaltmembran«, um mit bestimmten Begriffen andernorts Gewalt freizusetzen und Legitimationen zu liefern;
- Konstruktion einer »Opferrolle«, um Sympathisanten an sich zu binden und ein Recht auf »Notwehr« zu etablieren.

Mit diesem ausgeklügelten Instrumentarium werden drei wichtige Ziele verfolgt:

(1) Besetzen vakanter politischer Themenräume, die die etablierten Parteien in der Vergangenheit übersehen haben;

(2) Verschieben des Sagbaren, wie es beispielsweise in der

Theorie des »Overton-Windows« beschrieben wird (vgl. Heitmeyer 2018, S. 274ff.);

(3) Schaffung neuer Normalitätsstandards bzw. Normalisierung von Positionen auch mithilfe intellektueller Eliten, die nicht genuin dem jeweiligen Feld entstammen müssen (ebd., S. 277-313).

Hinzu kommt eine Dynamik der internen Radikalisierung und Machtverschiebung (vgl. Kamann 2019 und Kapitel 6.6 unten zur parteiinternen Eskalation). So provozieren beispielsweise Akteure des völkisch-nationalen »Flügels« um Björn Höcke mit aggressiven Positionierungen sogenannte »gemäßigte« Vertreterinnen der AfD. Sprechen diese sich gegen solche Positionen aus, werden sie – wie auf dem Bundesparteitag 2019 zu beobachten – entweder nicht gewählt oder abgewählt. Mit solchen »Fallen« wird die Radikalisierung über Wahlen vorangetrieben.

Ein anderes Muster der internen Radikalisierung zeigt sich im Umgang mit antisemitischen Äußerungen. Positioniert sich ein relativ unwichtiger Landtagsabgeordneter offen antisemitisch, muss er mit einem Parteiausschlussverfahren rechnen. Wer jedoch wichtige Wahlerfolge erzielt oder die Bundestagsfraktion führt, wird nicht angetastet (vgl. Esslinger 2019).

Seit 2019 kursiert in der politischen Arena die Annahme, der autoritäre Nationalradikalismus à la AfD habe seinen Zenit überschritten. Damit werden jedoch die Entwicklungslinien und die stabilisierende Wählerschaft unterschätzt. Immerhin steigen die Umfragewerte der AfD – trotz kleiner »Dellen« – seit 2014 an (vgl. Abbildung 19).

Betrachtet man den Zeitraum zwischen 2017 und 2019 genauer, zeigt sich, wie bestimmte parteiinterne oder gesellschaftliche Ereignisse die Umfragewerte beeinflussen (vgl. Abbildung 20):

Abb. 19: Entwicklungslinien I: Umfragewerte der AfD zwischen 2014 und 2019

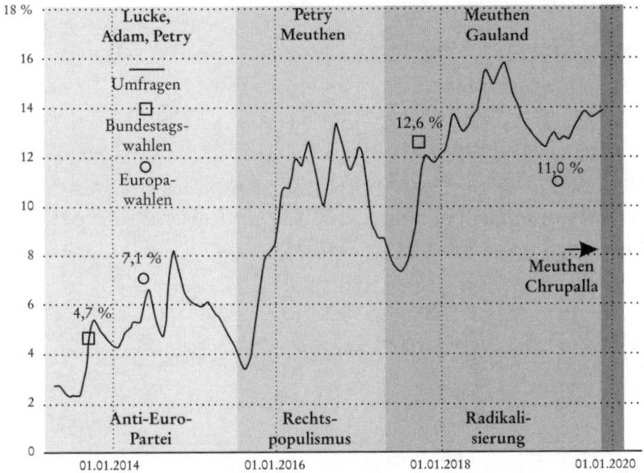

Sonntagsfrage, gleitendes Mittel (30 Tage) über Forsa, TNS Emnid, Infratest Dimap, FG Wahlen, GMS, Allensbach, Punkte: Bundestag und Europawahlen

(Quelle: Wahlrecht.de; die Darstellung entnahmen wir einem Bericht auf www.spiegel.de, 27. Dezember 2019)

Insgesamt ist die Wählerschaft der AfD gewachsen bzw. bleibt zumindest stabil. Dies gilt insbesondere in den ostdeutschen Ländern (vgl. Abbildung 21). Die immer wieder zu hörende Behauptung, es handele sich nur um eine kurzfristig gebundene Protestwählerschaft, ist demnach nicht zu halten (vgl. Schroeder/Weßels 2019, S. 9-44). Ein beträchtlicher Teil des wahlpolitisch vormals zwischen Parteien vagabundierenden autoritären Einstellungspotenzials hat in der AfD einen politischen Ort gefunden (vgl. Heitmeyer 2018).

Werfen wir einen Blick auf die Altersverteilung der Wählerschaft und betrachten wir dazu die Ergebnisse der Landtagswahl in Sachsen 2019. Insbesondere die mittleren Alters-

Abb. 20: Entwicklungslinien II: Umfragewerte der AfD zwischen 2017 und 2019

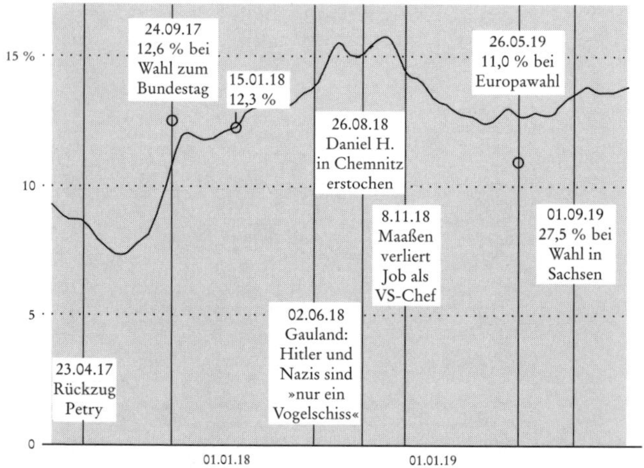

Sonntagsfrage, gleitendes Mittel (30 Tage) über Forsa, TNS Emnid, Infratest Dimap, FG Wahlen, GMS, Allensbach, Punkte: Bundestag und Europawahlen

(Quelle: Wahlrecht.de; die Darstellung entnehmen wir einem Bericht auf www.spiegel.de, 27. Dezember 2019)

Abb. 21: Wahlergebnisse der AfD deutschlandweit und in den ostdeutschen Bundesländern

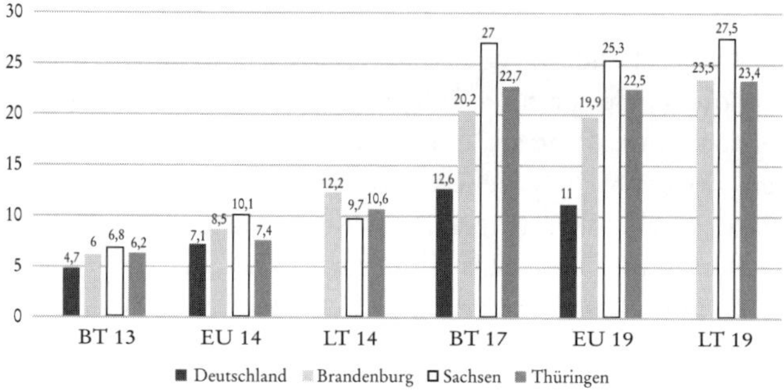

(Quelle: eigene Zusammenstellung auf der Grundlage eines Berichts in der *Süddeutschen Zeitung*, 4. September 2019, S. 5)

gruppen haben demnach die AfD gewählt (vgl. Abbildung 22), also jene Personen, die im Arbeitsleben stehen und mit drei Problemen konfrontiert sind: Sicherung des eigenen Status, Sorge um die Aufstiegschancen der Kinder, eigene Alterssicherung.

Abb. 22: Verteilung der Wähler nach Altersgruppen bei der Landtagswahl in Sachsen 2019 (in Prozent)

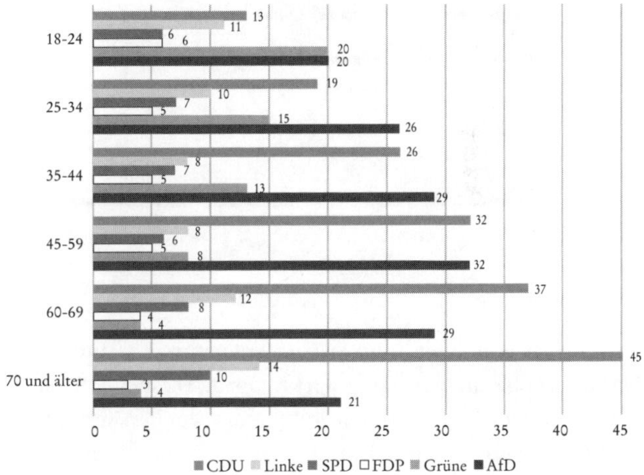

(Quelle: Tagesschau.de)

Betrachtet man die beruflichen Tätigkeiten (vgl. Abbildung 23), gehören vor allem Arbeiterinnen und Arbeiter sowie Arbeitslose zur Wählerschaft, also jene Gruppen, die besonders von Kontrollverlusten über die eigene Biografie betroffen sind oder dies befürchten.

Schließlich sind die Mobilisierungsquoten der AfD zu nennen. Die Partei hat mit ihren emotionalisierten Themen in erheblichem Ausmaß bisherige Nichtwählerinnen und Nichtwähler aus ihrer wutgetränkten Apathie an die Wahlurnen

Abb. 23: Verteilung der Wählerschaft nach Berufsgruppen bei der Landtagswahl in Sachsen 2019

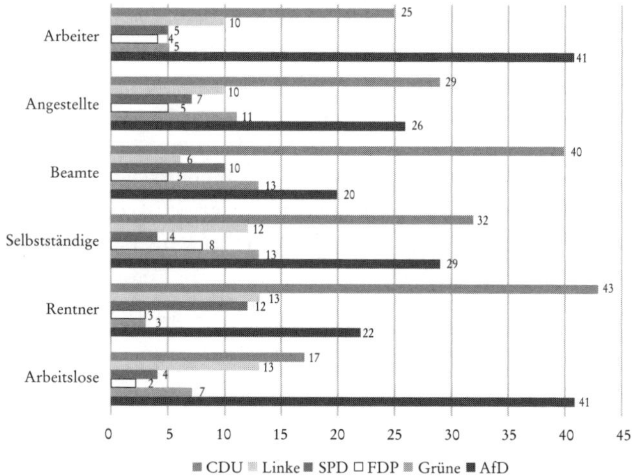

(Quelle: Tagesschau.de)

geholt. Das Mobilisierungsinstrumentarium des autoritären Nationalradikalismus hat gewirkt. Der AfD ist es offensichtlich gelungen, Personen aus ihrer individuellen Ohnmacht herauszuholen und mit kollektiven Machtfantasien auszustatten. Dazu gehört es auch, gruppenbezogen-menschenfeindliche Einstellungen zu kanalisieren und gegen schwache Gruppen zu richten. Die in diese Prozesse eingelagerte Ideologie der Ungleichwertigkeit wird genutzt, um durch die Abwertung und Ausgrenzung der »Anderen« sich selbst aufzuwerten.

6.2 *Die Rolle von Intellektuellen in verschiedenen Resonanzräumen*

Während der Rechtspopulismus nach wissenschaftlichem Verständnis (Priester 2012) mit einer »flachen Ideologie« und nur einer aufgeheizten Konfliktlinie operiert, ist der autoritäre Nationalradikalismus mit einer historisch älteren weitverzweigten Ideologie ausgestattet, die auch das politische Tagesgeschäft mit Argumenten versorgt. Im Gegensatz zu rechtsextremen Parteien wie der NPD, der Deutschen Volksunion (DVU) oder den Republikanern umfasst das autoritär-nationalradikale Milieu rund um die AfD dabei auch eine Reihe von Intellektuellen, also Personen, die wissenschaftlich, schriftstellerisch, philosophisch, seelsorgerisch oder journalistisch tätig sind und sich zu politischen Themen öffentlich positionieren. Dabei lassen sich vier Typen unterscheiden: interne Milieu-Intellektuelle, »frühe Radikale« in der AfD, »Mainstream«-Intellektuelle als »Transmissionsakteure« und schließlich höher gebildete »Resonanz«-Empfänger in Universitäten, Unternehmen etc.

Den internen Milieu-Intellektuellen (vgl. Fuchs/Middelhoff 2019, S. 39-71) kommt hier besondere Bedeutung zu, weil vor allem sie für die Differenzierung und Dynamisierung der rechten Bedrohungsallianzen verantwortlich sind. Sie bedienen nicht nur die flache Ideologie des Rechtspopulismus, sondern schaffen mit ideologischen »Ausgrabungen« neue Resonanzen für den autoritären Nationalradikalismus auf seiner distinkten Erfolgsspur *zwischen* Rechtspopulismus auf der einen und Rechtsextremismus sowie Neonazismus auf der anderen Seite. In diesem Sinne fungieren sie als *Ideologieaufrüster*.

Der Historiker Volker Weiß (2017) hat in seiner Analyse der »autoritären Revolte« die zentrale Kategorie herausgearbeitet, um die sich alles dreht: den angeblichen *Untergang* des deutschen Volkes. Auf dieses Thema sind die begrifflichen Werkzeuge ausgerichtet, mit denen die Radikalisierung vorangetrieben werden soll, man denke an den *Opfermythos* oder den Deutungsrahmen eines »Bevölkerungsaustauschs« (Camus 2016). Dieser ideologische »Dreiklang« hat weitreichende Auswirkungen, legitimieren Akteure des bewegungsförmigen Rechtsextremismus (siehe Kapitel 7), klandestine Netzwerke (siehe Kapitel 8) und rechtsterroristische Zellen bzw. Täter (siehe Kapitel 9) damit doch immer wieder ihr Handeln. Der Logik der Gewaltmembran entsprechend (Heitmeyer 2018, S. 270ff.), befeuern die Urheber dieser hochemotionalisierten Begriffe die gewalttätigen Folgen in anderen Handlungskontexten, ohne dass ihnen dies juristisch angelastet werden könnte (vgl. dazu die Aussagen des neurechten Publizisten Martin Lichtmesz im Interview mit Camus 2019).

Der vielfach unterschätzte Schweizer Publizist Armin Mohler kann als Erfinder einer Tradition gelten (vgl. Weiß 2017, S. 64-92), durch die in jüngeren Kohorten ein Netzwerk entstand (vgl. Fuchs/Middelhoff 2019, S. 39-71), dessen Publikationsorgane die Ideologie des autoritären Nationalradikalismus verbreiten und dessen Handeln legitimieren. Dazu gehören etwa Götz Kubitschek mit seinem Institut für Staatspolitik, Jürgen Elsässer mit dem Magazin *Compact*, Karl-Heinz Weißmann mit dem Magazin *Cato* und Dieter Stein mit der Zeitschrift *Junge Freiheit*. Dieses Netzwerk intellektueller Protagonisten ist eng mit den Akteuren in der AfD und deren radikalem »Flügel« um Björn Höcke, mit Pegida, dem Verein »Ein Prozent«, mit der Identitären Bewegung, Burschenschaften und dem Studienzentrum Weikersheim verbunden (ebd., S. 124f.).

Zweitens ist auf die »frühen Radikalen« in der AfD zu verweisen, also zentrale Gründungspersonen der Partei. Die Publizistin Wibke Becker (2020, S. 3) hat sich in einem aufschlussreichen Artikel frühen Publikationen von Hans-Olaf Henkel, Alexander Gauland und Bernd Lucke gewidmet und herausgearbeitet, dass bereits sie den Grundstein für die spätere Radikalisierung der Partei gelegt haben. So sprach Hans-Olaf Henkel, der unter anderem von 2001 bis 2005 Präsident der Leibniz-Gemeinschaft und zuvor Präsident des Bundesverbandes der Deutschen Industrie war, schon 2002 von gleichgeschalteten Eliten, denen er das »Wir« des »Volkes« entgegensetzte.

Diese Sichtweise stieß auf das ideologische Wohlwollen Alexander Gaulands. Der hoch gebildete ehemalige Leiter der hessischen Staatskanzlei unter Ministerpräsident Walter Wallmann (CDU) und spätere Herausgeber der *Märkischen Allgemeinen Zeitung* ist ein ausgewiesener Intellektueller, der in seinem Buch *Anleitung zum Konservativsein* (2002) Nationalstolz und Identitätsverlust thematisiert: »Denn so furchtbar die materiellen Verluste von Russen und Polen auch waren, nur den Deutschen ist ein Teil ihrer Identität, ihres geistigen Erbes zerstört worden.« (Zit. nach Becker 2020, S. 3) Gauland gehe es um die homogene Volksmasse, die darüber entscheiden solle, wer zu ihr gehört und wer nicht. Er stelle das »Volk« dem »Fremden« gegenüber: »Das Fremde sollte fremd bleiben. Denn wie Henkel die heuchlerische Elite brauchte, benötigte Gauland schon damals das Fremde, um das Bild von einem zusammengehörigen Volk zu evozieren.« (Ebd.)

Ähnliche Gedanken griff kurz nach Gauland auch Bernd Lucke, Wirtschaftsprofessor an der Universität Hamburg, auf, als er vom baldigen »Untergang« Deutschlands sprach und Ängste schürte, indem er vor einer »völlig ungeordneten Zuwanderung« warnte. Von dort ist es nicht weit zu seiner

Äußerung anlässlich der Bundestagswahl 2013, als er über »Entartungen von Parlamentarismus und Demokratie« sprach.

Laut Wibke Becker wäre es demnach ein Irrtum zu glauben, dass die Radikalisierung der Partei erst 2015 mit der Aufspaltung der AfD und der Übernahme durch Frauke Petry begonnen habe. Im Gegenteil, sie war bereits durch die »Gründerväter« angelegt und wird insbesondere durch Alexander Gauland (vgl. Sundermeyer 2018) massiv – aber seriös verkleidet – vorangetrieben. Hans-Olaf Henkels Einsicht, er habe mitgeholfen, »ein richtiges Monster zu erschaffen«, kommt spät, bringt die Sache aber immerhin auf den Punkt (zit. nach Becker 2020, S. 3).

Drittens gibt es eine Reihe von »Mainstream«-Intellektuellen, die zwar nicht in den inneren Netzwerken und Organen des autoritären Nationalradikalismus Vorträge halten oder publizieren, die aber über Meinungsartikel in gemeinhin als seriös geltenden Printmedien bestimmte Schlagworte sowie Deutungen in Umlauf bringen und so als »Transmissionsakteure in die rohe Bürgerlichkeit« wirken (Heitmeyer 2018, S. 293-314). Auch sie tragen zur Normalisierung jener Deutungsrahmen bei, die Personen wie Henkel, Gauland und Lucke propagiert haben.

Zu nennen ist hier beispielsweise der ehemalige Bundesbanker und Berliner Finanzsenator Thilo Sarrazin, dessen Buch *Deutschland schafft sich ab* (2010) schon im Titel die Untergangsrhetorik enthält und mit biologistischem Furor untermauert. Dieser Biologismus ist politisch insofern besonders relevant, weil er von unabänderlichen Unterschieden zwischen Gruppen ausgeht.

Auch der Philosoph Peter Sloterdijk, der 2019 Jürgen Habermas an der Spitze des Intellektuellen-Rankings der konservativen Zeitschrift *Cicero* abgelöst hat, gehört zu den Transmissionsakteuren einer rohen Bürgerlichkeit, die in seriösen Medien ihren »Sendeplatz« finden. Als er im Zuge der Flüchtlingsbewegung von einer »bejahten Überrollung« sprach (zit. nach *Die Zeit*, 3. März 2016), bediente er drei Kernelemente des autoritären Nationalradikalismus: *korrupte Eliten*, die die »Überrollung« befürworten, den *Bevölkerungsaustausch*, der durch die »Überrollung« stattfindet und schließlich den *Untergang* herbeiführt. Er muss gar nicht die entsprechenden Begriffe verwenden; kurz angetippte Assoziationsketten reichen völlig aus, um eine entsprechende Wirkung zu erzielen.

Viertens ist auf die »Resonanz«-Empfänger an Universitäten einzugehen, also auf Studierende mit formal höherer Bildung. Bereits vor zwanzig Jahren fand die Konstanzer Hochschulforschung im Zuge umfangreicher Erhebungen unter Studierenden ein auffälliges fremdenfeindliches und nationalkonservatives Potenzial:

> Der überproportionale Umfang, die gewisse Konzentration von National-Konservativen und Rechten in den drei Fächergruppen der Juristen, Ökonomen und Ingenieure ist ein Faktum, das von weiterreichendem Belang ist; und zwar aus zwei Gründen.
> Erstens: Es sind ausgerechnet jene Fächer, aus denen sich in erster Linie der Nachwuchs für die gesellschaftlichen Herrschafts- und Machtpositionen rekrutiert. Es ist bedenklich, wenn ein größerer Teil der späteren Inhaber der Spitzenpositionen in Staat und Wirtschaft national-konservativen und rechts-orientierten Vorstellungen anhängt, sie vertritt oder toleriert. Ein konservatives Abstimmungskartell der zukünftigen Vertreter von Staat, Wirtschaft und Technik zeichnet sich ab, in dem national-konservative Töne in nicht unerheblichem Maße bestimmend sind.
> Es erscheint mir zweitens besonders bedenklich, wenn in jenem Fach, das die späteren Richter und Anwälte stellt, das Eintreten für demokratische Grundprinzipien schwächer ausgeprägt ist, zum Teil nur formal-konventionell bleibt oder gar labil ist. Man gewinnt den Eindruck, dass viele Jurastudenten sich weniger dem Recht und der Gerechtigkeit verpflichtet fühlen als eher der Aufrechterhaltung von Ordnung im rechten Sinne ihrer Karriere. (Bargel 2000, S. 18f.)

Diese Ergebnisse werden bis heute kaum beachtet. Offensichtlich setzen sich Universitäten nicht ausreichend mit der Verbreitung gruppenbezogen-menschenfeindlicher Einstellungen unter ihren Studierenden auseinander (Heitmeyer 2019a, S. 32f.). Sie geben sich der »bewusstlosen« Illusion hin, formal höhere Bildung schütze vor autoritären Versuchungen. Anders kann man die Ignoranz gegenüber solchen Vorgängen auch in den großen Wissenschaftsorganisationen nicht erklären.

Wie verbreitet auch antisemitische Einstellungen in akademischen Kreisen sind, zeigt eine in Deutschland durchgeführte repräsentative Untersuchung des Jüdischen Weltkongresses aus dem Jahr 2019 (vgl. Kornelius 2019). Unter Akademikern mit einem Jahreseinkommen von mindestens 100000 Euro behaupten laut der Studie 28 Prozent, Juden hätten zu viel Macht in der Wirtschaft, 26 Prozent attestieren ihnen zu viel Macht in der Weltpolitik. Diese Aussagen gehören zum klassischen Repertoire des Antisemitismus und fließen auch in Verschwörungsideologien ein, die im autoritär-nationalradikalen Milieu verbreitet und in den inneren Schichten des Eskalationskontinuums oft handlungsleitend sind.

Eine Befragung unter 3000 Jura-Studierenden in Erlangen und Konstanz brachte ebenfalls ein besorgniserregendes Ausmaß autoritärer Einstellungen ans Tageslicht – der Publizist Martin Klingst überschrieb seine *Zeit*-Kolumne daraufhin gar mit »Gnadenlose Jurastudenten« (2014). Jeder Dritte sprach sich für die Wiedereinführung der Todesstrafe aus, die Hälfte (zumindest unter bestimmten Umständen) für die Folter. Diese Werte sind seit der ersten Erhebung 1989 immer weiter gestiegen. Der ehemalige Präsident des Bundesverfassungsgerichts, Hans-Jürgen Papier, zeigte sich alarmiert: »Vergeltung und Sicherheitsdenken verdrängen andere Rechtsgüter.« (Papier 2019, S. 33 f.) Dass diese Studierenden Führungspositionen in Wirtschaft und Verwaltung anstreben und so zu einer Dynamisierung im Eskalationskontinuum beitragen können, macht diese Ergebnisse besonders besorgniserregend, zumal es organisatorische Verbindungen gibt.

Auf dem Feld rechter Bedrohungsallianzen sind schließlich auch Burschenschaften als eine spezifische Form studentischer Verbindungen aktiv. Der Dachverband »Deutsche Burschenschaft« (DB) spielt dabei mit seinen expliziten politischen Zielen eine zentrale Rolle. Er wurde und wird wie seine Mitgliedsburschenschaften in Deutschland und Österreich immer wieder mit dem rechten Spektrum in Verbindung gebracht. Dies hat zwischenzeitlich zu massiven Konflikten und Austrittswellen geführt, weil die Verbindungen zur Identitären Bewegung und zur AfD offenkundig waren.

Burschenschaften stellen keine Großorganisationen dar. Allerdings ist auch weniger ihre schiere Größe als vielmehr ihr Einfluss relevant, stellen sie doch ein wichtiges Verbindungsglied zwischen einem spezifischen akademischen Milieu, dem außerparlamentarischen Rechtsextremismus, rechtsextremistischen Parteien und vor allem dem autoritären Nationalradikalismus der AfD dar. So berichtet Alexandra Kurth (2020) von männerbündischen AfD-Netzwerken als Teil eines rechten Kulturkampfes in Hochschule und Bildung. Dies dokumentiert sich in den Referentenlisten bei Veranstaltungen verschiedener Burschenschaften. Der Einfluss dieser Verbindungen speist sich aus der Zahl der männlichen Studierenden, die für rechtsautoritäre Positionen empfänglich sind (vgl. Konstanzer Hochschulforschung, Bargel 2000), aus aktiven Burschenschaftlern und der Gruppe der sogenannten »Alten Herren«, die in den höheren Ebenen der ökonomischen, politischen und auch medialen Hierarchien verankert sind. Zu den einschlägigen Burschenschaften gehört beispielsweise die Münchener Danubia, die als rechtsextremistisch eingestuft und vom Bayerischen Verfassungsschutz beobachtet wird. Auch die Burschenschaft Germania in Marburg gilt als eine Art Kaderschmiede. Angehörige dieser Verbindungen sind unter anderem mit Protagonisten des (nur noch informell existierenden) rechtsextremen »Flügels« der AfD vernetzt und arbeiten zum Beispiel in den Büros von Landtags- oder Bundestagsabgeordneten.

6.3 Eskalation durch Erosion von Grenzziehungen

Bislang galt in der alten wie der neuen Bundesrepublik (nach 1989) eine klare Abgrenzung gegenüber dem traditionellen Rechtsextremismus, wie ihn die Republikaner, die DVU oder die NPD repräsentieren. Die Globalisierung und das Zusammenwirken ökonomischer, sozialer und politischer Prozesse (siehe Kapitel 3) in den »entsicherten Jahrzehnten« (Heitmeyer 2018, S. 89-117) haben dazu geführt, dass autoritäre Versuchungen inzwischen auch die offene Gesellschaft und die liberale Demokratie erreicht haben. Krisen haben zu verstörenden Krisenverarbeitungen (ebd., S. 95-112) und zu Verschiebungen gesellschaftlicher Koordinaten (links/rechts, drinnen/draußen etc.) geführt, mit denen sowohl Personen als auch Organisationen zuvor ihren stabilisierenden Platz im gesellschaftlichen und politischen Rahmen fanden. Insbesondere in der Folge der Flüchtlingsbewegung ab Frühherbst 2015 kam es zu »Verwirbelungen« mit beunruhigenden und verwirrenden Effekten. Bisherige Grenzziehungen gegenüber rechten Bedrohungsallianzen sind seitdem massiven Erosionen ausgesetzt.

Ein aufschlussreiches Beispiel ist hier die CDU in Sachsen-Anhalt. Entgegen der Position der Bundespartei veröffentlichten im Juni 2019 zwei stellvertretende Vorsitzende der Landtagsfraktion eine »Denkschrift«, in der sie fordern, man müsse über eine Zusammenarbeit mit der AfD nachdenken: »Es muss wieder gelingen, das Soziale mit dem Nationalen zu versöhnen.« Das Wort »wieder« ist hier von besonderer Bedeutung, zeigt es doch die Richtung an, in der Historisches und Gegenwärtiges miteinander verbunden werden sollen.

Viel von sich reden machte zuletzt die rechtskonservative und wirtschaftsliberale Werteunion. Der eingetragene Verein (anders als z.B. bei der Mittelstandvereinigung oder der Frauenunion handelt es sich nicht um eine anerkannte Gliederung von CDU und CSU) bildet ein wichtiges Scharnier zwischen einer partiell verunsicherten »Mehrheits«-Union und der AfD und positioniert sich deutlich für eine Duldung von CDU-Minderheitsregierungen in ostdeutschen Landtagen. Zudem bestehen teilweise bereits seit Jahren »Übergangsverflechtungen« zwischen Werteunion und AfD (vgl. *Der Spiegel*, 15. Februar 2020, S. 12ff.). Jörg Meuthen, einer der beiden Bundessprecher der AfD, erwartet eine weitere Erosion dieser Grenze: »Wenn sich Teile der CDU uns öffnen, sage ich: Hier beginnt ein Prozess, der intensiver werden wird. [...] Auf der kommunalen Ebene ist das Kennenlernen ja relativ weit gediehen. Je höher die Ebene, umso größer sind noch die Berührungsängste.« (Zit. nach *Süddeutsche Zeitung*, 30. Dezember 2019, S. 5)

Erosionen von Grenzen gibt es auch seitens der AfD gegenüber der Pegida-Bewegung und den Identitären, einer Gruppierung, die vom Verfassungsschutz als rechtsextremistisch eingestuft wird. Hier wurde sichtbar, dass existierende Unvereinbarkeitsbeschlüsse der AfD aus Mobilisierungsgründen stillschweigend ignoriert worden sind.

Auch auf Demonstrationen sind Grenzziehungen erodiert. Dies war prototypisch im August 2018 in Chemnitz zu besichtigen (vgl. auch Kapitel 10), als Personen aus allen Gruppierungen und Milieus des Eskalationskontinuums (siehe Kapitel 4.1) gemeinsam und ohne Berührungsängste auf die Straße gingen.

Im Intellektuellenmilieu bröckeln ebenfalls teilweise die Grenzen nach rechts. So initiierte die Publizistin Vera Lengsfeld im März 2018 einen Aufruf, an dem sich Persönlichkeiten aus Medien, Kunst und Wissenschaft beteiligten. In der »Gemeinsamen Erklärung 2018« heißt es, Deutschland habe durch die »illegale Masseneinwanderung [...] seine rechtsstaatliche Ordnung« verloren. Christian Fuchs und Paul Middelhoff kommen zu dem Schluss: »Die Protestnote zeigt die Erosion der Grenzen zwischen Bourgeoisie, Nationalkonservativen und Vordenkern der Neuen Rechten.« (2019, S. 189) Auf Dauer gestellt ist seit 2015 offensichtlich der sogenannte »Baberowski-Salon« um den Berliner Historiker (ebd., S. 190), in dem die genannten Kreise zusammenkommen.

6.4 Kampf um »kulturelle Hegemonie« in gesellschaftlichen Institutionen

In dieser Analyse vertreten wir die Ansicht, dass der organisierte autoritäre Nationalradikalismus sich zwischen Rechtspopulismus und gewalttätigem Rechtsextremismus auf einer Erfolgsspur befindet, da es ihm gelingt, in gesellschaftliche Institutionen einzudringen (siehe Kapitel 6.1 und Abbildung 17). Die Institutionen sollen destabilisiert (»dieses politische System muss weg«, Gauland zit. nach Bender 2018) und so die Voraussetzungen für einen *Systemwechsel* geschaffen werden. Die zentrale Parole lautet: »[W]ir werden uns unser Land und unser Volk zurückholen.« (Gauland am Abend der Bundestagswahl 2017)

Systemwechsel bedeutet freilich nicht Übergang in diktatorische Verhältnisse. Vielmehr soll unter Wahrung der formalen demokratischen Verfahren das System von innen autoritär umgebaut werden. Um dies zu erreichen, operiert die AfD mit einem Kontrollparadigma, das darauf abstellt, dass die liberale gesellschaftliche Ordnung vor allem durch eines gekennzeichnet ist: *Unordnung.* Darunter gefasst werden unter anderem moralischer Verfall, korrupte Eliten, kulturelle Überfremdung oder Kriminalität von Migranten und Flüchtlingen. Im Mittelpunkt steht das Versprechen einer Wiederherstellung der »alten« Ordnung, was immer dies in Bezug auf Nation oder Identität bedeuten mag (vgl. Heitmeyer 2018, S. 249ff.). Insgesamt wird mit Weltbildern (siehe Kapitel 6.1, Abbildung 17) gearbeitet, die komplexe soziale, kulturelle und politische Probleme in eine dichotome Logik transponieren, die auf konflikthafte Entweder-oder-Entscheidungen hinausläuft.

Welche politischen Instrumentarien und Taktiken (vgl. Heitmeyer 2018, S. 231-277) dabei angewandt werden, erläutern wir nachfolgend anhand verschiedener gesellschaftlicher Institutionen. Hilfreich ist dabei das AfD-Planungspapier »Strategie 2019-2025. Die AfD auf dem Weg zur Volkspartei« vom 31. Juli 2019, in dem Aufgaben und Zielinstitutionen definiert werden. Zu den strategisch relevanten Herausforderungen zählt demnach der Kampf um die Meinungs- und Deutungshoheit (ebd., S. 41-45) und vor allem der Kampf gegen die angebliche »kulturelle Hegemonie« (ebd., S. 44) des linksliberalen Milieus:

> Dabei ist es der AfD in kurzer Zeit gelungen, selbst Begriffe zu schaffen oder zu verbreiten, die zum Gemeingut geworden sind (Lügenpresse, Altparteien, GEZ-Zwangsgebühren, Grenzöffnung). Dass dies beim politischen Gegner bereits zur Entrüstung geführt hat, zeigt, wie erfolgreich die AfD bereits ist. Da die AfD weiter wachsen will, muss sie sich systematisch mit Framing, Priming, Virtue Signalling, Nudge, dem Negative oder Dirty Campaigning, Astroturfing und Beeinflussung des Wahrnehmungsfensters befassen. (Ebd., S. 44)

Zudem soll eine identifizierte Schwäche der Partei behoben werden, nämlich ihre »noch nicht ausreichend[e]« Verankerung »in der Bürgergesellschaft« (ebd., S. 36). Deshalb müsse sie auch in Berufsverbänden, Sport- und Schützenvereinen, Bürger- und Nachbarschaftsinitiativen oder Jugendgruppen präsent sein:

> Wer politisch auf Dauer erfolgreich sein will, muss in solchen Organisationen über Fürsprecher und Multiplikatoren verfügen, die – ohne sich notwendigerweise parteipolitisch zu outen – die Ideen einer bestimmten Partei vertreten und einen positiven Resonanzboden für diese Partei in der Organisation bereiten. […] Eine AfD, die Volkspartei sein will, muss mehr als bisher darauf setzen, sich stärker in der Bürgergesellschaft zu verankern, um dort ihren Einfluss geltend zu machen. Ähnlich wie es der 68er-Bewegung um den »Marsch durch die Institutionen« ging, muss es auch der AfD um den »Marsch durch die Organisationen« gehen. (Ebd., S. 36f.)

Die Aufgabe ist klar:

> Es wird bis zum 31. Dezember 2019 eine Liste der Berufsgruppen, ethnischen Gruppen, Vereine und Verbände erstellt, bei denen die AfD ein hohes Potential an Zustimmung erwarten kann. In einem Konzept wird anschließend bis zum 30. Juni 2020 festgelegt, wie man die verschiedenen Gruppen ansprechen kann und wer dafür zuständig ist. (Ebd., S. 20)

Die hier explizit festgehaltene »Marschrichtung« lässt sich mittlerweile anhand von Beispielen konkretisieren.

In der Arbeitswelt sind *Gewerkschaften* ein wichtiges Betätigungsfeld. Ziel ist es, innerhalb von Betrieben bei der Organisation der Betriebsräte mitzuwirken oder die Gewerkschafterinnen und Gewerkschafter selbst als Wähler zu gewinnen. Die Mini-Gewerkschaft Zentrum Automobil, die sich als Alternative zur Einheitsgewerkschaft IG Metall sieht, erhielt bei den Betriebsratswahlen im Daimler-Werk in Untertürkheim 2018 13,2 Prozent. Die Hinwendung von Gewerkschaftsmitgliedern zur AfD und der Umgang von Gewerkschaften mit solchen Entwicklungen werden in dem Band *Arbeiterbewegung von rechts?* (Becker/Dörre/Reif-Spirek [Hg.] 2018) in zahlreichen Facetten beleuchtet. Dabei galt schon in den neunziger Jahren: »Eine gewerkschaftliche Politik gegen den Rechtsextremismus findet nicht statt.« (Heitmeyer 1992) Diese Kritik wurde damals aggressiv zurückgewiesen. Auch Klaus Dörre (1994) hat sich frühzeitig kritisch geäußert und 2018 erneut betont: »Die Gewerkschaften reden das Problem klein.« Die empirische Untersuchung von Bodo Zeuner et al. (2007) hat deutlich gemacht, dass 20 Prozent der Gewerkschaftsmitglieder rechtsextremistische Einstellungen aufweisen. Die Gewerkschaften waren also schon lange gewarnt, vertrauten aber weiterhin auf die traditionelle Bindung an die Sozialdemokratie. Bei der Landtagswahl in Sachsen 2019 gaben nun aber 41 Prozent der Arbeiterinnen und Arbeiter der AfD ihre Stimme. Bei der Landtagswahl in Thüringen wählten 27 Prozent der Gewerkschaftsmitglieder diese Partei. Unter Gewerkschafterinnen und Gewerkschaftern schneidet die AfD damit besser ab als in der Gesamtbevölkerung.

Die Gewerkschaftsmitglieder, die etwa in Thüringen die AfD gewählt haben, sind genau die Art von Multiplikatoren, auf die das AfD-Strategiepapier abzielt. Sie müssen sich nicht als Parteimitglied »outen«, können aber im Sinne der »kulturellen Hegemonie« dazu beitragen, dass Problemdeutungen verschoben, bestimmte Begriffe normal und Wahrnehmungen beeinflusst werden. Dadurch können von Parteistrategen »gesetzte« Themen auch in innerbetriebliche Diskussionen hereingeholt werden.

Der *Bildungsbereich* stellt aus Sicht der AfD eine besondere Herausforderung dar, wähnt man Schulen und Universitäten doch fest in »linksgrüner« Hand: »Der Erfolg dieser Indoktrination zeigt sich bei Demonstrationen gegen die AfD, die sehr oft von Schülern, Studenten und dem linksextremistischen Milieu initiiert und wahrgenommen werden.« (Alternative für Deutschland, Strategiepapier 2019, S. 38) Dabei zeigen die Ergebnisse der Shell-Jugendstudie 2019, dass ein erheblicher Anteil der Schülerinnen bzw. Studierenden, insbesondere in Ostdeutschland, für nationalradikale Positionen offen ist: Ein Drittel der Jugendlichen wünscht sich eine »starke Hand«, die wieder Ordnung in den Staat bringt, 51 Prozent sind der Meinung, der Staat kümmere sich mehr um Flüchtlinge als um hilfsbedürftige Deutsche (vgl. Albert et al. 2019).

Um dieses Potenzial zu mobilisieren, hat die AfD unter anderem ein sogenanntes »Lehrer-Meldeportal« entwickelt, auf dem Schüler und Eltern eintragen können, dass Lehrerinnen ihrer Meinung nach gegen das »Neutralitätsgebot« verstoßen haben, das 1976 im »Beutelsbacher Konsens« für die politische Bildung festgelegt wurde. Im Zeitalter des weitverbreiteten Mobbings öffnet das Denunziationen Tür und Tor. Dass Lehrkräfte an Schulen, unter Umständen auch an Universitäten dadurch enorm verunsichert werden, dient dem erwähnten Ziel der gesellschaftlichen und politischen Destabilisierung. In der Lehrerschaft wird über solche Vorkommnisse leider häufig geschwiegen. Die Konfliktfähigkeit von Lehrerinnen und Lehrern ist bisweilen eher unterentwickelt, da sie das entsprechende Instrumentarium im Studium nicht erlernen. Deshalb ist es kein Grund zur Entwarnung, wenn die *Frankfurter Allgemeinen Zeitung* in Bezug auf das Meldeportal bilanziert: »Der Pranger bleibt leer.« (Ebbinghaus 2019, S. 11)

Auch im *Kulturbereich* verfolgt die AfD spezielle Strategien. So heißt es im Wahlprogramm der AfD Sachsen-Anhalt:

> Museen, Orchester und Theater sind in der Pflicht, einen positiven Bezug zur eigenen Heimat zu fördern. Die Bühnen des Landes sollen neben den großen klassischen internationalen Werken stets auch klassische deutsche Stücke spielen und sie so inszenieren, dass sie zur Identifikation mit unserem Land anregen. (Zit. nach Kümmel 2019, S. 36)

Der AfD-Landtagsabgeordnete Hans-Thomas Tillschneider fordert daher: »Wenn wir eine starke Theaterkultur wollen, brauchen wir also zuerst eine starke Nationalkultur.« (Ebd.) Dahinter steht erneut die Auffassung, die deutsche Kultur sei »versifft«, was sich auch in der internationalen Zusammensetzung der Ensembles zeige. Die AfD-Fraktion im baden-württembergischen Landtag verlangte 2019 Aufklärung darüber, wie viele Ensemblemitglieder der Staatstheater Stuttgart keinen deutschen Pass haben. Hier tritt die politische Strategie der AfD offen zutage: Sie fordert kulturelle Homogenität und grenzt bestimmte Personengruppen aus. Dieses Vorgehen ist besonders erfolgreich, wenn es einmal die parlamentarischen Gremien erreicht hat. Daher streben AfD-Politikerinnen und -Politiker die Leitung von Kulturausschüssen in Städten oder Landtagen an, um die Etats und Stellenpläne von Museen, Theatern oder Orchestern so zu verändern, dass das »Deutsche« in den Vordergrund rückt.

Ein solcher Kulturkampf von rechts findet auch in der *politischen Bildung* und in Bezug auf die politische Ausrichtung von *Gedenkstätten* statt. Um den Umgang mit der Vergangenheit wird hart gerungen, schließlich geht es um die Neudeutung deutscher Geschichte. In diesen Zusammenhang gehört Alexander Gaulands notorische Aussage, die NS-Zeit sei nur ein »Vogelschiss« in der tausendjährigen deutschen Geschichte (Gauland im Juni 2018 beim Bundeskongress der AfD-Nachwuchsorganisation Junge Alternative), aber auch die Klage über den »deutschen Schuldkult« oder die Forderung nach einer »180-Grad-Wende in der Erinnerungskultur« (Höcke im Januar 2017 in seiner Dresdner Rede). Der bisherige Grundkonsens der Bundesrepublik wird aufgekündigt. Ziel ist ein erinnerungspolitischer Systemwechsel mitsamt neuer Deutungshoheit, die ebenfalls über ein Vordringen in die Institutionen erreicht werden soll. So möchte man Tagungs- und Buchprogramme sowie Internetangebote beeinflussen und eine kritische Auseinandersetzung mit dem autoritären Nationalradikalismus unterbinden. Stattdessen soll der Fokus auf Linksextremismus und Islamismus gerichtet werden. Solche Debatten und Vorgehensweisen bauen dann weitere *Legitimationsbrücken* vom autoritären Nationalradikalismus zum systemfeindlichen Milieu.

In der Praxis kann das bedeuten, dass Personen, die mit der AfD sympathisieren oder explizit rechtsextremistischen bzw. neonazistischen Gruppierungen zuzuordnen sind, mit eindeutigen Symbolen auf der Kleidung NS-Gedenkstätten aufsuchen und dort die Zahl der Ermordeten infrage stellen, die Existenz von Gaskammern in Zweifel ziehen oder gar den Holocaust leugnen. Agierte man früher eher anonym, wird heute aggressiv »Gesicht gezeigt«. Andere Besucherinnen und Besucher fühlen sich durch ein solches Auftreten verunsichert oder sind massiv verängstigt. Entsprechende Vorfälle haben in den letzten Jahren zugenommen – ein weiteres Indiz für die von der AfD propagierte Verschiebung der »Grenzen des Sagbaren« (vgl. Kagermeier/Laskus 2019, S. 63).

Im AfD-Strategiepapier sind auch *Verbände* als Zielobjekte aufgeführt, insbesondere in ländlichen Regionen. Nach dem Mord am Kasseler Regierungspräsidenten Walter Lübcke im Juni 2019 starteten verschiedene politische Initiativen für eine Verschärfung des Waffenrechts. Die AfD witterte eine Chance und schwang sich zur Verteidigerin des »heimatlichen und historischen Erbes« der »deutschen Schützentradition« auf. So bot sie sich den Schützenverbänden als Allianzpartnerin an. Als zur gleichen Zeit im Bundestag das Waffenrecht verschärft wurde, stimmten AfD und FDP dagegen. Ob die AfD-Strategie, das Thema »Heimatschutz« zu besetzen, erfolgreich sein wird, bleibt abzuwarten. So hat etwa das Präsidium des »Bundes der historischen deutschen Schützenbruderschaften« (BHDS), der 400 000 Schützen repräsentiert, diese Anbiederung strikt zurückgewiesen.

Der Deutsche Feuerwehrverband (DFV) ist ebenfalls in die Debatte hineingeraten. Angesichts eines unübersichtlichen Konfliktgestrüpps in der Führungsetage droht ihm eine Destabilisierung oder gar Spaltung. Dabei hat der Präsident des Verbandes, ein CDU-Mitglied, 2019 auf rechte Tendenzen in den Feuerwehren aufmerksam gemacht und sich gegen die AfD positioniert. Verbandsvertreter mahnten: »Wer die Gefahr rechtsnational denkender Menschen in der Feuerwehr leugnet, ist nicht in der Realität«, so der stellvertretende Vorsitzende des NRW-Verbandes (zit. nach n-tv, 15. Dezember 2019). Ende 2019 trat der Präsident des DFV zurück, weil er und seine Familie Drohungen und Hassbotschaften erhalten hatten. Leider liegen bislang keine Untersuchungen dazu vor, wie verbreitet rechtsextreme Einstellungen unter den 1,3 Millionen in dem Verband organisierten Feuerwehrleuten sind.

Ein relativ neues Feld versucht die AfD beim Deutschen Bauernverband (DBV) zu »beackern«. »Forst, Kultur, Heimat« sind die Kernbegriffe des agrarpolitischen Programmes, mit dem sie die durch Umweltauflagen unter Druck geratene Bauernschaft an sich binden will. Die AfD folgt dabei weitgehend den Wünschen des DBV und kann von den aufbrechenden Spaltungen in der Bauernschaft profitieren. Die Kampagnengruppe »Land schafft Verbindungen« allerdings hält weiterhin Distanz: »Weil wir Angst haben, von rechten Gruppen unterwandert zu werden«, so ein Sprecher. Auf einer Nürnberger Traktordemo waren allerdings bereits Transparente mit eindeutig rechtsextremen Parolen zu sehen. Der DBV distanzierte sich offiziell (vgl. Balser/Bauchmüller 2020, S. 5).

In den *Kirchen* werden insbesondere zwei Konfliktlinien verfolgt und befeuert. Die eine besteht zwischen Führungskreisen von Bischöfen, Superintendenten etc., die die AfD ablehnen, und einfachen Kirchenmitgliedern bzw. Gläubigen mit unterschiedlichen Sympathien. Die zweite Konfliktlinie zieht sich durch einzelne Gemeinden oder Landeskirchen. Dabei stoßen die AfD-Argumente durchaus auf offene Ohren. Wie wir aus repräsentativen Bevölkerungsbefragungen wissen, ist das Ausmaß gruppenbezogen-menschenfeindlicher Einstellungen unter Kirchenmitgliedern größer als bei Menschen, die keiner Kirche angehören: »Die Religiosität hat auch für sich genommen einen signifikanten Einfluss auf alle Elemente des GMF-Syndroms: Eher oder sehr religiöse Befragte stimmen vielen Vorurteilen mehr zu als Personen, die sich als eher nicht oder überhaupt nicht religiös bezeichnen.« (Küpper/Zick 2006, S. 182) Das gilt insbesondere für antisemitische und homophobe Einstellungen. Hier liegen also die Einflugschneisen für die AfD, gegen welche Kirchenführungen mit ihren klaren Abgrenzungen nicht ankommen. Diese erreichen einen erheblichen Teil der Gläubigen nicht mehr, Gemeinden werden zunehmend gespalten. Die AfD kann so »Geländegewinne« verbuchen und sich neue Resonanzräume erschließen.

Auch einzelne kirchliche Würdenträger sympathisieren mit dem rechten Spektrum. Prominentes Beispiel ist hier der evangelische Landesbischof von Sachsen, Carsten Rentzing, der im Herbst 2019 von seinem Amt zurücktrat, nachdem neben seiner Mitgliedschaft in einer schlagenden Verbindung auch seine nationalistischen bzw. antidemokratischen Schriften bekannt geworden waren. In seinen Aufsätzen schrieb er über einen Niedergang des deutschen Staates, des deutschen Volkes und der deutschen Nation, der angeblich durch die herrschende liberale Ideologie verursacht werde. Zudem kam an die Öffentlichkeit, dass Rentzing in der »Bibliothek des Konservatismus«, einer neurechten Denkfabrik, aufgetreten war. Er schwieg zu den Pegida-Demonstrationen in Sachsen, zu den Aufmärschen in Chemnitz (siehe Kapitel 10) und zum Aufstieg der AfD im Land, zu dem auch 25 Prozent der sächsischen Protestanten mit ihrer Wahlentscheidung beitrugen. Rentzing stellte sich als Opfer einer kleinen Gruppe in der Kirche dar, die durch ihren politischen Kampf die kirchliche Gemeinschaft zerstöre (vgl. Gerlach 2019, S. 4f.).

Spätestens seit im Januar 2020 AfD-Anhänger mit Parolen wie »Gemeinsam bekommen wir dieses GEZ-Monster besiegt«, »Wir werden sie aus ihren Redaktionsstuben vertreiben« und »Dies ist erst der Anfang des Sturms« vor dem Gebäude des Südwestdeutschen Rundfunks in Baden-Baden demonstrierten, ist klar, dass der autoritär-nationalradikale Kulturkampf auch die *öffentlich-rechtlichen Medien* erreicht hat. Einige Wochen zuvor hatten der Islamkritiker Geert Wilders und der Nationalist Thierry Baudet den Rundfunksender »Ongehoord Nederland« für die »ungehörten« Teile der niederländischen Bevölkerung gegründet (vgl. *Süddeutsche Zeitung*, 3. Januar 2020, S. 27). Zwar ist die Medienlandschaft in den Niederlanden anders organisiert als in Deutschland, aber dort wie hier werden die Medien scharf attackiert. In Deutschland tritt die AfD gegen den angeblichen »links-grünen Mainstream« an und versucht, über die Rundfunkräte ihren Einfluss auszubauen. Zugleich arbeitet die Partei am Aufbau eines eigenen Newsrooms (vgl. *Focus online*, 10. Februar 2018). So will sie unabhängiger von einem Journalismus werden, der angeblich Nachrichten gezielt ignoriert und so zu einer »Bewusstseinsumformung« beiträgt, ganz im Sinne der Parole von der »Lügenpresse«.

Der Politikberater Johannes Hillje bringt auf den Punkt, worauf das Strategiepapier und die genannten Beispiele abzielen: »Die AfD will sich nicht ›zivilisieren‹, sondern die Zivilgesellschaft radikalisieren. [...] Die Strategie ist [...] ein Marsch in die Mitte, nicht um selbst gemäßigter zu werden, sondern um die Mitte nach rechts zu ziehen.« (Hillje 2019, S. 6) Die AfD scheint auf diesem Weg schon ein gutes Stück der Strecke geschafft zu haben.

6.5 Destabilisierung des Systems: »Thüringen«

In seinem Kampf gegen die offene Gesellschaft und die liberale Demokratie hat der organisierte autoritäre Nationalradikalismus im Februar 2020 einen weiteren Erfolg erzielt, als im Thüringer Landtag mit den Stimmen der AfD ein FDP-Politiker zum Ministerpräsidenten gewählt wurde. Mit den Erfurter Ereignissen haben die Destablisierungsstrategien der AfD die *Systemebene* erreicht. Erstmals in der Nachkriegsgeschichte installierte eine Partei vom äußersten rechten Rand zusammen mit FDP und CDU einen Ministerpräsidenten, der von ihr abhängig gewesen wäre. Dass dieser angesichts des öffentlichen Drucks nach zwei Tagen zurücktrat, kann den Schaden für die liberale Demokratie nicht ausgleichen, zumal zahlreiche führende FDP- und CDU-Politiker Glückwünsche nach Erfurt gesandt hatten: neben Bundestagsvizepräsident Wolfgang Kubicki (FDP) auch der (kurz darauf entlassene) Ostbeauftragte der Bundesregierung, Christian Hirte (CDU). Thüringen könne ein »Vorbild für ganz Deutschland werden«, frohlockte Werteunion-Frontmann Alexander Mitsch (zit. nach Amann et al. 2020, S. 14).

Diese thüringischen Zustände wurden durch den extremsten, vom »Flügel«-Mann Björn Höcke geleiteten AfD-Landesverband herbeigeführt. Die Partei feierte die Vorgänge als »historischen Sieg«. Dieser verhalf Höcke zu noch mehr Einfluss in der AfD und verschob den autoritären Nationalradikalismus weiter nach rechts. Insofern trugen FDP und CDU mit ihrem Machthunger zur Radikalisierung der AfD bei – und durchlöcherten die Abgrenzung zum rechten Rand des Parteienspektrums. Es bleibt abzuwarten, ob Thüringen erst der Anfang war und ob sich der Kontrollverlust der CDU-Führung fortsetzt. »So konstruktiv-destruktiv wie Höcke hat aus dieser Partei noch keiner agiert«, meinte der rechte Verleger und Höcke-Freund Götz Kubitschek. Kubitschek feiert die bundesweiten Folgen der Destabilisierung, die unter anderem in der Ankündigung der CDU-Vorsitzenden Annegret Kramp-Karrenbauer zum Ausdruck kam, nicht noch einmal für die Parteiführung zu kandidieren: »In Thüringen jemanden so auf einen Stuhl zu setzen, dass es in Berlin einem anderen Stuhl die Beine abschlägt – das taktische Arsenal der AfD ist um eine feine Variante reicher.« (Zit. nach Amann et al. 2020, S. 13) Alice Weidel, Ko-Vorsitzende der AfD-Fraktion im Bundestag und seit Februar 2020 AfD-Vorsitzende in Baden-Württemberg, äußerte sich ebenfalls begeistert: »Ich muss sagen, dass der Herr Höcke einen sehr guten Job in Thüringen gemacht hat. Und das, was er letzte Woche geschafft hat [...], das hat noch keiner vor ihm geschafft. Und dafür gebührt ihm der höchste Respekt.« (Zit. nach Henzler 2020, S. 6)

Das Agieren von FDP und CDU in Erfurt verweist auf die Machtversessenheit und Geschichtsvergessenheit weiter Teile des Führungspersonals dieser Parteien. Wenn sie gleichzeitig von einer »bürgerlichen Mitte« sprechen, macht dies deutlich, wie sehr sich in diesen Führungskreisen bereits eine »rohe Bürgerlichkeit« breitgemacht hat (vgl. Heitmeyer 2012a, S. 39-41). Insgesamt waren die Thüringer Ereignisse ein verstörender Vorgang, der die Geistesverwandtschaft bestimmter bürgerlicher Milieus mit dem autoritären Nationalradikalismus bezeugte.

Gespeist wird deren Machtdenken von einer beinahe vulgären Variante der Totalitarismustheorie (vgl. Jesse 1999; Backes 2013; Seibt 2020). Sie besagt, dass linke und rechte Parteien letztlich gleich gefährlich sind, weil sie ein totalitäres Gesellschaftsmodell anstreben. Häufig wird dies mit dem »Hufeisenmodell« veranschaulicht: Je weiter linke und rechte Parteien sich von der Mitte (der geschlossenen Seite des Hufeisens) entfernten, desto weiter näherten sie sich einander an, bis sich die Extreme beinahe berührten. Wer sich aus ideologischen Gründen und um des Machterhalts willen auf dieses Modell und die Totalitarismustheorie fixiert, wird blind für die tatsächliche Entwicklung der jeweiligen Parteien.

Am Beispiel Thüringens kann man feststellen, dass sich die Partei Die Linke unter dem alten und vorläufig neuen Ministerpräsidenten Bodo Ramelow auf einem Weg der »Sozialdemokratisierung« befindet, während der autoritäre Nationalradikalismus der Höcke-AfD immer extremer und systemfeindlicher wird (siehe Kapitel 7). Das in der FDP und CDU geltende Gebot der Äquidistanz, also des gleichen ideologischen Abstands zur Linken und zur AfD, hat empirisch längst seine Grundlage verloren. Harte Grenzziehungen nach links gehen zudem mit Offenheit gegenüber der nach rechts driftenden AfD einher. Das trifft insbesondere auf die CDU zu, bei der die Führung der Bundespartei (und teilweise auch die der Landesparteien) die Kontrolle über die ostdeutsche Basis zu verlieren scheint. Wir beobachten also eine Erosion von »unten«: Die Direktiven von oben dringen nicht mehr durch. Diese Vorgänge sind Anzeichen für eine Krise der liberalen Demokratie.

Der Historiker Heinrich August Winkler sieht in den Vorgängen von Erfurt »eine Sünde wider den Geist der Demokratie« (zit. nach *Welt am Sonntag*, 9. Februar 2020, S. 4). Er führt dies auch auf die fehlende Aufarbeitung des NS-Systems in der DDR zurück. Der verordnete Antifaschismus habe es unnötig gemacht, sich kritisch mit der eigenen deutschen Geschichte auseinanderzusetzen. Man befand sich auf der Seite der Sieger. Unter diesem ideologischen Schirm blieben autoritäre Strukturen bestehen. Sie zeigen offensichtlich auch dreißig Jahre nach der Wiedervereinigung Wirkung, wenn ein relevanter Teil der Bevölkerung ins Autoritäre flüchtet.

6.6 Eskalationstreiber: Der »Flügel«

Innerhalb der AfD agiert eine Sammlungsbewegung, die sich als »Flügel« bezeichnet und sich in zweierlei Hinsicht gegen das Selbstverständnis der offenen Gesellschaft und der liberalen Demokratie stellt. Einerseits wendet sich der »Flügel« gegen die sogenannten »gemäßigten« Führungspersonen in der eigenen Partei, deren grundsätzliche Positionen sich freilich meist nur im Ton von denen der »Flügel«-Leute unterscheiden. Andererseits geht der »Flügel« auf die systemfeindlichen Milieus rechtsextremistischer Gruppen und Bewegungen zu (siehe Kapitel 7) und wirkt damit als Eskalationstreiber für einen Systemwechsel oder – je nach Duktus – Umsturz. In jedem Fall wird eine andere Gesellschaft angestrebt, die auf sozialer, ethnischer und kultureller Homogenität aufgebaut ist und eine Identitätspolitik betreibt, die auf Ausgrenzung und Remigration zielt, samt »wohltemperierten Grausamkeiten«, wie Björn Höcke in seinem Interview-Buch erklärt (Höcke 2018, S. 254). Außerdem fordern die »Flügel«-Vertreter die oben bereits angesprochene »erinnerungspolitische Wende«.

Der »Flügel« hat keine feste Struktur mit entsprechenden Regularien. Mithin kann man nicht von Mitgliedern sprechen, auch die Zugehörigkeiten sind weitgehend unklar. Das Bundesamt für Verfassungsschutz schätzt, dass sich von den 35 000 AfD-Mitgliedern etwa 7000 dem »Flügel« zuordnen lassen, also 20 Prozent. Berücksichtigt wurden bei dieser Schätzung beispielsweise die Teilnehmerzahlen bei den Kyffhäuser-Treffen, das Obleute-System in den Ländern, aber auch unterstützende Vereine wie »Konservativ!«.

Im Bemühen, seinen Einfluss innerhalb der Partei auszubauen, ist der »Flügel« schon weit vorangekommen. Führungspersonen wie die Parteivorsitzenden Jörg Meuthen und Tino Chrupalla oder die Vorsitzenden der Bundestagsfraktion, Alexander Gauland und Alice Weidel, haben sich in ihren abgrenzenden Äußerungen bis Anfang 2020 zurückgehalten oder kalkulatorisch laviert. Versuche, zum Beispiel Höcke aus der AfD auszuschließen, sind gescheitert. Ein 2017 vom Parteivorstand in Auftrag gegebenes Gutachten kam zu dem Schluss, aus Höckes Äußerungen gehe eine »übergroße Nähe zum Nationalsozialismus« hervor (zit. nach *Die Welt*, 9. April 2017). Dennoch blieb dieses Gutachten ohne Folgen, weil es in Auseinandersetzungen zwischen diversen Schiedsgerichten zerrieben wurde. Auch darin zeigt sich der zunehmende Einfluss des »Flügels«. Auf dem Bundesparteitag 2019 in Braunschweig wurde deutlich, wie durchgreifend der Machtgewinn des »Flügels« mittlerweile ist.

Der Ehrenvorsitzende Alexander Gauland sah sich daher gezwungen, für Höcke und die AfD neue politische Koordinaten einzuführen. Da der zunehmende Einfluss Höckes und des »Flügels« allerdings auch damit zusammenhängt, dass sich Gauland selbst im Lauf der Zeit radikalisierte (vgl. Sundermeyer 2018), ist es nur folgerichtig, dass dieser Höcke »in der Mitte der Partei« einordnete und so den Radikalisierungsgrad der Gesamtpartei entlarvte. Dass Gauland die Partei zudem in die »bürgerliche Mitte« hineindefinierte, belegt die völlig verschobenen Koordinaten des organisierten autoritären Nationalradikalismus.

Seine Kontakte zu den systemfeindlichen Milieus des bewegungs- und teilweise gewaltförmigen Rechtsextremismus konnte der »Flügel« im Laufe der Jahre erheblich ausbauen. Es bestehen Verbindungen zu internen Milieu-Intellektuellen wie dem Verleger Götz Kubitschek und zur Pegida-Bewegung mit ihrem Wortführer Lutz Bachmann. Auch dies ist kein Zufall, zumal Gauland die Bewegung als »natürlichen Verbündeten« bezeichnet hat.

Der »Flügel« hat im Eskalationskontinuum eine wichtige Treiberfunktion inne und kann auf erhebliche Zustimmung bauen, wo es um Forderungen nach einer homogenen Zusammensetzung der Bevölkerung und den damit notwendigen Systemwechsel geht. Eine stabilisierte Wählerschaft sichert seinen Einfluss zumindest in ostdeutschen Bundesländern, wo zahlreiche Gefolgsleute in Landesverbänden und Landtagsfraktionen wichtige Positionen besetzen. Über die Ideologie des sogenannten »Ethnopluralismus« (Kapitel 7.1) ist der »Flügel« überdies anschlussfähig für die als rechtsextremistisch eingestufte Identitäre Bewegung.

Seit der Verfassungsschutz den »Flügel« auf der Grundlage eines ausführlichen und differenzierten Gutachtens aus dem Jahr 2019 im März 2020 als Beobachtungsfall eingestuft hat, ist die AfD genötigt, ihre Sprache zu mäßigen, ohne die Grundideen des autoritären Nationalradikalismus aufzugeben. Daraus hat sich ein innerparteilicher Machtkampf in mehreren Akten ergeben, dessen Ausgang im Sommer 2020 noch nicht abzusehen ist.

Der erste Akt war die durch den Vorstand erzwungene formelle Auflösung des »Flügels« zu Beginn des Jahres 2020. Dies wurde von Beobachtern vielfach als »Nebelkerze« angesehen, da unklar ist, wie sich eine offiziell *informelle* Gruppierung *formal* auflösen soll. Außerdem verblieben die Protagonisten des »Flügels« in herausgehobenen Führungspositionen. Freilich droht der AfD nun die Gefahr, dass der Verfassungsschutz die gesamte Partei zum Beobachtungsfall deklariert, was beispielsweise den Druck auf Beamte erhöhen würde, die der AfD angehören. Die Auflösung des »Flügels«, die als Sieg der »Gemäßigten« verkauft wurde, erweist sich bei genauerem Hinsehen jedenfalls als öffentliches Täuschungsmanöver bzw. als parteiinterner Selbstbetrug.

Im zweiten Akt des Schauspiels schlug mit Jörg Meuthen einer der beiden Vorsitzenden eine Aufspaltung der AfD in eine konservativ-freiheitliche Partei sowie eine neue Partei der »Flügel«-Anhänger vor. So könne jede Partei für sich mehr Zustimmung in der Bevölkerung einsammeln als in einer weiter schwärenden Konfliktkonstellation. Dieser Akt endete im April 2020 mit einer politischen Demütigung: Meuthen musste eingestehen, sein Vorpreschen sei ein großer Fehler gewesen, den er nicht wiederholen werde.

Der dritte Akt begann mit einem Paukenschlag, als der

Vorstand im Mai 2020 mit knapper Mehrheit beschloss, Andreas Kalbitz, neben Höcke die einflussreichste Figur des »Flügels«, die Parteimitgliedschaft zu entziehen, da er bei seinem Eintritt frühere Mitgliedschaften in rechtsextremistischen Organisationen verheimlicht haben soll. Kalbitz zog daraufhin vor ein Zivilgericht, und das Landgericht Berlin erklärte die Annullierung seiner Mitgliedschaft bis zu einer Entscheidung des Bundesschiedsgerichts der AfD für unzulässig. Dieses lehnte wenige Tage später einen Antrag Kalbitz' gegen den Rauswurf ab. Im August 2020 wies das Landgericht Berlin einen Eilantrag gegen dieses Votum ab. Das Urteil ist – auch wenn das Hauptverfahren noch aussteht – eine schwere Niederlage für den »Flügel« und seinen Strategen. Zudem hat Kalbitz wegen einer mutmaßlichen Körperverletzung seines Stellvertreters den politischen Rückhalt in der Landtagsfraktion der Brandenburger AfD verloren.

Diese Entwicklung spiegelt zwei wichtige Motive in der siebenjährigen Geschichte der AfD wider: die stete Gefahr einer Spaltung (die sich 2015 bereits einmal realisierte) und die kontinuierliche Rechtsdrift mit den Treibern Kalbitz und Höcke aus dem »Flügel«, eine Tendenz, die vom Ehrenvorsitzenden und Ko-Fraktionschef im Bundestag, Gauland, immer geschützt und gefördert worden ist. Im Zuge des derzeitigen Machtkampfs zeigt sich nun freilich selbst bei Gauland eine gewisse Resignation: »Ich fürchte, die Partei geht schwierigen Zeiten entgegen, und ich sehe im Moment kaum Möglichkeiten, sie davor zu bewahren.« Und: »Ich kann die Partei nicht zusammenhalten, wenn sie sich auf diese Weise auseinanderdividiert.« (Zit. nach Interview in der *Welt am Sonntag*, 2. August, 2020, S. 4)

Bemerkenswert ist dabei, dass in diesem Machtkampf eher formal und juristisch argumentiert wird und dass kaum eine inhaltliche Debatte über die extreme Rechtsentwicklung stattfindet. Insofern spricht vieles für die Annahme, dass sich die »Qualität« dieses autoritären Nationalradikalismus nicht verändern wird. Zum einen müssen die Stammwählerschaften, insbesondere in Ostdeutschland, bei der Stange gehalten werden, da dort die größten Wahlerfolge und die meisten Mandate errungen wurden, und zwar nicht *trotz*, sondern *wegen* Kalbitz und Höcke. Zum anderen sind Teile des offiziell aufgelösten »Flügels« immer noch mit Akteuren im systemfeindlichen Milieu des bewegungsförmigen Rechtsextremismus verbandelt.

Angesichts dieser Machtkämpfe und politischen Verwerfungen stellt sich die Frage nach den Folgen. Wird es eine weitere *Radikalisierung* von »Flügel«-Gesinnten geben, zum Beispiel in einer eigenständigen Bewegung? Solche Entwicklungen kleiner extremer Gruppen gegen die Bedeutungslosigkeit finden sich immer wieder (vgl. Kap. 9). Auch der Nationalsozialistische Untergrund war eine Radikalisierungsfolge aus dem Zerfall der Bewegung des Thüringer Heimatschutzes.

7. Systemfeindliches Milieu: Bewegungsförmiger Rechtsextremismus mit Zerstörungszielen

Das systemfeindliche Milieu bildet die nächste Schicht im Eskalationsmodell. Es ist kleiner und zeichnet sich durch eine explizite Systemfeindlichkeit aus (siehe Kapitel 4.2). Gewalt wird als Mittel zum Umsturz des demokratischen Systems nicht ausgeschlossen. Phänomenologisch sind in diesem Milieu so unterschiedliche parteipolitische Organisationen wie die NPD und Die Rechte, aber auch Gruppierungen wie die Autonomen Nationalisten (AN), die Identitäre Bewegung, neonazistische Kameradschaften oder die völkische Siedlerbewegung im ländlichen Raum zu verorten.

Dem systemfeindlichen Milieu kommt im Eskalationskontinuum eine besondere Rolle zu. Einzelne Akteursgruppen existieren schon sehr lange und haben mehrere Wandlungsprozesse durchgemacht hin zu einem anpassungsfähigen und bewegungsförmigen Rechtsextremismus, der partiell unter einem »schützenden« Parteiendach agiert. Eine weitere Besonderheit liegt in seinem Verhältnis zur Gewalt und der damit verbundenen Rolle als Legitimationsbrücke zu den klandestinen Gruppen (siehe Kapitel 8). Schließlich versteht sich dieses Milieu mittlerweile explizit als Raumordnungsbewegung, die in städtischen und ländlichen Gelegenheitsstrukturen agiert (siehe dazu insbesondere Kapitel 7.3 unten).

Eine soziale Bewegung kann man als »ein auf gewisse Dauer gestelltes und durch kollektive Identität abgestütztes Handlungssystem mobilisierter Netzwerke von Gruppen und Organisationen« verstehen, die »sozialen Wandel mit

Mitteln des Protests – notfalls bis hin zur Gewaltanwendung – herbeiführen, verhindern oder rückgängig machen wollen« (Rucht 1994, S. 76f.). So gesehen operieren, kooperieren und konkurrieren die verschiedenen Akteure in einem »multiorganisationalen Feld« (Minkenberg 1998, S. 240), das aus informellen und dezentralen Gruppen besteht und durch eine hohe symbolische Integration sowie den Bezug auf gemeinsame Deutungsmuster gekennzeichnet ist (ebd.). Exemplarisch kommt dies im Kontext des bewegungsförmigen Rechtsextremismus etwa im Begriff des »nationalen Widerstandes« zum Ausdruck, auf den sich die neonazistischen Kameradschaften ebenso berufen wie die NPD, Die Rechte oder die Identitäre Bewegung.

Eine solche bewegungstheoretische Perspektive bietet sich nicht zuletzt deshalb an, weil sie am ehesten in der Lage ist, die seit den achtziger bzw. neunziger Jahren zu beobachtenden Modernisierungs- und Wandlungsprozesse innerhalb des rechten Spektrums angemessen zu berücksichtigen (vgl. u.a. Rucht 2002, S. 84; Klärner/Kohlstruck 2006, S. 30f.). So haben spätestens mit der Gründung von Freien Kameradschaften in der ersten Hälfte der neunziger Jahre informelle Organisationsformen an Bedeutung gewonnen und zu einer erheblichen *Ausdifferenzierung* des systemfeindlichen Milieus beigetragen (vgl. u.a. Wagner 2008; Borstel 2009).

In diesem Kapitel soll es daher nicht in erster Linie um eine Beschreibung einzelner Gruppen gehen. Vielmehr soll die funktionale *Differenzierungsbreite* und deren *Ergänzungsverhältnis* in Bezug auf Tätigkeitsfelder und markierte Opfergruppen untersucht werden. Es ist wichtig, sich auf diese strukturellen Aspekte zu konzentrieren, weil durch die *Dynamisierung* immer wieder neue Gruppen entstehen, während andere unter dem Druck staatlicher Sicherheitsinstitutionen verschwinden, um dann bisweilen unter anderen Namen erneut im öffentlichen Raum aufzutauchen.

7.1 Wandlungsprozesse des systemfeindlichen Milieus

Zunächst dominierten im extremen rechten Spektrum hierarchisch organisierte Vereine und Parteien. An deren Spitze standen Personen, die noch im Nationalsozialismus aufgewachsen und sozialisiert worden waren (vgl. Klärner 2010, S. 37). So sah sich beispielsweise die nur vier Monate nach der Gründung der Bundesrepublik entstandene Sozialistische Reichspartei (SRP) als unmittelbare Nachfolgeorganisation der NSDAP und setzte sich überwiegend aus älteren NS-Anhängern, Heimatvertriebenen und jungen Nationalsozialisten zusammen (vgl. Pfahl-Traughber 2019, S. 44ff.). Um ein Verbot zu vermeiden, rüstete die SRP zwar rhetorisch ab, faktisch vertrat sie jedoch eine Neuauflage des NSDAP-Programms.

Nachdem die SRP 1951 bei der niedersächsischen Landtagswahl und den Bürgerschaftswahlen in Bremen 11 bzw. 8 Prozent der Stimmen erreicht hatte, beschloss die Bundesregierung unter Konrad Adenauer noch im selben Jahr, ein Verbotsverfahren gegen die zunehmend aggressiv auftretende Partei einzuleiten. Das am 23. Oktober 1952 durch das Verfassungsgericht verfügte Verbot sollte auch symbolisch unterstreichen, dass die noch junge Bundesrepublik nicht gewillt war, die Existenz neonazistischer Parteien tatenlos hinzunehmen (ebd.).

Die SRP war dem Verbot freilich zuvorgekommen und hatte sich im September 1952 aufgelöst. Die Parteiführung versuchte noch während des laufenden Verfahrens, alternative Strukturen aufzubauen. Allerdings gelang es keiner der Auffangorganisationen und diversen Splittergruppen, an den Erfolg der SRP anzuknüpfen, die ideologischen Widersprüche zwischen deutschnationalen, konservativen sowie neonazistischen Strömungen aufzuheben und die Gruppen in eine gemeinsame Bewegung zu überführen (ebd., S. 48; siehe auch Thein 2009, S. 39).

Der Gründung der NPD (1964) ging daher die Einsicht voraus, dass für den Ausbau der Machtbasis zunächst die zerstrittenen und konkurrierenden politischen Kräfte gebündelt werden müssten. Zudem sollten Forderungen und Positionen gemäßigter formuliert werden, um bessere Chancen auf institutionelle und gesellschaftliche Akzeptanz zu haben. Parteiführung und Mitglieder »tarnten« sich bei öffentlichen Auftritten, indem sie sich vordergründig zu Demokratie und Rechtsstaatlichkeit bekannten, um so dem Verdacht zu entgehen, eine ideologische Nachfolgeorganisation der NSDAP zu sein (vgl. Pfahl-Traughber 2001, S. 76f.).

Die Strategie der NPD stand jedoch von Beginn an auf wackligen Beinen. Zwar gelang es der Partei zunächst, unterschiedliche rechtsextreme Strömungen unter einem Dach zu versammeln. Zudem ermöglichten die Bedingungen nach dem Ende der Adenauer-Ära einzelne Wahlerfolge (vgl. Backes/Steglich 2007, S. 11f.; Klärner 2008, S. 16ff.). Als die Partei bei der Bundestagswahl 1969 an der Fünfprozentklausel scheiterte, brach allerdings ein Richtungsstreit aus (vgl. Klärner 2008, S. 18): Während die Führung und die Mehrheit der Mitglieder an der taktischen Mäßigung und dem Bekenntnis zum legalen und parlamentarischen Handlungsrahmen festhielten, sprach sich eine starke Minderheit für die offene Bekämpfung des demokratischen Systems aus (vgl. Pfahl-Traughber 2006, S. 52). Daraufhin entstanden in den Siebzigern etliche neonazistische (Kleinst-)Gruppierungen, die für die Wiedereinführung einer nationalsozialistischen Diktatur eintraten und auch militante Aktionen – bis hin zum Terrorismus – als legitimes Mittel propagierten (vgl. Klärner 2008, S. 20; Pfahl-Traughber 2006, S. 52ff.; Thein 2009, S. 45f.).[1]

Eine zentrale Rolle spielte in diesem Zusammenhang die 1977 gegründete Aktionsfront Nationale Sozialisten (ANS) des ehemaligen Bundeswehrleutnants Michael Kühnen, die vor allem durch provokante und medienwirksame Aktionen auf sich aufmerksam machte. So marschierten im Mai 1978 mehrere ANS-Mitglieder mit Eselsmasken durch die Hamburger Innenstadt. Sie trugen Schilder um den Hals, auf denen stand: »Ich Esel glaube noch, dass in deutschen KZs Juden ›vergast‹ wurden.« (Zit. nach Pfahl-Traughber 2019, S. 145) Kurze Zeit später kündigten die ANS-Aktivisten eine Konferenz mit dem Titel »Gerechtigkeit für Hitler« an (ebd.).

Nach ihrem Zusammenschluss zur Aktionsfront Nationale Sozialisten/Nationale Aktivisten (ANS/NA) wurde die Gruppierung 1983 verboten (ebd., S. 146). Viele der Kader und Mitglieder traten daraufhin in die bis dahin eher unbedeutende Freiheitliche Deutsche Arbeiterpartei (FAP) ein (ebd.). Dieser »Taktikwechsel« (Kniest 2000, S. 99) zielte bereits in den achtziger Jahren darauf ab, unter dem Schutzschild des Parteiengesetzes ein weiteres Verbot zu umgehen. Bis 1987 wuchs die Mitgliederzahl der FAP auf fast 500 an. Zusätzlich wurde mit der »Gesinnungsgemeinschaft der Neuen Front« (GdNF) eine Kaderorganisation gegründet, die die Aktivitäten der ANS/NA fortführte und in den Wen-

1 Aus militaristischen Neonazigruppierungen wie der Wehrsportgruppe Hoffmann rekrutierten sich dann beispielsweise auch rechtsterroristische Attentäter, die in den siebziger und achtziger Jahren Anschläge verübten (vgl. Klärner 2008, S. 21).

dejahren eine bedeutende Rolle spielen sollte (vgl. Pfahl-Traughber 2019, S. 146).

Neben diesen neonazistischen und zum Teil militanten Gruppen bildete sich Anfang der siebziger Jahre zudem ein neurechter Flügel heraus. Die sich zunächst als »Junge Rechte«, dann als »Neue Rechte« bezeichnenden Aktivisten suchten nach alternativen Wegen, um die damalige Alte Rechte zu »modernisieren« und auf die gesellschaftspolitische Dominanz der Neuen Linken ideologisch und strategisch zu reagieren (vgl. Stöss 2007). Allerdings vollzog die Neue Rechte keine grundsätzliche weltanschauliche Wende. Wie alle Teilsegmente des Rechtsextremismus ging auch sie von einer Ungleichwertigkeit der Menschen aus (vgl. Salzborn 2015, S. 67). Neu war allerdings, dass »Rasse nicht mehr im althergebrachten biologischen Sinne verstanden« wurde und »es auch nicht mehr um die Wertigkeit von Rassen« ging (Stöss 2016). Im Mittelpunkt der neurechten Argumentation stand vielmehr »die Verschiedenartigkeit von Kulturen und das vermeintliche Recht jedes Volkes auf seine Identität« (ebd.).

Dieser *Ethnopluralismus* findet sich mittlerweile in fast allen Programmen der europäischen extremen Rechten wieder. Im Kern geht es darum, jeder Kultur, jedem Volk den »ursprünglichen« und »historisch zugehörigen« Raum zu garantieren und es so zu erhalten (ebd.). Wie heute auch fanden die Suchbewegungen der Neuen Rechten dabei weniger auf der Straße als in intellektuellen Zirkeln und Zeitschriftenprojekten statt. Das Ziel ihres »metapolitischen« Ansatzes bestand darin, langfristig auf politische Prozesse einzuwirken und die kulturellen Grundlagen für eine gesellschaftliche Umgestaltung zu schaffen.

Neben diesen die extreme Rechte in den siebziger und achtziger Jahren prägenden Gruppierungen sind zwei weitere Organisationen zu nennen: Die 1952 entstandene Wiking

Jugend (WJ), die dem Prinzip der Hitlerjugend folgte und in der zahlreiche spätere Kader organisiert waren (vgl. Pfahl-Traughber 2019, S. 158f.), wirkte als ein zentrales Bindeglied. Dasselbe gilt für die 1979 gegründete »Hilfsgemeinschaft für nationale politische Gefangene und deren Angehörige e.V.« (HNG), die sich um inhaftierte Neonazis kümmerte und in der praktisch alle relevanten Akteure der extremen Rechten Mitglied waren, bis der Verein 2011 verboten wurde (ebd., S. 186f.).

Durch diese Ausdifferenzierung konnte sich das rechte Spektrum zwar verjüngen und modernisieren, dennoch blieb der erhoffte personelle Zuwachs weitgehend aus (vgl. Klärner 2008, S. 20; Thein 2009, S. 66). Ende der achtziger Jahre waren gerade einmal 1100 Rechtsextreme in neonazistischen Gruppen organisiert (BMI/VSB 1990, S. 111). Nicht nur gesellschaftlich, sondern auch innerhalb des rechtsextremen Milieus blieben neonazistische Organisationen damit eine Randerscheinung: 1979, in ihrem mitgliederstärksten Jahr, waren nur 8,1 Prozent der organisierten Rechtsextremisten in einer der 23 neonazistischen Organisationen aktiv, 1989 hatte sich ihr Anteil auf 3,1 Prozent reduziert (BMI/VSB 1980, S. 14, S. 26, eigene Berechnung; BMI/VSB 1990, S. 108, S. 111, eigene Berechnung).

Im rechten Parteienspektrum konkurrierten währenddessen neben der NPD die 1983 gegründete Partei Die Republikaner (REP) sowie ab 1987 die Deutsche Volksunion (DVU) um die Gunst der Wähler. Doch auch diesen Parteien gelang es nicht, das neonazistische Spektrum zu integrieren. Die eher jugendkulturelle Szene hatte weder ein Interesse an den rechtsextremen Parteien noch an den streng hierarchischen neonazistischen Organisationen.

Nach dem Fall der innerdeutschen Grenze im November 1989 keimte dann die Hoffnung auf, den Aktionsradius auf das ehemalige Staatsgebiet der Deutschen Demokratischen Republik (DDR) ausweiten zu können und dort neue Mitglieder zu rekrutieren. Anders als im Westen hatte es in der DDR jedoch keine rechtsextremen Gruppen mit einem Mindestmaß an organisatorischer Dichte gegeben. Die antifaschistische Staatsdoktrin und der Repressionsdruck der Sicherheitsbehörden ließen dies nicht zu. Spätestens seit Ende der fünfziger Jahre existierten aber informelle neonazistisch orientierte Kleingruppen, die durch Hakenkreuzschmierereien und Propagandamaterialien auf sich aufmerksam machten (vgl. Pfahl-Traughber 2006, S. 58).

Anfang der achtziger Jahre entwickelte sich in der DDR zudem eine rechtsextreme Skinhead-Szene, deren Anhängerschaft sich als »nationalsozialistische Opposition gegen den kommunistischen Apparat« verstand (BMI/VSB 1992, S. 91). Sie kam aus der Protestkultur der Fußball- und Hooligan-Szene sowie aus der sich ausdifferenzierenden Punk- bzw. »neuen« Skinhead-Subkultur. So zählte die Staatssicherheit Ende 1988 mehr als 1000 »rechte Skinheads, Hooligans und Faschos« (vgl. Staud/Radke 2012, S. 44). Die im Januar 1990 gegründete Partei Nationale Alternative (NA) beeinflusste die ostdeutsche Szene in der Umbruchphase stark (vgl. Bugiel 2002, S. 129f.).

Ein weiteres Aktions- und Organisationszentrum war die 1989 von Michael Kühnen aus der Taufe gehobene Deutsche Alternative (DA), die mit ihrem »Arbeitsplan Ost« das Ziel verfolgte, möglichst schnell möglichst viele Mitglieder zu rekrutieren (vgl. Pfahl-Traughber 2006, S. 59f.; Staud/Radke 2012, S. 45ff.). Damit gelang dem Neonazismus in Ostdeutschland, was ihm in Westdeutschland bis dahin verwehrt geblieben war, nämlich die Rekrutierung vor allem junger Aktivistinnen und Aktivisten. Entsprechend erhöhte sich die Mitgliederzahl neonazistischer Organisationen von 1400 im Jahr 1990 auf 2100 im Jahr 1991 (BMI/VSB 1991, S. 91; BMI/VSB 1992, S. 72).

Ab Mitte der achtziger Jahre traten diese Gruppen vermehrt mit fremdenfeindlichen Gewalttaten in Erscheinung (vgl. Klärner 2008, S. 25; Staud/Radke 2012, S. 42ff.). Im Zuge der Wiedervereinigung spitzte sich die Lage in vielen Teilen Ostdeutschlands noch einmal zu, insbesondere als infolge der Jugoslawienkriege die Zahl der Asylsuchenden stark anstieg (1989 ca. 121000, 1992 ca. 438000 Asylanträge) und diese ab Dezember 1990 auch auf Städte und Kreise in den neuen Bundesländern verteilt wurden, die mit der Unterbringung vielfach überfordert waren. Auch in den alten Bundesländern kam es zu zahlreichen fremdenfeindlichen und rassistischen Übergriffen. So registrierte die Polizei im Jahr 1992 insgesamt 2639 Gewalttaten mit erwiesenem oder vermutetem rechtsextremistischem Hintergrund, zwei Jahre zuvor waren es noch 309 gewesen (vgl. Abbildung 24). Die dramatischen Höhepunkte bildeten 1991 die pogromartigen Ausschreitungen in Hoyerswerda und 1992 in Rostock-Lichtenhagen sowie 1992/93 die verheerenden Brandanschläge mit mehreren Todesopfern in Mölln und Solingen.

Etwa 90 Prozent der Gewalttaten wurden allerdings von eher losen Jugendgruppen und nicht von organisierten Neonazis begangen (vgl. Willems et al. 1994). Begleitet und angeheizt wurden sie von aggressiv und emotional aufgeladenen Mediendebatten (»Das Boot ist voll«), die bei einem großen Teil der Bevölkerung auf fruchtbaren Boden fielen (vgl. Staud/Radke 2012, S. 59). Darüber hinaus war die ostdeutsche Polizei schlecht ausgerüstet und noch unsicher, wie sie mit Meinungs- und Versammlungsfreiheit umgehen sollte. Als ehemalige Volkspolizei besaß sie in den Nachwendejahren zudem kaum noch Autorität in der Bevölkerung.

Rückenwind bekamen die rechten Gewalttäter aber auch

Abb. 24: Gewalttaten mit erwiesenem oder vermutetem rechtsextremistischem Hintergrund (ab 1991 Ost und West)

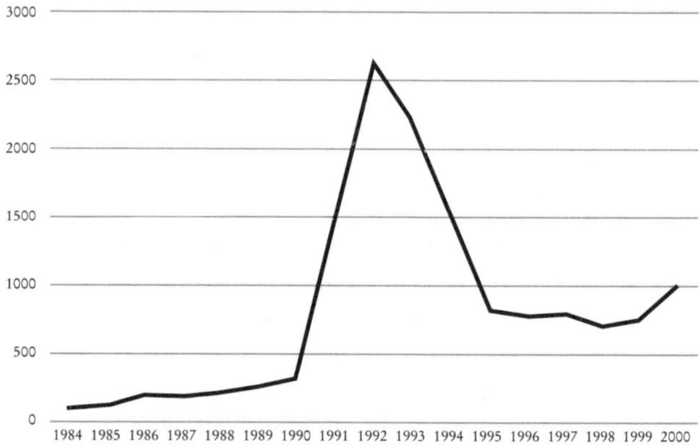

(Quelle: Darstellung nach BMI/VSB 1994-2001[2])

aus der Politik (vgl. Quent 2019, S. 108). Unter dem Druck der öffentlichen Meinung beschloss der Bundestag 1993 den sogenannten »Asylkompromiss«. Mit der Neuregelung sollte sichergestellt werden, dass sich nur »tatsächlich politisch Verfolgte« auf das deutsche Asylrecht berufen konnten. Im rechtsextremen Spektrum wurde diese Reform weithin »als Triumph der militanten Straßenproteste gedeutet« (ebd., S. 108).

Gleichzeitig leitete die Politik jedoch zahlreiche Verbotsmaßnahmen ein, die die Landschaft der extremen Rechten erheblich veränderten (vgl. Pfahl-Traughber 2006, S. 61): So

2 Ab 1997 wurde die Zählweise geändert: Zum Beispiel wurden versuchte Körperverletzungen in Tateinheit mit Landfriedensbruch nun nur noch einmal gezählt, und Sachbeschädigungen mit Gewaltanwendung wurden nicht länger den Gewalttaten zugerechnet (vgl. BMI/VSB 1998, S. 75).

wurden zwischen 1992 und 1995 elf neonazistische Organisationen durch die Innenminister des Bundes bzw. der Länder aufgelöst. Dazu gehörten beispielsweise die Freiheitliche Deutsche Arbeiterpartei, die Deutsche Alternative, die Wiking Jugend und die Nationalistische Front. Außerdem wurden etliche Neonazis und Führungskader zu teilweise langjährigen Haftstrafen verurteilt sowie Demonstrationen und andere Veranstaltungen verboten. Die rechtsextreme und neonazistische Szene verlor weitgehend ihre Aktionsfähigkeit. Sie musste ein neues Organisationsmodell entwickeln und die bisherige konkurrenzgetriebene Abgrenzung zwischen den verschiedenen Gruppierungen überwinden.

Freie Kameradschaften

Bei der Suche nach einem neuen Organisationsmodell standen sich zwei Strömungen gegenüber: Die Anhänger des Parteienprinzips favorisierten die Organisation als Partei, um vor staatlicher Repression geschützt zu sein. Dagegen propagierten die Befürworter des Bewegungsprinzips die flächendeckende Gründung autonomer Kameradschaften ohne formale Vereinsstruktur und übergeordnete Organisation, um den Strafverfolgungsbehörden möglichst wenig juristische Angriffspunkte zu bieten (vgl. Thein 2009, S. 58). Das Prinzip der »Organisierung ohne Organisation«, das man von linksextremistischen Autonomen übernahm, sollte die Kameradschaften vor Verboten nach dem Vereinsgesetz schützen.

Von dieser Regel wichen manche Kameradschaften allerdings ab. Beispielsweise gab sich die Kameradschaft »Tor« zeitweise eine Satzung und erhob Mitgliederbeiträge (vgl. Thein 2009, S. 71). Umgekehrt wurden die Kameradschaft Aachener Land, die Kameradschaft Hamm und die Kameradschaft Nationaler Widerstand Dortmund trotz ihres Verzichts auf vereinstypische Merkmale 2012 durch den Innenminister von Nordrhein-Westfalen verboten.

Eine Freie Kameradschaft ohne formale Strukturen zu gründen war relativ einfach, brauchte man doch nicht viel mehr als eine Handvoll Gleichgesinnter. So entstanden im gesamten Bundesgebiet bis zu 160 Kameradschaften mit einem gewissen Organisationsgrad, aber selten mehr als 30 Mitgliedern (vgl. BMI/VSB 2009, S. 56), die sich um einen harten Kern von Führungsaktivisten scharten. Die gruppeninternen Hierarchien waren allerdings meist deutlich schwächer ausgeprägt als in den rechtsextremen und neonazistischen Organisationen der Siebziger und Achtziger (vgl. Thein 2009, S. 102ff.).

Die ersten nach diesem Modell organisierten Zusammenschlüsse bildeten sich ab 1994 (vgl. Pfahl-Traughber 2006, S. 63). Ab 1998 wurden zahlreiche weitere Freie Kameradschaften gegründet (vgl. Diederichs 2008, S. 5). Entsprechend stieg zunächst die Zahl neonazistischer Organisationen und ab dem Jahr 2000 dann auch die Mitgliederzahl. Derzeit liegt sie nach Einschätzung des Verfassungsschutzes bei etwa 5600 bis 6000 Personen (siehe Kapitel 7.1, Tabelle 4). Wie gut das Kameradschaftsmodell funktionierte, zeigte sich auch im zunehmenden Anteil der Neonazis im rechtsextremen Spektrum: Lag dieser 2001 noch bei etwa 5,6 Prozent, waren es 2011 schon 26,8 Prozent (vgl. BMI/VSB 2002, 2012).

Dass das Kameradschaftsmodell sich gegenüber dem klassischen Organisationsmodell als erfolgreicher erwies, ist auf die *Ausdifferenzierung* und die dadurch erweiterte *Rekrutierungsbasis* des rechtsextremen Spektrums zurückzuführen. So waren die Kameradschaften besser in der Lage, subkulturell sozialisierte Neonazis in ihre Strukturen zu integrieren. Zwar näherten sich beide Seiten bereits in den achtziger Jahren an, als in der Skinhead-Szene eigene Musikrichtungen aufkamen und Konzerte stattfanden, doch erst über die Kameradschaftsstrukturen verstärkten sich die Verbindungen (vgl. Klärner 2008, S. 28; Thein 2009, S. 63 f.). Mit dieser Annäherung öffneten sich auch die Geschlechterrollen etwas. Bis 1990 war die Rolle der Frau klar auf die der Freundin und Mutter begrenzt. Durch den Einfluss der Skinhead-Subkultur wurden Frauen als politische Aktivistinnen denkbar, obwohl ihnen weiterhin in erster Linie geschlechterstereotype Aufgaben übertragen wurden (vgl. Rommelspacher 2011, S. 59f.; Baer/Weilnböck 2017, S. 83; Sauer 2018, S. 314ff.).

Zum Erfolg des Kameradschaftsmodells trug außerdem eine veränderte *Rekrutierungsstrategie* bei. Eine formelle Mitgliedschaft war nicht nötig, die Erwartungen hinsichtlich der ideologischen Vorbildung wurden ebenfalls zurückgeschraubt (vgl. Gödecke 2014, S. 190, 196). Die neonazistischen Vorgängerorganisationen hatten sich dagegen zumeist als elitäre Gemeinschaften verstanden und eine restriktive Rekrutierungspolitik verfolgt (ebd., S. 183). Das Kameradschaftsleben ist von niedrigschwelligen Freizeitaktivitäten im vorpolitischen Raum geprägt (vgl. Thein 2009, S. 82ff.; Gödecke 2014, S. 196). Die Angebote reichen von Sportveranstaltungen über Bier- und Grillabende bis hin zu Sonnwendfeiern und Konzerten, wobei die politischen Inhalte bis heute mal offener, mal subtiler kommuniziert werden (vgl. Thein 2009, S. 94; Gödecke 2014, S. 190).

Wollten die neonazistischen Gruppierungen der siebziger und achtziger Jahre vor allem überregional oder sogar bundesweit agieren, verstehen sich die Freien Kameradschaften in erster Linie als lokale Akteure. Der Zugang zu den Kameradschaften wird dadurch erleichtert, dass die Aktivisten selbst im Sozialraum potenzieller Mitglieder verankert sind. Sie waren in derselben Nachbarschaft aufgewachsen, hatten dieselben Kindergärten, Schulen und Jugendzentren besucht.

Gleichzeitig führte die lokale Verankerung zu stärker lebensweltlich orientierten Aktivitäten.

Ergänzt wurden und werden diese lokalen Kameradschaften durch übergeordnete Vernetzungsstrukturen, sogenannte Aktionsbüros, die Aktivitäten koordinieren und zu größeren Demonstrationen mobilisieren. Darüber hinaus wurden seit den neunziger Jahren weitere Aktionsfelder erschlossen, Aktionsformen entwickelt und ideologische Anpassungen vorgenommen. Maßgeblich sind hier etwa die sogenannte »Anti-Antifa-Arbeit«, bei der politische Gegner ausgekundschaftet oder angegriffen werden, sowie die Gedenkmärsche für Rudolf Heß mit ihrer wichtigen Bindefunktion für das Milieu insgesamt (vgl. Pfahl-Traughber 2006, S. 62 f.).

Mittelfristig führten die Organisationsverbote somit nicht zu einer Schwächung des extrem rechten Spektrums, sondern es entstanden autonome Organisationsformen, die wesentlich zur Dynamisierung des rechtsextremen Milieus beitrugen (vgl. Klärner 2008, S. 305 f.). Gerade der bewegungsförmige Charakter des Kameradschaftsmodells machte es für junge Aktivisten attraktiv (vgl. z. B. Pfahl-Traughber 2019, S. 158) und bildete den Ausgangspunkt für die Entstehung der Autonomen Nationalisten (siehe Kapitel 7.1).

Der Wandel der NPD zur »Bewegungspartei«

Von diesem personellen Aufschwung konnte der parteiförmige Rechtsextremismus zunächst nicht profitieren. Nachdem sich die Neonazis von der NPD abgespalten hatten, gab es bis Mitte der neunziger Jahre nur wenige Berührungspunkte zwischen den beiden Lagern: Den Neonazis war die NPD zu bürgerlich, der NPD waren die Neonazis zu radikal. Dies änderte sich mit der inhaltlichen Neuorientierung der NPD unter dem 1996 mit knapper Mehrheit zum Parteivorsitzenden gewählten Udo Voigt. Den programmatischen Rahmen bildete dabei das »Drei-Säulen-Konzept«: Mit dem »Kampf um die Köpfe«, »die Straße« und »die Parlamente« sowie mit öffentlichkeitswirksamen Aktionen sollten die Positionen der NPD möglichst vielen Menschen nahegebracht werden.

Zugleich öffnete sich die NPD gegenüber der neonazistischen Kameradschaftsszene und bewertete diese »als feste[n] Bestandteil rechtsextremistischer Bündnispolitik, aber auch als in [die] Partei integrierbares Potenzial« (BMI/VSB 1997, S. 135). Insbesondere beim »Kampf um die Straße« zeigten sich enge Vernetzungen mit den Kameradschaften. Das neonazistische Spektrum, dessen Demonstrationen teilweise von der Verbotswelle betroffen waren, profitierte vom Parteienprivileg der NPD (vgl. Thein 2007, S. 211 f.; Virchow 2006, S. 73 f.). Die NPD wiederum profitierte vom neonazistischen Aktions- und Mobilisierungspotenzial, was sich in zunehmenden Wahlerfolgen niederschlug (vgl. Klärner 2008, S. 28). Zwar wurde diese Annäherung durch das NPD-Verbotsverfahren 2001 gebremst, da die NPD die Kooperation mit den Kameradschaften eindämmte und sich verbal entradikalisierte (vgl. Schulz 2014, S. 18-32). Aus dem Scheitern des Verfahrens 2003 ging die NPD dann aber gestärkt hervor. Auch die Zusammenarbeit mit den Kameradschaften wurde wieder aufgenommen (vgl. Thein 2009, S. 62; Schedler 2011, S. 29). 2004 veröffentlichte die NPD die Erklärung »Volksfront statt Gruppenegoismus«, in der sie sich zur Zusammenarbeit mit parteilosen Neonazis bekannte (vgl. Peters/Sager 2009, S. 47). Führende Vertreter der Freien Kameradschaften wie Thorsten Heise oder Thomas Wulff traten in die NPD ein. Mit dem Beitritt von Michael Regener, Sänger der Band »Landser«, war zudem die Hoffnung verbunden, die Rechtsrock-Szene sowie die Hooligans stärker an die NPD zu binden und ihr unabhängiges Personenpotenzial strukturell zu nutzen. Aufgrund dieses Schulterschlusses konnte die NPD nach Jahrzehnten erstmals wieder in zwei Landtage einziehen: Bei den Landtagswahlen 2004 in Sachsen erreichte sie 9,2 Prozent der Zweitstimmen (2009: 5,6 Prozent), bei den Landtagswahlen 2006 in Mecklenburg-Vorpommern 7,3 Prozent (2011: 6,0 Prozent).

Insgesamt fand in den neunziger Jahren eine tief greifende Umorientierung innerhalb des systemfeindlichen Milieus statt: Die Organisationsform wurde im Sinne autonomerer Kameradschaftsstrukturen umgebaut, und das neonazistische Spektrum näherte sich der NPD an. Zwar waren diese Zusammenschlüsse primär auf Eigennutz bedacht und relativ fragil, doch sorgte die ideologische Klammer für ein allmähliches Zusammenwachsen der verschiedenen Lager. Insbesondere der sich verstärkende antikapitalistische und globalisierungskritische Duktus der NPD sowie die Forderung nach »national befreiten Zonen« (siehe Kapitel 7.2) konnten die jüngeren Aktivisten überzeugen (vgl. Pfahl-Traughber 2001, S. 88). So politisierten sich Teile der aktionsorientierten Szene, während sich Teile der politischen Szene für unkonventionelle Agitationsformen öffneten. Zudem stifteten die gemeinsamen Demonstrationen Gemeinschaftserlebnisse, wodurch sich die Mitglieder der Kameradschaften sowie der NPD als Teil einer größeren Bewegung fühlen konnten (vgl. Virchow 2006, S. 73 f.; Thein 2007, S. 211 f.; Schedler 2011, S. 29).

Parallel dazu setzte sich der Boom der rechtsextremen Skinhead-Musik fort, die sich schließlich sogar über die Szene hinaus verbreitete. Deshalb sprechen Jan Langebach und Martin Raabe (2011) von einer »Popularisierung«: Die Texte bezogen sich nicht mehr allein auf die Skinhead-Szene, sondern auf ein allgemeineres extrem rechtes politisches Selbstverständnis und fanden so Anklang bei einer breiteren Zuhörerschaft. Damit vergrößerte sich der Adressatenkreis, wodurch sich wiederum die Musikstile und damit auch die rechtsextremen Lebensstile ausdifferenzierten (vgl. Langebach/Raabe 2011, S. 45 f.).

Von den Freien Kameradschaften zu den Autonomen Nationalisten

Zu einer wesentlichen Ausdifferenzierung und Dynamisierung des rechtsextremen Spektrums trug auch die Strömung der sogenannten Autonomen Nationalisten (AN) bei. Öffentlich traten die AN erstmals am 1. Mai 2003 bei einer NPD-Demonstration in Berlin in Erscheinung. Die meist jüngeren, parteifernen Rechtsextremisten orientieren sich gezielt an den Politikfeldern und Themen der Autonomen Linken (vgl. Schedler/Häusler [Hg.] 2011). Neben antikapitalistischen und globalisierungskritischen Tönen ging damit auch eine Abkehr vom Skinhead-Outfit einher. Stattdessen bevorzugte man eine eher zeitgemäße Bekleidung wie schwarze Windbreaker, Baseballkappen, Gürteltaschen und Sportschuhe, die deutliche Parallelen zur linksalternativen Jugendkultur aufweist (vgl. Staud/Radke 2012, S. 77). Dies hat auch den Vorteil, dass die Rechtsextremen im urbanen Raum nicht auf Anhieb als solche erkannt werden (ebd.).

Neben den thematischen bzw. stilistischen Elementen kopierten die selbsternannten Autonomen Nationalisten aber vor allem Aktionsformen der autonomen Linken. So wurde 2004 anlässlich der Neonazi-Aufmärsche am 1. Mai in Berlin zum ersten Mal ein »schwarzer Block« in den vorderen Reihen gebildet (vgl. Staud/Radke 2012, S. 80). Dieser »NS Black Block« steht seitdem für ein besonders militantes Auftreten der zumeist jungen Aktivisten und weist auf eine neue Qualität der Gewaltbereitschaft hin, die zuvor im rechtsextremen Spektrum – zumindest bei Demonstrationen – in dieser Form nicht üblich war (vgl. Peters/Schulze 2009, S. 5).

Auch Transparente mit linken und englischsprachigen Slogans wie »Capitalism Kills« oder »Fight the System – Fuck the Law!« wurden seither auf Demonstrationen gesichtet (vgl. Schedler 2016, S. 349).

Im Unterschied zu den Kameradschaften waren die AN verstärkt im öffentlichen Raum aktiv, um diesen als vermeintlich »national befreite Zone« zu markieren (vgl. Schulze 2009, S. 13 f.). Sie hinterließen dort Graffitis, Tags und Aufkleber, wobei sie gezielt politische Slogans der autonomen Linken abwandelten. So wurde beispielsweise das Logo der Kampagne »Good Night White Pride« durch »Good Night Left Side« ersetzt. Aus der »Antifaschistischen Aktion« wurde »Nationale Sozialisten Bundesweite Aktion«, aus dem Slogan »Kein Bock auf Nazis« wurde »Kein Bock auf ZOG [Zionist Occupied Government]« (vgl. Langebach/Raabe 2016, S. 414). Dieser »Raumkampf« wurde allerdings vor allem über das Internet geführt, das die AN äußerst professionell für sich zu nutzen wussten.

Insgesamt entstanden die Autonomen Nationalisten jedoch weniger aufgrund einer strategischen Entscheidung als vielmehr infolge der oben beschriebenen Ausdifferenzierung (vgl. Schedler 2011, S. 30). Denn abgesehen von ihrem Namen ist an den AN wenig tatsächlich neu. Schon für das Organisationsformat der Freien Kameradschaften hatten schließlich die Linksautonomen Pate gestanden. Deren Organisationsstruktur wurde bereits Mitte/Ende der neunziger Jahre zunächst unter dem Begriff der Autonomen Rechten diskutiert und erst später in Freie Kameradschaften bzw. Freie Nationalisten umbenannt (vgl. auch Thein 2009, S. 68 f.). Daher können die AN am ehesten »als Teil und als Fortentwicklung der ›Freien Kameradschaften‹« verstanden werden (Schulze 2017, S. 11). »Mehr noch aber sind die ›Autonomen Nationalisten‹ ihrem Charakter und ihrer Funktion nach ein

Stil, ein Operationsmodus, der es ermöglicht, Brücken zwischen ›Bewegung‹ und Jugendszenen zu schlagen.« (Ebd.)

Die Enttarnung des NSU 2011 und die damit einhergehenden Repressionen führten dann jedoch ähnlich wie in den frühen neunziger Jahren zu zahlreichen Verboten innerhalb des rechtsextremen Lagers. Diese betrafen 2012 neben dem Nationalen Widerstand Dortmund auch die »autonomen« Organisationen Kameradschaft Aachener Land, Kameradschaft Hamm sowie die (nicht-»autonome«) Kölner Kameradschaft Walter Spengenberg. Es folgte das Verbot der Initiative Besseres Hannover und des (nicht-»autonomen«) Brandenburger Netzwerks Spreelichter (auch Widerstandsbewegung Südbrandenburg genannt), das unter dem Namen »Die Unsterblichen« flashmobartig kurze nächtliche Fackelmärsche mit teilweise Hunderten Teilnehmern durchgeführt hatte, die dabei weiße Masken trugen (vgl. Menhorn 2014, S. 217f.; Schulze 2017, S. 464ff.). Einschneidend waren die beiden letzten Verbote auch insofern, als sie »zwei der hinsichtlich ihrer Aktivitäten innovativsten und damit auch bundesweit bedeutenden Neonazi-Netzwerke« trafen (Menhorn 2014, S. 218). Sie hatten im Gegensatz zu den anderen verbotenen Gruppierungen keinerlei Strukturen, sondern lediglich lose Personenzusammenschlüsse gebildet, die ihre Aktivitäten über das Internet koordinierten (ebd.).

Inzwischen gibt es fast keine Gruppen mehr, die sich unter dem AN-Label formieren. Zuletzt wurden im Dezember 2014 die Autonomen Nationalisten Göppingen verboten. Gleichwohl sind die AN nicht verschwunden. Da sie über ein Jahrzehnt existiert haben, kann angenommen werden, dass es sich nicht um ein folgenloses Modephänomen gehandelt hat (vgl. Schulze 2017, S. 10f.). Im Gegenteil, die AN haben spezifische Spuren innerhalb des systemfeindlichen Milieus hinterlassen. So wirbt etwa die Identitäre Bewegung mit

Brecht-Zitaten: »Wenn Unrecht zu Recht wird, wird Widerstand zur Pflicht.« Die strahlende gelbe Sonne steht inzwischen nicht mehr nur für die Forderung »AKW nee«, sondern auch für »Nein zum Heim«; »die traditionalistische Neonazigruppe ›Der Dritte Weg‹ lässt ›schwarze Blöcke‹ auf Demonstrationen marschieren« (Schulze 2017, S. 11).

Gleichzeitig sind die AN äußerst anpassungs- und wandlungsfähig. Beispielsweise gründeten die Kader des Nationalen Widerstandes Dortmund nur wenige Wochen nach dem Verbot einen Kreisverband der Partei Die Rechte, was – oberflächlich betrachtet – in völligem Widerspruch zum postulierten Autonomieanspruch der AN steht (ebd., S. 465). Die Flucht unter das Parteiendach soll die Aktivisten einerseits vor weiteren Repressionen schützen, andererseits ermöglichen die Parteiprivilegien – bei entsprechendem Wählerzuspruch – eine staatliche Teilfinanzierung sowie größere Partizipationsmöglichkeiten bei politischen Entscheidungen. Bei den rund 550 Parteimitgliedern (vgl. BMI/VSB 2020, S. 53) handelt es sich mehrheitlich um zuvor bei den AN und in Freien Kameradschaften organisierte aktive Neonazis, hinzu kommen einige ehemalige NPD- und DVU-Funktionäre. Mit der Website »Dortmundecho« und der Seite des Bundesverbandes verfügt Die Rechte zudem – neben einem Twitter- und einem Facebook-Account – über zwei Portale, auf denen die Parteiaktivitäten und lokalpolitischen Ereignisse in hoher Frequenz dokumentiert werden.

Im »Kampf« vereint: Von den Kleinparteien über die Identitäre Bewegung bis zur Siedler- und Reichsbürgerbewegung

Die Ausdifferenzierung innerhalb der rechten Bedrohungsallianzen zeigt sich in weiteren Varianten. Im September 2013 wurde unter maßgeblicher Beteiligung ehemaliger NPD-Funktionäre und der Neonationalsozialisten des im Juli 2014 verbotenen Freien Netzes Süd (FNS) die Partei Der Dritte Weg als jüngste neonazistische Kleinpartei in Deutschland gegründet. Ebenso wie Die Rechte gilt Der Dritte Weg als Versuch, das FNS unter dem Schutz des Parteienprivilegs weiterzuführen (vgl. Pfahl-Traughber 2019, S. 163 f.).

Ideologisch orientiert sich die Partei am historischen Nationalsozialismus. In ihrem Programm fordert sie etwa die »Erhaltung und Entwicklung der biologischen Substanz des Volkes« sowie die »Beibehaltung der nationalen Identität«, die vor Überfremdung zu schützen sei.[3] Die Mehrzahl ihrer rund 530 Mitglieder (vgl. BMI/VSB 2019, S. 80) ist in den Bundesländern Bayern, Berlin, Brandenburg, Rheinland-Pfalz und Sachsen aktiv. Wie Die Rechte und die NPD versuchte die Partei, sich ebenfalls in den »Überfremdungsdiskurs« einzureihen. So nutzten die Akteure des systemfeindlichen Milieus gezielt die Proteste gegen Geflüchtete, um ihre Ideologie zu verbreiten. Hierbei tarnten sie sich häufig als lokal agierende »Bürgerbewegungen« oder »besorgte Anwohner« (vgl. Lamberty/Wichmann 2015, S. 132; Virchow 2017, S. 37 ff.; Häusler/Schedler 2016, S. 11).

Auch Aktionsverbünde wie die Identitäre Bewegung (IB) erhielten im Zuge der »Flüchtlingskrise« viel mediale und politische Aufmerksamkeit. Die IB propagiert einen Ethnopluralismus, der die nationalen Interessen aller Völker wahren und ein vermeintliches Aussterben, den »Volkstod« bzw. den »Großen Austausch« verhindern will. Damit ist die IB Teil der medialen Inszenierung und Aktionsorientierung des rechtsextremen Spektrums, das zunehmend kreativ agiert und sich durch Stellungnahmen zu aktuellen Themen geschickt ins Spiel bringt (vgl. Schulze 2017, S. 471 ff.).

---

3 Online verfügbar unter: {https://der-dritte-weg.info/zehn-punkte-programm/}.

Analog zur Neuen Rechten versteht sich die IB dabei als »metapolitische Kraft, die versucht, Ideen, Parolen und Bilder in das metapolitische Feld zu führen« (zit. nach Speit 2018, S. 29). »Bevor eine politische Revolution gelingen kann«, meint der IB-Aktivist Mario Müller, müsse man sicherstellen, »dass das Volk diese Revolution für legitim erachtet«. Zuerst gelte es daher, »die Köpfe und Herzen zu erreichen« (ebd., S. 30).

Als Vordenker gilt ihnen vor allem Götz Kubitschek (vgl. Röpke/Speit 2019, S. 33). Die beiden IB-Standardwerke *Kontrakultur* von Mario Müller und *Identitär! Geschichte eines Aufbruchs* von Martin Sellner erschienen in Kubitscheks Verlag Antaios (vgl. Speit 2018, S. 34). Personell und ideologisch gibt es zudem Schnittmengen mit der AfD (vgl. Röpke/Speit 2019, S. 155) und der völkischen Siedlerbewegung (siehe Kapitel 7.2).

In der Vergangenheit fiel die Identitäre Bewegung vor allem mit flashmobartigen und medialen Provokationen auf, bei denen niemand unmittelbar physisch geschädigt wurde. Jüngere Aktionen weisen jedoch eine neue Qualität auf: Um die »Festung Europa« zu »verteidigen«, sammelte die IB Spenden, mit denen die Arbeit der Seenotretter auf dem Mittelmeer behindert werden sollte. In einem Video vom 5. Juni 2017 bedankt sich Martin Sellner, Star und Kopf der deutschsprachigen IB, für eingegangene Spenden in Höhe von 63 000 Euro. Bereits Mitte Mai 2017 hatten französische IB-Aktivisten ein Boot gemietet und damit ein Schiff der Hilfsorganisation SOS Mediterranee blockiert, das aus dem Hafen der sizilianischen Stadt Catania auslaufen wollte. Im Frühjahr 2018 wurde die Kampagne »Defend Europe« mit der »Mission Alpes« fortgesetzt. Am Col de l'Échelle im französisch-italienischen Grenzgebiet errichtete eine europäisch zusammengesetzte Gruppe unter Beteiligung der Identitären Bewegung Deutschland (IBD) eine provisorische Grenze, um Migrantinnen und Migranten an der Reise nach Mitteleuropa zu hindern (vgl. BMI/VSB 2019, S. 83).

Doch nicht erst die Aktion im Mittelmeer machte die Identitären bundesweit bekannt. Bereits ein Jahr zuvor, im August 2016, hatte die IBD mit einer mehrminütigen Besetzung des Brandenburger Tors hohe mediale Aufmerksamkeit erzielt. Erstmals war die IBD im Oktober 2012 auf Facebook in Erscheinung getreten (vgl. BMI/VSB 2019, S. 82). Auch Twitter und Instagram werden gezielt genutzt, um Berichte über die und Bilder von den Aktionen zu verbreiten und die Mitglieder untereinander zu vernetzen (ebd.). »In einer konzertierten Aktion Ende Mai 2018 löschten [jedoch] sowohl Facebook als auch Instagram zahlreiche Profile der IBD und deren Aktivisten.« (Ebd.) Daraufhin startete die IBD ein eigenes Informationsportal mit dem Namen »Okzident Media«, das neben einer Webseite auch eine »patriotische Nachrichten App« umfasst. Auch mit »Patriot Peer« will die Identitäre Bewegung rechte Aktivisten per Smartphone vernetzen (vgl. BMI/VSB 2019, S. 82). Im Juli 2020 löschten schließlich auch Twitter und Youtube diverse Accounts der IB sowie prominenter Vertreter (*Frankfurter Allgemeine Zeitung*, 14. Juli 2020).

Gleichwohl ist es um die selbsternannte Bewegung, die 2018 in Deutschland rund 600 Aktivisten zählte (2017: 500), zuletzt bemerkenswert ruhig geworden, auch wenn im März 2020 noch mehrere IB-Kader nach Griechenland reisten, um dort die europäische Außengrenze zu »verteidigen« (*Frankfurter Rundschau*, 8. März 2020). Der erhöhte Strafverfolgungsdruck dürfte spürbar sein, schließlich wird die IB in Deutschland seit 2018 vom Verfassungsschutz beobachtet. In Österreich und Frankreich stehen die Identitären ebenfalls unter verschärfter Beobachtung seitens der Behörden, seit bekannt wurde, dass der Attentäter, der im März 2019 in Christchurch 51 Menschen ermordete, sich nicht nur auf die Ideologie des »Großen Austausches« berief, sondern auch an die IB gespendet und im Kontakt mit Martin Sellner gestanden hatte.

Selbst wenn sich zentrale Köpfe der Identitären aus der Öffentlichkeit zurückziehen, wird die Bewegung nicht einfach verschwinden. Dazu waren das Label, die Strategien und die Ideologie zu erfolgreich. Die zunehmende Abkehr von rechtsextremen Erkennungsmerkmalen und die auf aktuelle politische Themen bezogenen Aktionen bieten ein breites Beteiligungs- und Mobilisierungspotenzial, das auch für eine mögliche Hinwendung zum Rechtsterrorismus bedeutend sein kann. Nach wie vor gibt es regional aktive Gruppen, etwa in Sachsen, Bayern, Nordrhein-Westfalen und Baden-Württemberg.[4]

Ein besonderes Phänomen innerhalb des systemfeindlichen Milieus stellen zudem die sogenannten Reichsbürger dar (vgl. u.a. Speit 2017; Wilking 2015). Unter dieser Sammelbezeichnung werden Einzelpersonen und Gruppierungen mit verschiedenen Grundpositionen zusammengefasst. Die eigentlichen Reichsbürger konzentrieren sich auf die Fortexistenz eines wie auch immer gearteten »Deutschen Reichs« und lehnen die Bundesrepublik Deutschland ab. Die »Selbstverwalter« wiederum fühlen sich dem Staat ebenfalls nicht zugehörig und erklären sich mitunter für unabhängig, gehen aber nicht notwendigerweise von der Fortexistenz des »Deutschen Reichs« aus (vgl. Pfahl-Traughber 2019, S. 193). Davon zu unterscheiden sind schließlich noch die so-

4 Entsprechende Berichte sind online verfügbar unter: {https://www.aida-archiv.de/?post_type=page&s=Identit%C3%A4re+Bewegung} sowie {https://identitaereinbochum.noblogs.org/}.

genannten »Souveränisten«: Diese glauben zwar ebenfalls nicht, dass die Bundesrepublik Deutschland ein legitimer Staat ist; sie streben aber nicht die Gründung eines eigenen Staates oder Reiches an, sondern wollen die ihrer Ansicht nach fehlende deutsche Souveränität auf politischem Wege bzw. durch öffentliche Kritik wiederherstellen (vgl. Rathje 2017; Hermann 2018, S. 8).

In ihrer Gesamtheit sind die unterschiedlichen »Reichsideologen« (ebd., S. 6) jedoch als staatsfeindlich einzustufen. Verschwörungstheoretische Argumentationsmuster bilden häufig den ideologischen Hintergrund, vor dem die Legitimität und Souveränität der Bundesrepublik geleugnet wird. So wird etwa behauptet, die Alliierten hielten Deutschland insgeheim noch immer besetzt. Oftmals bedienen sich die »Reichsideologen« auch antisemitischer Codes oder argumentieren offen antisemitisch (ebd., S. 9).

Hinzu kommt der enorme Drang vieler Personen aus dem Milieu, die Behörden in ihrer Arbeit zu behindern, mitunter bedrohen sie deren Mitarbeiterinnen und Mitarbeiter gar mit Waffen. »In einer Art ideologischem Rausch, der teils wahnhafte Züge annehmen kann, schrecken sie auch vor massiver körperlicher Gewalt nicht zurück« (ebd., S. 5). So schoss im Oktober 2016 der Reichsbürger Wolfgang P. durch die geschlossene Tür auf ein Sondereinsatzkommando der Polizei, das sich Zugang zu seiner Wohnung verschaffen wollte. Dabei verletzte er den Polizisten Daniel E. so schwer, dass dieser im Krankenhaus verstarb. Bereits zwei Monate zuvor hatte Adrian U. versucht, sein Grundstück mit Waffen zu »verteidigen« (ebd., S. 6).

Spätestens seit diesen tragischen Ereignissen wird die Gefahr, die vom reichsideologischen Milieu ausgeht, in der Öffentlichkeit breit diskutiert. Auch Hausdurchsuchungen wurden verstärkt durchgeführt. Bei einer Durchsuchung in

Münster fand die Polizei im Februar 2018 insgesamt 93 Waffen – darunter Messer, Pistolen und Gewehre – sowie rund 200 Kilo Munition (vgl. BMI/VSB 2019, S. 100). Die Bundesanwaltschaft ermittelt gegen mehrere Beschuldigte wegen des Verdachts auf Gründung einer terroristischen Vereinigung (ebd.).

Insgesamt waren im Jahr 2019 laut Erhebungen des BKA und des Bundesamts für Verfassungsschutz rund 19000 Personen dem reichsbürgerlichen Milieu zuzurechnen. 950 (2018: 950) davon werden als rechtsextremistisch eingestuft (vgl. BMI/VSB 2020, S. 103). 530 der ca. 19000 erfassten Reichsbürger besaßen 2019 einen Waffenschein (2018: 910; ebd., S. 96). 790 Personen wurden bis Dezember 2019 die Waffenscheine entzogen (ebd., S. 104). Auch das Bundesinnenministerium geht verstärkt gegen die Vereinigungen vor. Im März 2020 wurde der Verein »Geeinte deutsche Völker und Stämme« verboten, der in zehn Bundesländern aktiv war und dessen Mitglieder erhebliche Waffenbestände gehortet hatten.

In der jüngsten Vergangenheit wurde auch der Kampfsport vermehrt zu einem Betätigungsfeld extrem rechter Aktivisten (vgl. BMI/VSB 2019, S. 65 ff.). Gänzlich neu ist diese Entwicklung nicht, aber die Strukturen innerhalb der rechtsextremen Szene wurden enorm ausgebaut. So entstanden neben zahlreichen neuen Szeneveranstaltungen und Kleidungsmarken neue rechtsextreme Kampfsportvereine und Trainingsgruppen (vgl. Claus 2018), beispielsweise die Gruppe Baltik Korps in Mecklenburg-Vorpommern oder die Gruppe Knockout51 in Thüringen. Zu erwähnen ist in diesem Zusammenhang auch das von dem NPD-Mann Thomas Heise im April und November 2018 in Ostritz durchgeführte »Schild & Schwert«-Festival, das Politik, Musik, Kampfsport und »rechten« Lifestyle verbinden sollte, um eine strategische Neuausrichtung und Wiederbelebung der NPD zu erreichen (vgl. BMI/VSB 2019, S. 76).

Ähnlich wie Rechtsrock-Konzerte sind Großevents wie das »Schild & Schwert«-Festival oder der seit 2013 jährlich stattfindende »Kampf der Nibelungen« Netzwerkveranstaltungen, bei denen die Szene ihre internationalen Verbindungen pflegt. Außerdem ziehen die Kampfsportveranstaltungen ebenso wie die Rechtsrock-Konzerte Personen an, die zum Teil noch nicht fest in der Szene verankert sind. Sie sind ein wichtiges Instrument der Netzwerkbildung sowie der Identitätsstiftung und vereinen Neonazis, rechtsextreme Parteimitglieder mit Identitären und Teilen des Hooligan- und Rockermilieus. Nicht zuletzt dient Kampfsporttraining natürlich der Vorbereitung für den Straßenkampf.

Insgesamt zeigt sich also eine deutliche Ausdifferenzierung des systemfeindlichen Milieus. Dies legen auch die aktuellen Zahlen des Verfassungsschutzes nahe. Seit 2014 nahm der subkulturelle Rechtsextremismus zu (vgl. Tabelle 4), wobei die Zahl der Aktivisten und Sympathisanten nur geschätzt werden kann. Insbesondere die Autonomen Nationalisten mit ihren Nachfolgegruppen sowie die Identitäre Bewegung haben zu einer erheblichen Ausdifferenzierung der Ausdrucksformen beigetragen.

Tab. 4: Rechtsextremistisches Personenpotenzial

Berichtsjahr	**2014**	**2015**	**2016**	**2017**	**2018**	**2019**
subkulturell	7200	8200	8500	9200	–[5]	–
Neonazis	5600	5800	5800	6000	–	–
Parteimitglieder	6850	6650	6550	6050	5510	13300
insgesamt (nach Abzug von Mehrfachmitgliedschaften)	21000	22600	23100	24000	24100	32080
davon gewaltorientiert	10500	11800	12100	12700	12700	13000

(Quelle: eigene Darstellung nach BMI/VSB 2015-2020)

Der Zuwachs beim Personenpotenzial der Parteimitglieder von 5510 auf 13300 resultiert daraus, dass Mitglieder der Jungen Alternative (JA) und auch Personen des »aufgelösten«

5 Seit dem Verfassungsschutzbericht 2017 wird das rechtsextreme Personenpotenzial in »parteiunabhängige bzw. parteiungebundene Strukturen« und »weitgehend unstrukturiertes rechtsextremistisches Personenpotenzial« aufgeschlüsselt (vgl. BMI/VSB 2019, S. 49). Während die Kategorie »in Parteien« dabei unverändert bleibt, werden unter »in parteiunabhängigen bzw. parteiungebundenen Strukturen« Kameradschaften, Vereine, Netzwerke, ggf. Nachfolgebestrebungen zu verbotenen Organisationen, Verlage und sonstige organisierte Rechtsextremisten gezählt. In der Kategorie »weitgehend unstrukturiertes rechtsextremistisches Personenpotenzial« werden alle organisationsungebundenen Rechtsextremisten zusammengefasst, zum Beispiel subkulturell geprägte Rechtsextremisten oder Gewalttäter, außerdem Internetaktivisten, die keiner Organisation zugeordnet werden können (ebd.). 2019 wurden 6600 Personen der Kategorie »in parteiunabhängigen bzw. parteiungebundenen Strukturen« zugeordnet (2017: 6300, 2018: 6600) und 13500 Personen der Kategorie »weitgehend unstrukturiertes rechtsextremistisches Personenpotenzial« (2017: 12900, 2018: 13240) (vgl. ebd. bzw. BMI/VSB 2020, S. 53). Auch wenn sich die Zahlen wegen der neuen Zählweise nicht direkt mit den älteren vergleichen lassen, zeigt sich auch hier eine Zunahme der Anzahl von Personen in den entsprechenden Kategorien.

Flügels der AfD in der Statistik erstmals als »rechtsextremistisch« aufgeführt werden.

7.2 Das systemfeindliche Milieu als »Raumordnungsbewegung«

Mit dem Kameradschaftsmodell und durch die Orientierung an subkulturellen Lebenswelten konzentrierte sich das systemfeindliche Milieu also stärker auf den lokalen Sozialraum (vgl. Döring 2006, S. 177). Diese Idee wurde im Prinzip bereits Anfang der neunziger Jahre in dem Pamphlet *Schafft national befreite Zonen!* formuliert. Allerdings fand das Konzept der »national befreiten Zonen« (NBZ) im deutschen Rechtsextremismus zunächst wenig Resonanz. Ab 1997 wurde es jedoch im medialen Diskurs aufgegriffen, um von Neonazis geschaffene Angsträume zu thematisieren (vgl. Schulz 2014).

Ungeachtet der Tatsache, dass NBZ im engeren Sinn nirgends verwirklicht sind, spielt die lokale Orientierung im Rechtsextremismus eine entscheidende Rolle. Das Aufgreifen lokaler Themen, Aktionen im vorpolitischen Raum sowie die Schaffung von Schwerpunktorten und -regionen gehören fest zur rechtsextremen und neonazistischen Politik (vgl. Schulz 2014).

Gezielt werden eigene ökonomische Strukturen aufgebaut, etwa durch die Gründung von Betrieben, die vorrangig oder ausschließlich Rechtsextreme beschäftigen. Man erwirbt Immobilien, die als Schulungszentren, Veranstaltungsorte und »nationale Wohngemeinschaften« dienen (vgl. Röpke 2009, S. 255). So versuchen Rechtsextreme seit Jahren, den ländlichen Raum mit einer vermeintlich »intakten Volksgemeinschaft« gegen die städtische »Multikulti«-Gesellschaft zu positionieren (vgl. Schmidt 2014, S. 3). In dünnbesiedelten und strukturschwachen Regionen stehen ausreichend bezahlbare Häuser zur Verfügung. Zudem bieten sich dort beste Möglichkeiten, strategisch Ehrenämter zu besetzen und in die Bevölkerung vor Ort hineinzuwirken (vgl. Röpke/Speit 2019, S. 134). Zu dieser Strategie gehören auch die »völkischen Siedlungsprojekte«, »die auf eine langfristige Beeinflussung der Alltagskultur ausgerichtet sind« (ebd.). Insbesondere das 50-Einwohner-Dörfchen Jamel im Landkreis Nordwestmecklenburg gilt mittlerweile als fest in »völkischer« Hand. Dem dort lebenden Kameradschaftsführer Sven K. ist es im Lauf der Jahre gelungen, Gleichgesinnte zu bewegen, sich in dem Ort anzusiedeln (ebd., S. 136).

Völkische Siedlungsprojekte gibt es freilich in ganz Deutschland. Da die »völkischen« Familien meist nicht durch Gewalttätigkeit auffallen, werden sie oft nicht erkannt bzw. zu spät als problematisch wahrgenommen. Auch treten die »völkischen Siedler« in den Gemeinden häufig als nette, naturverbundene und hilfsbereite Nachbarn und Nachbarinnen auf, die sich mit ihrer zupackenden Art beliebt und durch ehrenamtliches Engagement unentbehrlich machen. »Ihre bisweilen sehr traditionell anmutende Kleidung – die langen Röcke der Frauen und die Zimmermannshosen der Männer – fällt nicht weiter auf.« (Schmidt 2014, S. 4f.)

Insgesamt geht das Innenministerium von 136 Immobilien aus (Stand Dezember 2017), die von Rechten und Neonazis kontrolliert werden und in denen politische Aktivitäten stattfinden, so die Antwort auf eine Kleine Anfrage der Fraktion der Linken im Bundestag.[6] »Völkische Netzwerke und

6 Online verfügbar unter: {http://dipbt.bundestag.de/dip21/btd/19/005/1900518.pdf}.

deren Wirtschaftsstrukturen« stünden bei Polizei und Verfassungsschutz, wie Andrea Röpke und Andreas Speit (2019, S. 135) kritisieren, allerdings »nach wie vor nicht im Fokus«. Man konzentriere sich »eher auf [medial] bekannte rechtsextreme Szenetreffpunkte, Schulungszentren und Gaststätten« (ebd.). Bekannte Treffpunkte wie das Haus der Identitären in Halle oder das Rittergut des Instituts für Staatspolitik in Schnellroda seien jedoch nicht aufgeführt (ebd.).

Davon zu unterscheiden ist die zeitlich begrenzte Nutzung des sozialen Raumes für Demonstrationen, Kundgebungen und Großveranstaltungen. Einige neonazistische Gruppen sind darauf ausgerichtet, im Sinne eines »Raumkampfes« Angst und Schrecken auf Straßen und Plätzen zu verbreiten. So veranstaltete die Kleinstpartei Der Dritte Weg 2019 am symbolträchtigen 1. Mai in der sächsischen Kleinstadt Plauen einen SA-ähnlichen Aufmarsch mit einheitlichen T-Shirts, Trommeln, Fahnen und Fackeln. »Nationaler Sozialismus – jetzt« und »Deutschland erwache!« lauteten die historisch aufgeladenen Parolen.

Zu einzelnen sozialen rechtsextremen Gruppen und Milieus liegt mittlerweile eine Vielzahl qualitativer Studien vor. So gibt es beispielsweise Untersuchungen zur jugendlichen Anhängerschaft (vgl. u. a. Hafeneger/Jansen 2001), zu einzelnen Führungsfiguren (vgl. Thein 2009) oder zu rechtsextremen Skinheads (vgl. Möller/Schuhmacher 2007). Die Ideologie wurde ebenso analysiert wie das rechtsextreme Medienverhalten (vgl. u. a. Busch 2010; Pfeiffer 2002) oder die Geschlechterverhältnisse innerhalb einzelner Gruppen (vgl. u. a. Rommelspacher 2000; Birsl 2011; Röpke/Speit 2011). Auch zur rechtsextrem motivierten Gewalt liegen Erkenntnisse vor (u. a. Heitmeyer 2002b; Wahl (Hg.) 2001; Sitzer/Heitmeyer 2008; Mletzko 2010; Sundermeyer 2012).

Dennoch zeigt sich eine entscheidende Lücke: Was fehlt,

ist eine Rechtsextremismusforschung, die sich mit den Gelegenheitsstrukturen und Interaktionsprozessen im sozialen Raum beschäftigt. Zwar wurde der kleinräumige Blick in den letzten Jahren wichtiger, allerdings beziehen sich die entsprechenden Studien fast ausschließlich auf Ostdeutschland (vgl. Wagner 1998, 2008; Borstel/Sischka 2003; Strobl/Würtz/Klemm 2003; Buchstein/Heinrich 2010; Borstel 2011; Quent/Schulz 2015). Gesellschaftspolitisch ist dies hochproblematisch. Laut Matthias Quent läuft »die Betonung des *Sonderfalls* Ost« auf eine »Abgrenzung gegenüber dem vermeintlichen *Normalfall* West« hinaus, »in dem keine spezifischen begünstigenden Faktoren des Rechtsextremismus zu finden seien – zumindest keine, die der Erwähnung wert wären, und die folglich auch nicht genannt, diskutiert oder gar aufgearbeitet werden müssten« (Quent 2016, S. 176, Hervorhebungen im Original). Gleichwohl dürfe man »die Rolle der spezifischen Verfasstheit der rechtsextremen Szene in den neuen Bundesländern« und »die spezifischen Gelegenheitsstrukturen für die weitere Entwicklung der rechtsextremen Bewegung« nicht unterschätzen (ebd.).

Bei genauerer Betrachtung zeigt sich, dass nicht die geografische Lage in Ost- oder Westdeutschland entscheidend ist, sondern die sozioökonomische Situation der jeweiligen Landkreise (vgl. Quent 2012). Eine strukturelle Besonderheit Ostdeutschlands besteht dabei in der von Kleinstädten mit ihren spezifischen Bedingungen geprägten Siedlungsstruktur. In eine ähnliche Richtung weisen die sozialraumbezogenen Analysen des Bielefelder Forschungsprojektes »Gruppenbezogene Menschenfeindlichkeit im lokalen Raum« (Grau/Heitmeyer [Hg.] 2013). Sie zeigen, dass auch objektive Indikatoren wie die Abwanderungs- oder die Arbeitslosenquote die Abwertung schwacher Gruppen mit erklären (Hüpping/Reinecke 2007; Grau/Groß/Reinecke 2012). So kann insbesondere in Sozialräumen mit einer vergleichsweise hohen Jugendarbeitslosigkeit ein Gefühl kollektiver Benachteiligung entstehen. Kommen dann noch Orientierungslosigkeit und Konformitätsdruck hinzu, begünstigt dies ein fremdenfeindliches Klima (vgl. Grau/Groß/Reinecke 2012, S. 143 f.). Auch das Gefühl politischer und gesellschaftlicher Machtlosigkeit, der Eindruck, keinen Einfluss auf gesellschaftliche und politische Prozesse zu haben, trägt zur Abwertung schwacher Gruppen bei (ebd.).

Ergänzt werden solche Untersuchungen durch Studien zur lokalen politischen Kultur und zu den Angeboten des organisierten Rechtsextremismus (vgl. Grau/Heitmeyer [Hg.] 2013, insbesondere Luzar 2013, S. 187-201 sowie Borstel 2013, S. 257-277). Auch wenn eine umfassende Erklärung des Phänomens noch aussteht, kann man wohl davon ausgehen, dass der demokratischen politischen Kultur in den jeweiligen Städten und Gemeinden eine entscheidende Funktion zukommt und es wichtig ist, dass eine »reflexive und reaktionsfähige Stadtgesellschaft« sich den rechtsextremen Gruppen entgegenstellt (vgl. ebd.; siehe auch Heitmeyer 2002b; Strobl/Würtz/Klemm 2003; Quent/Schulz 2015).

Existierende theoretische Ansätze zu Macht- und Raumgewinnen (vgl. Heitmeyer 1999) wurden in der empirischen Forschung bislang aber nur vereinzelt angewandt (vgl. Grau/Heitmeyer [Hg.] 2013; Quent/Schulz 2015; Luzar 2015). Das ist insofern bedauerlich, als »der lokale Raum [...] eine entscheidende Ebene [ist], auf der sich Täter und Opfer begegnen, in der Menschen direkt miteinander interagieren und Entstehungsprozesse, Radikalisierungen sowie Folgen rechtsextremer Gewalt analysiert werden können« (Luzar 2015, S. 16). Opfer wiederum sprechen häufig von »Zonen der Angst« (vgl. Luzar 2015). Als »Angstzonen« gelten dabei Gebiete,

> in denen – wenigstens zu bestimmten Zeiten – rechte/rechtsextreme Gruppen durch ihren Habitus, ihr Auftreten und ihre konkreten Verhaltensweisen versuchen, für andere Gruppen eine Zugangs- und Aufenthaltskontrolle zu praktizieren und eine exklusive Nutzung für die eigene Gruppe durchzusetzen [...]. (Döring 2008, S. 39)

Durch die Besetzung sozialer Räume, die meist unterhalb der Schwelle der Begehung von Straftaten bleibt, können Rechtsextremisten demnach zu einem bestimmenden Faktor im Alltag von Städten und Gemeinden werden (vgl. Quent/Schulz 2015; Luzar 2015). Sie verstehen sich dort als »Raumordnungsbewegung« (Wagner 2008, S. 15), die Freiräume für ihr »Revolutionsideal« erobern und gegen feindliche Bezugsgruppen vorgehen will.

Die Lektüre entsprechender Studien offenbart leider, dass die konflikthaften Interaktionen zwischen (potenziellen) Opfern und rechtsextremen Tätern bisher nicht hinreichend analysiert wurden (vgl. Luzar 2015, S. 13). Weder wurden unterschiedliche Akteure (Polizei, Politik, Medien) noch unterschiedliche räumliche Kontexte betrachtet oder Interaktionen zwischen diesen untersucht (vgl. Schellenberg 2013, S. 18; siehe auch Luzar 2015). Daher widmen wir uns im Folgenden den vor Ort wirkenden Mechanismen; insbesondere vergleichen wir die Bedingungen in ländlichen und urbanen Räumen sowie in Ost- und Westdeutschland.

7.3 Städtische und ländliche Gelegenheitsstrukturen

Der Fokus: Interaktionsprozesse in sozialräumlichen Kontexten

Wie bereits in Kapitel 3 ausgeführt, konzentriert sich die soziologische Rechtsextremismusforschung auf Prozesszusammenhänge. Wechselwirkungen zwischen Strukturen und Einstellungsmustern in der Bevölkerung spannen demnach einen Resonanzraum für politische Angebote auf. Für die uns hier interessierende Frage greifen wir erneut auf das Interaktionsmodell zurück (siehe Kapitel 3.3). Abbildung 25 gibt einen Überblick über die wesentlichen Prozesszusammenhänge.

(1) Gesellschaftliche Entwicklungen erzeugen städtische bzw. stadtteilbezogene und ländliche Lebensbedingungen, die im Zusammenhang mit (Des-)Integrationsdynamiken zur Entstehung gruppenbezogen-menschenfeindlicher Einstellungen beitragen können.

(2) Menschenfeindliche Einstellungen in Teilen der Bevölkerung verändern das soziale Klima und die demokratische Kultur und stellen spezifische Gelegenheitsstrukturen für politische Aktivitäten dar.

(3) Menschenfeindliche Einstellungen in Teilen der Bevölkerung schaffen Legitimationen und Anreize für den bewegungsförmigen Rechtsextremismus und den autoritären Nationalradikalismus.

(4) Dieses politische Spektrum unterbreitet je nach den spezifischen Gelegenheitsstrukturen in den jeweiligen Sozialräumen sein politisches Deutungs- und Aktionsangebot.

(5) Gleichzeitig skandalisieren die Akteure aus diesem Spektrum Themen wie Desintegration oder Flüchtlingsbewegungen und kritisieren die politischen Eliten, um sich zum eigentlichen Fürsprecher der nicht wahrgenommenen Bürgerinnen und Bürger zu stilisieren.

(6) Staatliche Akteure greifen unter anderem mit repressiven Mitteln dort ein, wo es zu Grenzüberschreitungen wie Bedrohungen oder Gewalt kommt; zivilgesellschaftliche Akteure intervenieren. Wenn Politik und Zivilgesellschaft jedoch zulassen, dass menschenfeindliche Einstellungen und

Abb. 25: Prozesszusammenhänge in sozialräumlichen Kontexten

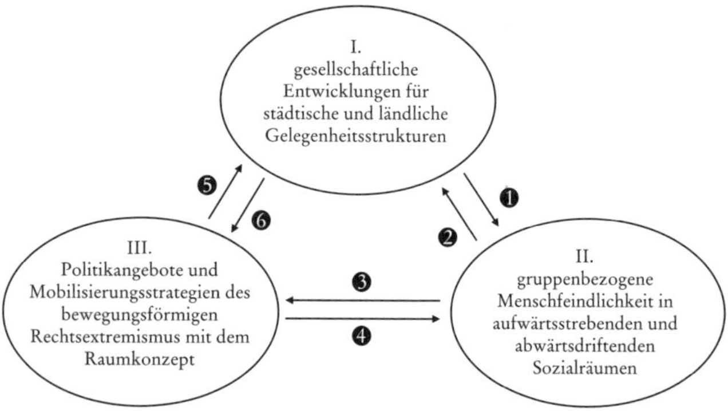

Aktionen sich normalisieren oder gar eskalieren, bewirkt dies wiederum eine Belebung des rechtsextremen Spektrums (siehe Kapitel 3.2).

Gruppenbezogene Menschenfeindlichkeit in verschiedenen Sozialräumen

Vor dem Hintergrund dieses Prozessmodells geben wir nun einen kurzen Überblick über empirische Befunde zur sozialräumlichen Verteilung und Verdichtung gruppenbezogener Menschenfeindlichkeit. Betrachtet man die Bundesrepublik insgesamt, sind diese Einstellungsmuster in den ostdeutschen Bundesländern besonders ausgeprägt. Das zeigen die kumulierten GMF-Daten zu Fremdenfeindlichkeit, Antisemitismus und autoritärer Aggression (vgl. Babka von Gostomski/Küpper/Heitmeyer 2007, S. 120). Zusätzlich ergeben sich auch bei der Gewaltbilligung und -bereitschaft durchgängig höhere Werte. Diese Ost-West-Unterschiede lassen sich mit verschiedenen Faktoren erklären. Dazu gehören die Wahrnehmung sozialer Desintegrationsprozesse, d. h. der Einschätzung eines geringeren Lebensstandards, instabiler und unzuverlässiger sozialer Beziehungen, einer größeren Angst vor Arbeitslosigkeit und insbesondere des stärkeren Eindrucks politischer Machtlosigkeit, vor allem jedoch einer stärkeren Neigung zu Law-and-order-Parolen [...]. (Ebd., S. 118)

Richtet man den Blick auf einzelne Regionen unterhalb der Ebene der Bundesländer und zieht man Indikatoren für ihre ökonomische Entwicklung heran (vgl. Hüpping/Reinecke 2007, S. 93), zeigt sich, dass gruppenbezogene Menschenfeindlichkeit in wirtschaftlich abwärtsdriftenden Regionen deutlich stärker ausgeprägt ist (vgl. Abbildung 26).

Abb. 26: Gruppenbezogene Menschenfeindlichkeit nach ökonomischer Situation der Sozialräume

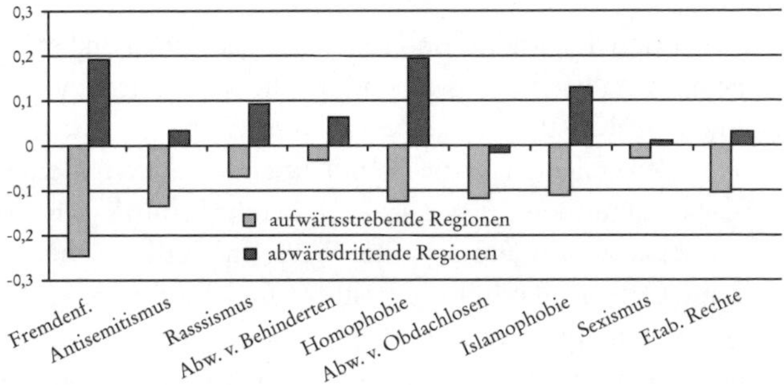

(Quelle: Hüpping/Reinecke 2007, S. 93)

Betrachtet man zudem die Entfremdung vom demokratischen System sowie die Fremdenfeindlichkeit (vgl. Abbildung 27), zeigt sich über die Zeit ein stabiles Bild (Legge/Reinecke/Klein 2009, S. 63).

Abb. 27: Politische Entfremdung nach ökonomischer Situation der Sozialräume

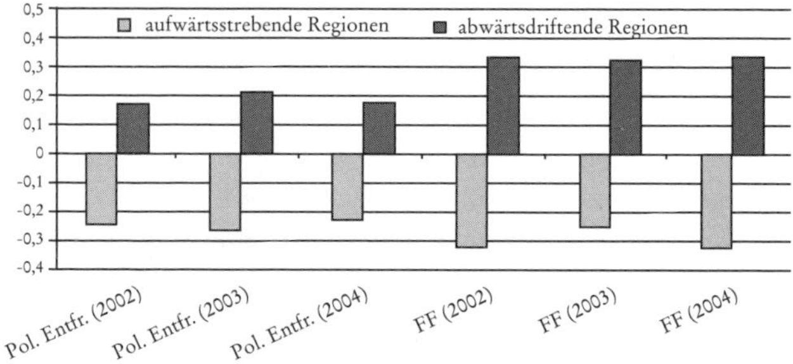

Pol. Entfr. = Politische Entfremdung; FF = Fremdenfeindlichkeit; Signifikanz der Unterschiede zwischen den Befragten in den verschiedenen Regionen liegt bei mindestens $p<.05$.
(Quelle: Legge/Reinecke/Klein 2009, S. 63)

Wenn wir nun den Radius noch einmal enger ziehen und städtische bzw. stadtteilbezogene und ländliche Sozialräume abhängig von der Ortsgröße betrachten, lässt sich mit den GMF-Daten zeigen, dass die Fremdenfeindlichkeit in kleineren Orten signifikant höher ist (vgl. Petzke/Endrikat/Kühnel 2007, S. 62). Zudem sind die Werte in Ostdeutschland über alle Ortsgrößen hinweg höher (vgl. Abbildung 28).

Dieses sozialgeografische Muster ergibt sich insbesondere durch den höheren Konformitätsdruck in kleineren Sozialräumen sowie die Abwanderung bestimmter Personengruppen (vgl. z.B. Buchstein/Heinrich 2010).

Abwärtsdriftende Gebiete gibt es aber keineswegs nur in ländlichen Regionen oder in Ostdeutschland, sondern auch in (westdeutschen) Großstädten. Ein Indiz dafür sind beispielsweise die »verinselten« Erfolge der AfD bei der Bundestagswahl 2017 im Ruhrgebiet oder in Berlin. Die Partei konnte vor allem in Stadtteilen reüssieren, wo alte ökonomische und soziale Probleme durch neue Herausforderungen

Abb. 28: Mittelwertunterschiede der Fremdenfeindlichkeit zwischen West- und Ostdeutschland und nach Gemeindegrößen differenziert

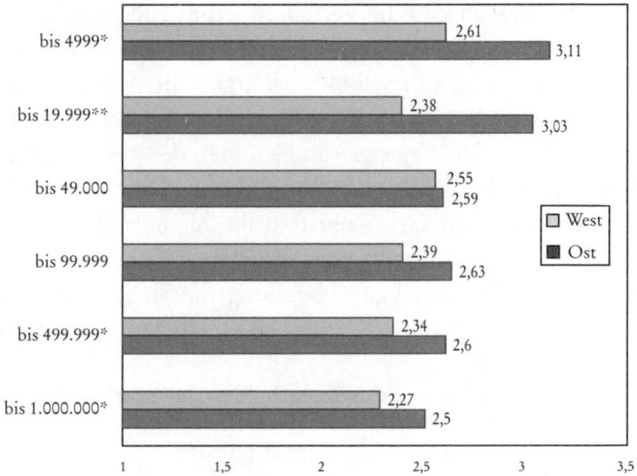

(Quelle: Petzke/Endrikat/Kühnel 2007, S. 62)

verschärft wurden, etwa durch die Unterbringung von Geflüchteten ab 2015.

Neben der wirtschaftlichen Entwicklung und der Ortsgröße gibt es weitere Faktoren, die menschenfeindliche Einstellungsmuster befördern können. Diese werden in dem Sammelband *Menschenfeindlichkeit in Städten und Gemeinden* näher beleuchtet (Grau/Heitmeyer [Hg.] 2013; vgl. für ähnliche Untersuchungen u.a. Bohler 2004; Borstel 2008, 2010; Held et al. 2008; Luzar 2015; Quent/Schulz 2015).

Diese quantitativ ermittelten ökonomischen und sozialgeografischen Faktoren für die Einstellungen dort lebender Personen müssen nun ins Verhältnis gesetzt werden zu den unterschiedlichen Gelegenheitsstrukturen in städtischen und ländlich-kleinstädtischen Räumen, wobei auch hier die Ost-West-Differenz zu berücksichtigen ist.

Städtische und ländliche Gelegenheitsstrukturen

Ein besonderer Fokus auf Interaktionsprozesse in sozialräumlichen Kontexten und die Verteilung gruppenbezogen-menschenfeindlicher Einstellungen unter verschiedenen ökonomischen Bedingungen bzw. in Orten unterschiedlicher Größe reicht noch nicht aus, um die Gelegenheitsstrukturen zu beschreiben, die das Agieren von Gruppen des systemfeindlichen Milieus befördern oder erschweren. Deshalb werden wir nachfolgend die Gelegenheitsstrukturen in ländlich-kleinstädtischen und großstädtischen Räumen entlang der Lebensqualität und der jeweiligen Handlungsmöglichkeiten näher bestimmen. Die Kategorien werden in Tabelle 5 vorgestellt.

Tab. 5: Gelegenheitsstrukturen des bewegungsförmigen Rechtsextremismus in städtischen und ländlich-kleinstädtischen Räumen

Räume / Kategorien	ländlich-kleinstädtischer Raum	großstädtischer Raum
Infrastruktur		
Verkehrsinfrastruktur	Einschränkung des öffentlichen Nahverkehrs/keine Fernverkehrsverbindung	Verfügbarkeit des öffentlichen Nah- und Fernverkehrs (schnelle Aktivierungsmöglichkeit)
Versammlungsinfrastruktur (Gaststätten/Privateinrichtungen)	Schließung von Gaststätten; Übernahme von Gaststätten durch Rechtsextreme	generelle Verfügbarkeit öffentlicher Treffpunkte
politische Infrastruktur	fehlende Präsenz der großen demokratischen Parteien vor Ort	generelle Verfügbarkeit (Parteibüros) und Präsenz der großen demokratischen Parteien

Räume / Kategorien	ländlich-kleinstädtischer Raum	großstädtischer Raum
Vergemeinschaftungen		
Homogenität/Heterogenität der Einstellungen	hohe Homogenität bei Einstellungen	hohe Heterogenität der Einwohnerschaft
Einsickerungen in Vereine (Sportvereine, Feuerwehr, Schützenvereine, Kitas) (Vergemeinschaftungen)	große Chancen durch Überalterung und Entleerung der Dörfer (fehlender Nachwuchs in Institutionen)	altersspezifische »Durchmischung«
Bekanntschaften (Nachbarschaften/ »Alltagshilfe«)	große Chancen über Nachbarschaftshilfe (»Kümmerer«), Gegenseitigkeit	professionelle Hilfsstrukturen
Chance, den Freundes-/Bekanntenkreis zu wechseln	eher gering (außer Internet)	eher hoch
»Verschönerungen« des öffentlichen Raums	Dorfgemeinschaftsvereine	städtische Ämter/ private Firmen
institutionelle und informelle Kontrolle		
Kontrollstrukturen (Polizei)	Vergrößerung der Verwaltungsbezirke; Verringerung der Polizeistationen	schnellere Polizeikontrollen
Konformitätsdruck/ Anonymität	geringe Abweichungen vom dominierendem Verhalten (Ausschlussdrohungen)	Anonymität als »Schutz«
soziale Kontrolldichte (Wer spricht mit wem?)	hohe soziale Kontrolle (jeder kennt jeden – und seine Geschichte)	geringere soziale Kontrolle

Kategorien \ Räume	ländlich-kleinstädtischer Raum	großstädtischer Raum
Öffentliche Aufmerksamkeit/Kommunikation		
Ausdünnung der traditionellen Kommunikation (etwa über lokale Zeitungen)	keine/kaum Berichte über lokale Ereignisse (»alternative« Dorfblätter)	geringes Interesse im Nahraum
Demonstrationen: »kritische Masse«	große Probleme für »kritische Masse« (Medienaufmerksamkeit)	geringe Probleme für »kritische Masse« (Medienpräsenz)
Markierungen des öffentlichen Raums (Spuckies, Graffiti, Wahlplakate etc.)	wenig Widerstand gegen die Markierungen	Kampf um die Anbringung, Beseitigung, konkurrierende Markierungen

Die empirische Grundlage bildet unter anderem das von der Deutschen Forschungsgemeinschaft (DFG) geförderte Projekt »Autonome Nationalisten«, das von 2015 bis 2017 am Institut für interdisziplinäre Konflikt- und Gewaltforschung der Universität Bielefeld durchgeführt wurde. Um die Besonderheiten städtischer versus ländlicher Räume analysieren zu können, wurden exemplarisch die Großstädte Berlin und Dortmund sowie die Kleinstädte Kahla und Saalfeld in Thüringen sowie Buchholz in der Nordheide und Tostedt in Niedersachsen ausgewählt.[7]

---

7 Ziel der Untersuchung war es, die spezifischen Bedingungen und Gelegenheitsstrukturen ausfindig zu machen, die es rechtsextremen und eher aktionsbezogenen Gruppen ermöglichen, sich in Sozialräumen zu etablieren. Hierzu wurden umfangreiche Sozialraumanalysen erstellt und mit den Aktivitäten verschiedener Gruppen in Verbindung gebracht. Eine nähere Beschreibung der Datenbasis sowie der eingesetzten Methoden ist online verfügbar unter: {https://gepris.dfg.de/gepris/projekt/254142102/ergebnisse}.

Wie die Ergebnisse auch dieser Untersuchung zeigen, hängen die Chancen des systemfeindlichen Milieus, sich erfolgreich auszubreiten und zu verankern, von den typischen Konstellationen in bestimmten Sozialräumen ab. Hilfreich ist hier der Zugang über die Kategorien *vorhandene Masse/Anonymität* in städtischen Gebieten und *fehlende Masse/Intensität* in dörflichen bzw. kleinstädtischen Räumen.

In Großstädten können viele Menschen angesprochen und über Aktionen oder soziale Medien erreicht werden. So ist es möglich, eine kritische Masse von Aktivisten zu mobilisieren. Allerdings wirken die Anonymität und die vielfältigen alternativen Angebote in städtischen Kontexten dem ebenso entgegen wie das Vorhandensein aufmerksamer zivilgesellschaftlicher Akteure.

In ländlich-kleinstädtischen Kontexten sehen die Gelegenheitsstrukturen anders aus. Dort geht es nicht um Masse, sondern um die Intensität von Beziehungen und die Möglichkeiten des direkten Kontakts. Gleichzeitig herrschen dort aber auch andere Formen der Vergemeinschaftung und sozialen Kontrolle vor. Wie schon Georg Simmel (1995 [1903], S. 123) herausgestellt hat, sind die Beziehungen in Städten eher von Indifferenz und Anonymität geprägt. Dadurch ist die gegenseitige informelle Kontrolle vergleichsweise gering. In ländlichen und insbesondere in dörflichen Lebensräumen sind die sozialen Nahbeziehungen dagegen überschaubar und eng.

Damit ist oftmals auch eine geringere Bereitschaft verbunden, Konflikte innerhalb des Gemeinwesens zu thematisieren. Denn je enger und homogener die Bekanntschaften und Netzwerke sind, desto höher ist auch der Anpassungsdruck. Dies hindert lokale Eliten wie Bürgermeister und Bürgermeisterinnen oftmals daran, eindeutig Position zu beziehen. Eine Studie zu Rechtsextremismus und Stadtgesellschaft in zwei ostdeutschen Kleinstädten belegt: Ein falsch verstandenes Harmonieideal in der politischen Kultur führt dazu, dass Konflikte nicht ausgetragen werden. Dadurch konnten sich, so ein Fazit der Untersuchung, in Saalfeld rechtsextreme Lebensweisen, Einstellungen und Meinungen unwidersprochen ausbreiten und etablieren (vgl. Strobl/Würtz/Klemm 2003, S. 164 f.). Dass es auch Ausnahmen von der Regel gibt, zeigt wiederum das Beispiel Fürstenwalde. Entscheidend ist demnach weniger die Größe als vielmehr die Konfliktfähigkeit von Stadtgesellschaften und Gemeinden. Wo Konflikte offensiv angegangen und ausgetragen werden, können rechte Bedrohungsallianzen nur schwer Fuß fassen und gedeihen.

Wo hingegen die Sorge um das Image der Stadt oder der Wunsch nach Harmonie überwiegen, lassen sich Normalisierungsprozesse beobachten. Man müsse als Verwaltung die »Neutralität wahren«, heißt es dann etwa. Für vermeintlich Abweichende kann dies jedoch bedeuten, dass sie stigmatisiert, ausgeschlossen oder gar bedroht werden. Erschwerend kommt hinzu, dass in dörflichen Regionen institutionelle Kontrollen beispielsweise durch die Polizei kaum präsent sind. Schon aus strukturellen Gründen ist es in der Peripherie schwieriger, Straftaten frühzeitig zu registrieren oder Menschen vor möglichen Übergriffen zu schützen (vgl. Heitmeyer 2014, S. 143 f.)

Oft fehlt es in kleineren und ärmeren Kommunen auch an Wissen, Sensibilität, Netzwerken und finanziellen Mitteln, um angemessen gegen »rechts« vorzugehen. Zudem bestehen persönliche Verflechtungen mit Akteuren der rechtsextremen Szene, man pflegt nachbarschaftliche Kontakte, unterstützt sich gegenseitig und ist eventuell schon gemeinsam zur Schule gegangen (vgl. auch Quent 2014, S. 50f.).

Hinzu kommt ein vergleichsweise geringes Spektrum an subkulturellen Ausdrucksformen, weshalb insbesondere Jugendliche einem größeren Konformitätsdruck ausgesetzt sind. Sie passen sich vorhandenen Cliquenstrukturen an, weil sie Freundeskreise nicht einfach so wechseln können. Die geringere Vielfalt kann zudem eine Abwehrhaltung gegenüber Neuem und Unbekanntem mit sich bringen, was es Zugezogenen und insbesondere Menschen mit nichtdeutscher Herkunft erschwert, sich in örtliche Strukturen zu integrieren (vgl. z.B. auch Dünkel/Geng 2014, S. 153f.).

Zugleich bewirkt die demografische Entwicklung, dass sich ländliche und dörfliche Infrastrukturen einschließlich der Kleinstädte, die nicht im Umfeld von Metropolen liegen, massiv verändern (ebd., S. 297f.). Räume wie Kahla und Saalfeld sehen sich seit einigen Jahren mit den unmittelbaren Folgen von Geburtenrückgang, Überalterung und Wanderungsverlusten konfrontiert (vgl. z.B. BBSR 2015). Damit einher geht oft ein Rückbau von Institutionen der Daseinsvorsorge. Ärzte, Schulen, Kindergärten, Freizeitmöglichkeiten und Läden schließen (vgl. Neu 2014, S. 117).

Auch der Wegzug junger Qualifizierter, insbesondere junger Frauen, verändert in zahlreichen Regionen sowohl die Gelegenheitsstrukturen auf dem Arbeitsmarkt als auch die Einstellungsmuster in der Bevölkerung. Die *Analyse des AfD-Wahlerfolgs zur Landtagswahl 2019 in den Thüringer Gemeinden* des Instituts für Demokratie und Zivilgesellschaft zeigte jüngst, »dass die AfD dort erfolgreich ist, wo der Anteil der weiblichen Bevölkerung sinkt. Das ist ein Befund, der sich auch mit den Wahlanalysen auf Individualebene deckt, die unter Männern eine deutlich höhere AfD-Affinität als unter Frauen feststellen.« (Richter/Salheiser/Quent 2019, S. 7)

Zudem sind in ländlichen Räumen am Abend und am Wochenende kaum noch Busse unterwegs (vgl. Neu 2014, S. 117). Wer die Kultur- und Freizeitangebote der nahen (Klein-)Städte wahrnehmen möchte, ist auf ein eigenes Fahrzeug oder die Fahrbereitschaft von Bekannten oder Eltern angewiesen. Wo extreme Rechte diese Angebotslücken füllen, ist die »rechte Landnahme« quasi programmiert (vgl. dazu auch Quent 2014, S. 50). Dass die großen demokratischen Parteien in ländlichen Gebieten immer weniger präsent sind, trägt dazu bei, dass Teile der Bevölkerung sich nicht angemessen wahrgenommen fühlen, weshalb sich Rechtsextreme auch in diesem Zusammenhang als erfolgreiche »Kümmerer« profilieren können (vgl. Grau/Heitmeyer [Hg.] 2013; Quent 2014, S. 50).

Das ökonomische »Abdriften« führt zum Verlust qualifizierter Menschen. Sie fehlen dann, um lokale Betriebe zu übernehmen oder das Vereins- und Freizeitleben mitzugestalten. Insofern gilt es aufmerksam zu verfolgen, ob es dem bewegungsförmigen Rechtsextremismus in ländlichen Gebieten gelingt, zivilgesellschaftliche Institutionen wie die Freiwillige Feuerwehr zu unterwandern. In verdichteten großstädtischen Regionen sind die Möglichkeiten dazu eher eingeschränkt.

In Dortmund als einer Kernzelle der Autonomen Nationalisten waren die rechtsextremen Akteure jedoch erfolgreich. Es gelang ihnen, Aktivisten verschiedener Strömungen und Generationen zumindest anlassbezogen zu vereinen, ohne dabei an Glaubwürdigkeit zu verlieren. Die Szene zeigt ein auffälliges Organisationstalent, auch für große Demonstrationen. Sie ist ausgesprochen professionell im Internet unterwegs und koppelt ihre Netzaktivitäten eng an jene im realen Raum. Schließlich konnte man fähige Aktivistinnen aus dem gesamten Bundesgebiet ins Ruhrgebiet locken. Möglich wurde dies, weil die Stadt das Problem lange nicht ernst genommen hat. Außerdem wissen sich die führenden Dortmunder Akteure juristisch zur Wehr zu setzen, weil sie entweder entsprechend ausgebildet sind oder von Anwälten unterstützt werden.

In Berlin stellt sich die Situation bei grundsätzlich ähnlichen Gelegenheitsstrukturen anders dar. Stadtteilübergreifende Aktivitäten wie in Dortmund gibt es nicht. Die Aktionen bleiben weitgehend bezirks- bzw. kiezbezogen. Nachfolgegruppen des Nationalen Widerstands Berlin (NW-Berlin) bestehen meist nur für kurze Zeit. Heimatlos gewordene Aktivsten werden dann in das als »Freie Kräfte« bezeichnete Netzwerk integriert oder von parteipolitischen Gruppen aufgesogen, die überwiegend im Ostteil der Stadt tätig sind. Gleichwohl ist Berlin nach wie vor ein attraktiver Aufmarschort, allerdings vorrangig für auswärtige Rechtsextreme. Die Akteure des klassischen Berliner Rechtsextremismus schaffen es hingegen nicht, ihren Niedergang aufzuhalten. Dies betrifft vor allem die Berliner NPD, trotz ihrer starken personellen Überschneidung mit der Berliner Kameradschaftsszene.

Nach der Aufdeckung der NSU-Morde wurde auch die rechtsextreme Szene in Berlin verstärkt durch staatliche Behörden beobachtet. Die Internetplattform »nw-berlin« wurde 2012 verboten und abgeschaltet. Wie groß der Druck auch aufgrund großer zivilgesellschaftlicher Wachsamkeit mittlerweile ist, verdeutlicht die Tatsache, dass es für die Berliner Aktivisten im Unterschied zu ihren Dortmunder Gesinnungsgenossen immer schwerer geworden ist, Immobilien als feste Treffpunkte zu etablieren und diese langfristig zu halten.

Gleichzeitig zeigen die kurzfristigen Erfolge sowie der Zuspruch zu einzelnen Veranstaltungen, dass das systemfeindliche Milieu in Berlin punktuell immer noch über ein enormes Mobilisierungspotenzial verfügt. So reisten zum Rudolf-Heß-Gedenkmarsch 2017 rund 1000 Rechtsextreme aus Deutschland und dem näheren europäischen Ausland an (vgl. Berliner BMI/VSB 2019, S. 120). Dem Aufruf des Bärgida-Ablegers »Wir für Deutschland« (WfD) folgten 2018 und 2019 jeweils rund 1000 Personen. Nicht zuletzt ist die Gewaltbereitschaft der Berliner Akteure nach wie vor hoch. Allein von 2016 bis 2019 wurden in Berlin-Neukölln mehr als 55 rechtsmotivierte Anschläge verübt, darunter 16 Brandanschläge.[8] Die Zahl der rechtsextremistischen Gewalttaten stieg in Berlin innerhalb kurzer Zeit um 20 Prozent – von 128 Fällen im Jahr 2018 auf 153 Fälle im Jahr darauf (vgl. *Der Tagesspiegel*, 22. Februar 2020).

In den ostthüringischen Städten Kahla und Saalfeld ging das ländlich-kleinstädtische Umfeld nicht geschlossen gegen die Aktionen des bewegungsförmigen Rechtsextremismus vor (siehe hierzu auch Quent/Schulz 2015, S. 151 ff.). »Wir waren ein kleiner Kreis im Stadtrat, der versucht hat, das Problem Rechtsextremismus anzugehen«, berichtet die ehemalige Bürgermeisterin von Kahla einer *Spiegel*-Journalistin. »Aber niemand in Kahla will Position beziehen. Das Problem wird weggedrückt und verharmlost.« (Zit. nach *Der Spiegel*, 21. Juli 2018) In Kahla kam es so zu einer Normalisierung rechtsextremer Strukturen. Lokale Fallstudien zeigen ein ähnliches Ergebnis: In Jena bewirkte zivilgesellschaftliches und städtisches Engagement, dass führende Rechtsext-

8 Entsprechende Berichte zur Situation in Berlin sind online verfügbar unter: {https://www.mbr-berlin.de/aktuelles/diffus-deshalb-bedrohlich-unser-jahresrueckblick-2019/?lang=de}, {https://www.endstation-rechts.de/news/reichsbuerger-hooligans-und-rechtsextremisten-ziehen-durch-berlin.html} und {https://www.mbr-berlin.de/aktuelles/ueberblick-zur-rechtsextremen-anschlagsserie-in-neukoelln/?lang=de}.

reme ihren Wohnsitz und ihre Aktivitäten ins benachbarte Kahla verlagerten (vgl. Quent/Schulz 2015). Dort konnten die Rechtsextremisten 2011 ein Haus – die sogenannte Burg 19 – in der Innenstadt erwerben. »Die Annahme, dort auf mehr Sympathie und Zuspruch zu stoßen«, betont auch der Präsident des Thüringer Verfassungsschutzes, »dürfte dabei ebenso maßgeblich [gewesen] sein wie die Vorstellung, hier unbehelligt agieren zu können.« (Zit. nach *Der Spiegel*, 21. Juli 2018)

Auch für Saalfeld konnte im Rahmen unserer Untersuchung festgestellt werden, dass sich rechtsextreme Aktivitäten ins ländliche Umfeld verlagerten (vgl. auch Quent/Schulz 2015, S. 41 ff.). Viele Probleme, die in Saalfeld in den neunziger Jahren und um die Jahrtausendwende zu beobachten waren (vgl. Strobl/Würtz/Klemm 2003), beschäftigen nun umliegende Gemeinden, in denen Rechtsextreme nicht zuletzt günstige Mietwohnungen vorfanden. In Saalfeld hingegen bildete sich ein breites zivilgesellschaftliches Engagement heraus. In den letzten Jahren fanden zahlreiche Aktionen statt und wurden Maßnahmen getroffen, um zu verhindern, dass rechte Akteure vor Ort erneut Wirkungsmacht entfalten können.

Gleichzeitig steht Saalfeld jedoch wie Kahla vor der Herausforderung, trotz kommunaler Finanznot den staatlichen Einfluss aufrechtzuerhalten und präventiv gegen rechtsextreme Tendenzen vorzugehen, indem beispielsweise Angebote der Jugendarbeit bereitgestellt werden (siehe Quent/Schulz 2015, S. 52 ff. und S. 156). Allerdings könnte sich die Idee der sogenannten »selbstverwalteten Jugendzentren« gerade in den umliegenden Gemeinden als eher kontraproduktiv erweisen. Jugendliche haben dort oft kaum Abwechslung, und die Möglichkeiten bzw. Anreize für soziales Engagement sind gering. Dadurch bieten sich günstige Anknüpfungspunkte für rechtsextreme Akteure. Anstatt die Jugendlichen sich selbst zu überlassen, wären hier attraktive Angebote, angemessene politische Bildung und Sozialarbeiterinnen notwendig, die den Jugendlichen positive Erfahrungen ermöglichen, ihren Selbstwert stärken und ihnen helfen, eigene Ideen für ihre Zukunft zu entwickeln.

Die Wahlergebnisse der AfD in Kahla (27,1 Prozent Erststimmen) und Saalfeld (25,6 Prozent Erststimmen) zeigen ein erhebliches Potenzial für autoritär-nationalradikales Gedankengut. Allerdings konnte die AfD bei der Bundestagswahl 2017 auch in einzelnen Ostberliner Bezirken einen Stimmenanteil von über 20 Prozent erzielen.

In den niedersächsischen Gemeinden Buchholz in der Nordheide und Tostedt zeigen sich noch einmal andere Gelegenheitsstrukturen. Beide Kleinstädte liegen im Einzugsbereich von Hamburg. Rechtsextreme Gruppen wie die Kameradschaft Nationaler Widerstand Tostedt oder Gladiator Germania hatten in den Orten durchaus eine Tradition, ihre Mitglieder waren in der örtlichen Freiwilligen Feuerwehr oder in Sportvereinen aktiv. Die Aktionsgruppe Nordheide versuchte über eine Bürgerbewegung, Anschluss an das bürgerliche Lager zu finden, um insbesondere gegen die Unterbringung von Geflüchteten im Landkreis Harburg vorzugehen. Die einzelnen (Klein-)Gruppen sind zwar gut vernetzt, intern aber so zerstritten, dass sie nicht weiter expandieren. Außerdem geht eine breite Gegenöffentlichkeit gegen die rechtsextremen Gruppen vor, die Polizei hat einen Strategiewechsel vollzogen. Die hohe soziale Kontrolle in den ländlich-kleinstädtischen Strukturen wurde genutzt, um die rechtsextremen Aktivisten aus ihrer Anonymität zu holen und sie so aus dem öffentlichen in den privaten Raum zurückzudrängen.

Vor diesem Hintergrund sind die angeführten Normalisierungsprozesse genauer zu betrachten. Wie wird über die gemäßigten und extrem rechten Aktionen vor Ort kommuniziert? Wie werden diese in lokalen und regionalen Zeitungen dargestellt? Insbesondere in ländlich-kleinstädtischen Räumen führt das Zeitungssterben dazu, dass immer weniger über rechte Umtriebe berichtet wird, was die Mobilisierungschancen zivilgesellschaftlicher Gruppen negativ beeinflussen dürfte (vgl. Kollmorgen 2016). Gleichzeitig bewirken mediale Berichte – insbesondere über ihre »Erfolge« –, dass rechte Gruppen bekannter werden und sich bestätigt sehen. Diese Faktoren können wiederum Eskalationen begünstigen (vgl. Brosius/Esser 1996, S. 216; Heitmeyer 2002b, S. 520). So häuften sich beispielsweise nach der Berichterstattung über die dramatischen Brandanschläge 1992/93 Nachahmungstaten (vgl. Koopmans 1996, S. 205).

Seither hat sich die Berichterstattung erheblich verändert, so dass sich die rechten Provokationen verstärkt vom öffentlichen in den virtuellen Raum verlagerten (vgl. z.B. Albrecht/Fielitz/Marcks 2019). Gleichwohl darf nicht aus dem Blick geraten, dass die so geförderten Aktivitäten im Internet nicht ohne realweltliche Folgen bleiben (ebd.). Insofern entscheiden dann die Einstellungsmuster in der Bevölkerung und öffentlich wahrnehmbare Gegenpositionen darüber, ob die rechtsextremen Gruppierungen Mobilisierungspotenziale ausschöpfen können oder nicht (vgl. Tabelle 6).

Raumordnungskämpfe in städtischen und ländlichen Sozialräumen

Wenn wir systemfeindliche Milieus explizit als »Raumordnungsbewegung« begreifen (Wagner 2008, S. 15), gilt es auch zu analysieren, wie durch rechtsextreme Aktivitäten lokale Machtgewinne erzielt werden. Dazu verwenden wir ein vierstufiges Raumkonzept (vgl. Heitmeyer 1999). Es unterschei-

Tab. 6: Kernelemente der Gelegenheitsunterschiede

Großstädte	**ländlich-kleinstädtische Räume**
vorhandene Masse/Anonymität soziale und ethnisch-kulturelle Heterogenität	fehlende Masse/Intensität soziale und ethnisch-kulturelle Homogenität
konflikthafter Kontext; »Gegenkulturen«: keine/kaum Luft für rechte Bedrohungsallianzen (einschließlich Ausnahmen wie in Dortmund)	harmonie- und konformitätsorientierter Kontext: Gedeihen rechter Bedrohungsallianzen

det zwischen vier Machtansprüchen, die sukzessive auf sozialräumliche »Landnahmen« abzielen. Wesentlich ist, dass dabei immer auch andere Akteure – im Sinne des Interaktionsmodells – beteiligt sind, die die Machtansprüche in sozialen Räumen maßgeblich schwächen oder stärken können.

Auf der ersten Stufe stehen Aktivitäten, die auf *Provokationsgewinne* abzielen. Mit Graffiti, Aufklebern und öffentlichen Auftritten präsentieren sich entsprechende Gruppen im Sozialraum. Den klassischen Medien kommt hier eine Verstärkerfunktion zu, sie verschaffen den Gruppierungen Aufmerksamkeit und Resonanz. Eine niedrige Kontrolldichte seitens der Polizei wirkt ebenfalls förderlich.

Auf der zweiten Stufe geht es darum, durch *Räumungsgewinne* andere Gruppen von bestimmten Orten zu verdrängen. So soll in begrenzten Räumen eine kulturelle Hegemonie errichtet werden. Jugendzentren, Gaststätten, Kneipen oder Diskotheken werden zunächst schleichend, dann jedoch immer demonstrativer eingenommen. Angst kommt auf. Im Interaktionsverhältnis ist entscheidend, wie die lokale Politik reagiert. Duldet und verharmlost sie die Aktionen, stimuliert dies weitere Eskalationsschleifen.

Drittens werden *Raumgewinne* angestrebt, indem Räumungsgewinne auf Dauer gestellt werden. Für markierte Gruppen entstehen so Angstzonen. Die Rechtsextremen wiederum etablieren auf diese Weise »eigene« Territorien. »Wir wollen zeigen, wer in dieser Stadt das Sagen hat«, lautete eine Parole bei der Demonstration in Chemnitz im August 2018. Die gewaltsame Vertreibung von Geflüchteten sowie brennende Flüchtlingsheime in Dörfern und Kleinstädten sind weitere aktuelle Beispiele.

Am Ende dieser Prozesse stehen viertens *Normalisierungsgewinne*. Wenn rechtsextreme Präsenz vor Ort als normal wahrgenommen wird und es augenscheinlich keinen Widerspruch mehr gibt, ist der Machtanspruch durchgesetzt. In diesem Fall

> droht eine beständige, unkritische und nachhaltige Integration des Rechtsextremismus ins Gemeinwesen und damit eine gesellschaftliche Situation vor Ort, in der Grundrechte zum Beispiel für Minderheiten faktisch und alltagspraktisch außer Kraft gesetzt sind und nur durch den massiven Einsatz staatlicher Repressionsorgane zurückgewonnen werden können (Borstel 2009, S. 68).

Hier sind dann vor allem die Einstellungsmuster in der Bevölkerung von Bedeutung: Leise Zustimmungen ermuntern zu weiteren Aktionen, Widerrede motiviert zur Gegenwehr. In allen vier Phasen eskalierender Raumkämpfe kommt es also auch darauf an, dass zivilgesellschaftliche, politische und staatliche Akteure Verantwortung übernehmen.

In Tabelle 7 sind die zentralen Kategorien zur Analyse und Interpretation der empirischen Befunde dargestellt. Die verschiedenen Stadien entsprechen dabei unterschiedlichen Bedrohungs- und Gefährdungsgraden. Provokationsgewinne richten sich auf die Verbreitung durch Medien. Räumungsgewinne richten sich insbesondere gegen als Feinde markierte Personen und Gruppen an deren öffentlichen Aufenthaltsorten. Bei Raumgewinnen ist das soziale Klima in Gefahr, bei Normalisierungsgewinnen die lokale politische Kultur (siehe auch Borstel 2013, S. 259f.).

Tab. 7: Kriterien des Raumkampfes

	mögliche Handlungen	**Wirkungen auf Nicht-Rechtextreme und Raumordnung**
Provokationsgewinne	– Plakataktionen – Sprühereien – öffentliche Kurzauftritte – Verteilungsaktionen – Tabubrüche – Grenzüberschreitungen	– Aufmerksamkeit – Empörung – Abscheu – Sensibilisierung
Räumungsgewinne	– Gewalt gegen Angehörige markierter Gruppen – raumorientierte Manifestationen – Verkündung des Raumkampfes – Konzentration auf bestimmte Orte	– Angst und Einschüchterung – Opfererfahrungen – Verunsicherung – Suche nach Hilfe
Raumgewinne	– Demonstration des Raumgewinnes – weitere Gewalt gegen Angehörige markierter Gruppen – Verächtlichmachung der Unterlegenen	– Vertreibung von Orten – Ausweichen von Orten (Umgehungsstrategien) – Kenntnis von Treffpunkten
Normalisierungsgewinne	– öffentliches Auftreten – Rückgang von Gewalt	– Akzeptanz – kein Diskurs mehr (Schweigen)

Die Provokationsgewinne lassen sich daran bemessen, inwieweit es den Akteuren des systemfeindlichen Milieus gelingt, in einem Sozialraum Öffentlichkeit für sich herzustellen. Entsprechende Rückmeldungen motivieren zu selbstbewussteren Aktionen, zu Tabubrüchen und Grenzüberschreitungen. Beispiele aus unserem Kontext wären hier die Besetzung des Turms der Dortmunder Reinoldikirche im Dezember 2016 durch Aktivisten der Partei Die Rechte oder unverhohlene Drohungen wie »Wir hängen nicht nur Plakate«. Wird dabei die richtige Resonanzfrequenz getroffen, ist den Aktivisten die öffentliche Aufmerksamkeit schnell sicher. Hier zeigt sich ein grundlegendes Dilemma: Berichten die etablierten Medien, fühlen die Extremisten sich bestätigt und bekommen unter Umständen weiteren Zulauf. Berichten sie nicht, werden die Aktionen über die sozialen Medien öffentlich. So posteten Neonazis beispielsweise ein Gruppenfoto, das sie vor dem Saalfelder Büro der Sprecherin für Antifaschismus der Linken-Fraktion im Thüringer Landtag zeigt. Solche Drohungen lösen dann freilich oft Empörungswellen in den sozialen Medien aus, durch die auch die Redaktionen von Zeitungen und Rundfunksendern aufmerksam werden.

In Großstädten mit wachsamen zivilgesellschaftlichen Gegengruppen fällt es dem systemfeindlichen Milieu oft schwer, *Provokationsgewinne* zu erzielen. In ländlich-kleinstädtischen Sozialräumen können einzelne Personen dagegen viel leichter bedroht und angegriffen werden, zumal dort auch der Konformitätsdruck höher ist. Viele Lokalredaktionen wurden geschlossen, die lokale Politik tendiert dazu, solche Vorfälle zu bagatellisieren, weil sie verhindern möchte, dass die Gemeinde primär als »Nazihochburg« oder »braunes Nest« wahrgenommen wird. Auch dies trägt zur Normalisierung und einer weiteren Schwächung des zivilgesellschaftlichen Engagements bei.

Erfolgreiche Provokationen lösen Empörung aus, markierte Gruppen und zivilgesellschaftliche Akteure fühlen sich zunehmend bedroht. Die Rechtsextremen müssen nun weiter an der Eskalationsspirale drehen, um *Räumungsgewinne* zu erzielen, beispielsweise indem sie Gegenakteure gezielt einschüchtern und zum Schweigen bringen. Entsprechende Einschüchterungsversuche bis hin zu gewalttätigen Übergriffen sind für Dortmund und Berlin sowie für Kahla und Saalfeld im Untersuchungszeitraum dokumentiert. Zu dieser Strategie gehören auch große Aufmärsche einschließlich bedrohlicher »schwarzer Blöcke«. So mobilisierte die Gruppe HoGeSa im Oktober 2014 in Köln zwischen 3000 und 5000 Teilnehmer. Die Demonstration mündete in eine Straßenschlacht mit der Polizei. Auch mit der Chemnitzer Kundgebung im August 2018, zu der rechtsextreme Hooligans aufgerufen hatten (siehe Kapitel 10), sollten Räumungsgewinne erzielt werden.

Raumgewinne konnte das systemfeindliche Milieu im Untersuchungszeitraum vor allem in Dortmund-Dorstfeld und im thüringischen Kahla verbuchen. Für Dorstfeld reklamieren die Rechtsextremisten gar die Durchsetzung einer »national befreiten Zone«, wobei die Raumgewinne in Wirklichkeit auf einzelne Straßenzüge begrenzt sind. Die Polizei zeigt Präsenz, der Verfolgungsdruck ist hoch. In Kahla hingegen wird die Dominanz des systemfeindlichen Milieus nicht mehr infrage gestellt. Die rechtsextremen Akteure betrachten die Gemeinde als ihre Stadt und treten entsprechend feindselig auf. Angehörige markierter Gruppen können sich dort kaum noch frei bewegen.

Solche *Normalisierungsgewinne* lassen sich in urbanen Kontexten derzeit kaum realisieren. Gerade in großen Städten stellt sich eine aktive Zivilgesellschaft entsprechenden Versuchen entschlossen entgegen. Selbst in Dortmund-Dorstfeld wehrt sich eine sehr aktive Zivilgesellschaft gegen »die Vereinnahmung ihres Stadtteils durch Rechtsextreme« (Back-

Up – ComeBack 2018, S. 11). Trotz ihrer starken Präsenz im Stadtbild kann deshalb nicht von einer »Integration des Rechtsextremismus ins Gemeinwesen« (Borstel 2009, S. 68) die Rede sein, wie sie die Neonazis in ihrer Außendarstellung gerne suggerieren. Im kleinen Kahla wiederum zeigt sich, dass sich Normalisierungsgewinne einstellen, wenn solche Raumgewinne ohne demokratische Gegenwehr vorangetrieben und nicht mehr hinterfragt werden. Den ohnehin schwach aufgestellten zivilgesellschaftlichen Akteuren fehlt der Rückhalt durch die lokale Politik. Der Stadtrat hat sich bisher nicht klar gegen Rechtsextremismus positioniert. Im Kommunalwahlkampf 2014 trat die CDU gar mit einem Kandidaten an, der offen mit zwei stadtbekannten Neonazis sympathisierte. Wer sich laut gegen den grassierenden Rechtsextremismus äußert, gilt als »Nestbeschmutzer« und wird von Akteuren des systemfeindlichen Milieus eingeschüchtert, zum Schweigen gebracht oder aus der Stadt vertrieben. Weite Teile der Zivilgesellschaft haben sich mit dem Ruf als »braunes Nest« abgefunden. Mut macht hier allerdings das Beispiel Saalfeld, wo es gelungen ist, entsprechende Entwicklungen wieder umzukehren (vgl. Strobl/Würtz/Klemm 2003; Quent/Schulz 2015).

Unsere Ausführungen zum Raumkampf unterstreichen, dass die Bedeutung des *realen* sozialen Raumes nicht unterschätzt werden darf. Daher ist es ein Problem, wenn sich die mediale, politische und wissenschaftliche Aufmerksamkeit immer stärker auf *virtuelle* Aktionsräume verlagert (siehe Kapitel 4.4). Dort werden Radikalisierungsprozesse aufgeheizt, die physischen Auswirkungen finden aber nach wie vor im *realen* Raum statt.

7.4 Die gefährliche Unterschätzung der sozialgeografischen Peripherie als Ursachen-, Mobilisierungs- und Normalisierungskontext

Die besondere Bedeutung des systemfeindlichen Milieus in Form des bewegungsförmigen Rechtsextremismus im Rahmen des konzentrischen Eskalationsmodells wurde zu Beginn dieses Kapitels betont. Abschließend wollen wir noch einmal auf die besondere Bedeutung der sozialgeografischen Peripherie hinweisen. Dazu haben wir zentrale Punkte verdichtend zusammengefasst.

Die Dynamisierung des bewegungsförmigen Rechtsextremismus hängt auf mehreren Ebenen direkt mit ökonomischen und demografischen Transformationsprozessen zusammen. Menschen wandern aus ländlichen Gebieten ab, die Bevölkerung schrumpft bzw. überaltert, Strukturen werden zurückgebaut. Zurück bleiben vor allem desintegrationsgefährdete Personen mit einer erhöhten Affinität zu rechtsextremen Orientierungen (siehe Kapitel 7.3.3).

Wenn durch soziale Segregationsprozesse nicht nur Individuen, sondern die Wohnbevölkerung ganzer Stadtteile und Regionen Statusbedrohungen erfährt, ist anzunehmen, dass Abstiegsprozesse und -ängste auch die Identität und Mentalität von Personen prägen, die selbst objektiv nicht unmittelbar bedroht sind. Fraternale Deprivationsgefühle (vgl. Wolf/Schlüter/Schmidt 2006, S. 67-85), die auch unabhängig von individueller Deprivation bestehen, haben große Bedeutung für gruppenbezogene Einstellungen.

Das Abdriften von Regionen führt zudem zum Verlust qualifizierter Menschen, die dann fehlen, um lokale Betriebe zu übernehmen oder sich im Vereins- und Freizeitleben zu engagieren. Auf der Ebene der Raum- und Machtgewinne können sich rechtsextreme daher vielerorts als erfolgreiche »Kümmerer« etablieren. Solche Möglichkeiten sind in großstädtischen Räumen vergleichsweise eingeschränkt. Dort werden Rechtsextremisten von antifaschistischen und zivilgesellschaftlichen Gruppen aus dem öffentlichen Raum verdrängt oder in ihrer Präsenz zumindest stark behindert. Wichtige Faktoren für eine Anfälligkeit für rechtsextremistische »Kümmerer« sind allgemein gefühlte politische Einflusslosigkeit sowie der Verlust von Vertrauen in die etablierten Parteien (siehe Kapitel 7.3). Angesichts der Auflösung von Infrastrukturen, der Reduzierung der Polizeipräsenz in ländlichen Räumen vor allem Ostdeutschlands und der kommunalen Finanznot stehen zudem weniger Mittel für Präventionsmaßnahmen und Jugendarbeit zur Verfügung.

Ein weiteres Problem in Dörfern und kleinen Städten ist die Verharmlosung und Relativierung rechter Jugend- und Subkulturen, häufig einhergehend mit der Kriminalisierung linker Gegenkulturen. Dadurch wird die Wahrnehmung als politisches Problem verhindert und der Zeitpunkt für geeignete Gegenmaßnahmen verpasst. Sobald sich eine rechte Jugend- bzw. Subkultur als dominante politische Strömung etabliert hat, haben Jugendliche kaum noch die Möglichkeit, Freundeskreise zu wechseln; alternative Integrations- und Anerkennungsräume sind ebenfalls begrenzt. Aus beiden Faktoren kann sich eine feindselige Aufschaukelungsdynamik von Denk- und Handlungsmotiven ergeben, die jedoch nicht allein Jugendliche betreffen müssen.

Anpassungs- und Konformitätsdruck führen dazu, dass die Akteure einer kritischen Zivilgesellschaft behindert werden oder eine solche gar nicht erst entsteht. In kleinen Gemeinden und Kleinstädten gibt es häufig eine problematische gemeinschaftliche Binnenintegration: nur keine Konflikte und Kontroversen, besser ist Harmonie (vgl. Strobl et al. 2003). Der »Mantel des Schweigens« umschließt dabei auch lokale

Eliten sowie deutungsmächtige Akteure vor Ort. Statt einer kritischen Auseinandersetzung lassen sich Normalisierungsprozesse sowie eine breite Akzeptanz des autoritären Nationalradikalismus und des systemfeindlichen Milieus beobachten. Dass vor allem Kommunalpolitiker und Bürgermeister aus ländlich-kleinstädtischen Gebieten von ihren Ämtern zurücktreten wie in Arnsdorf (Sachsen) und in Estorf (Niedersachsen), ist ein deutliches Indiz für Prozesse, in denen sich ein homogen-feindseliges Klima mit Bedrohungen verbindet. Es ist ein Ausdruck politischer Raumgewinne.

Insbesondere in städtischen Gebieten können Akteure systemfeindlicher Gruppierungen wiederum eine *kritische Masse* erreichen, die für die Aufrechterhaltung eines hohen Aktivitätsniveaus erforderlich ist. Wichtige Instrumente zur dauerhaften Erregung öffentlicher Aufmerksamkeit sind dabei innovative Provokationsformen, verbale Radikalisierung und Gewalt, weil sonst die sozialen und journalistischen Medien nicht für Verbreitung sorgen. Offen bleibt dabei meist, wie stabil solche Bewegungen angesichts einer hohen Fluktuation der Teilnehmer sind. Das Problem der ungesicherten Stabilität betrifft dabei alle sozialen Bewegungen, die nicht über eine homogene Teilnehmerstruktur, festgefügte Ideologien und entsprechendes Sendungsbewusstsein verfügen.

In ländlichen Gebieten ist hingegen weniger die zahlenmäßige Stärke systemfeindlicher Gruppierungen ausschlaggebend als vielmehr die *Intensität* der Beziehungen zu Personen und Gruppen, die sich diesem Milieu selbst nicht zurechnen. Es geht nicht in erster Linie um die Erregung öffentlicher Aufmerksamkeit, sondern eher um das unauffällige und nachhaltige Eindringen in das, was die Akteure wohl den »Volkskörper« nennen würden, um so durch intensive Kontakte die eigenen Überzeugungen zu verbreiten.

Was die Frage der Gewalt anbelangt, ist ebenfalls zwischen unterschiedlichen Konstellationen zu differenzieren: In städtischen Räumen lassen sich schnell »Gegengruppen« aktivieren, die auch gewaltbereite Linksautonome umfassen, was entsprechende Risiken für gewaltsame Eskalationen birgt. In ländlichen Gebieten werden Gegengruppen hingegen als Störer des sozialen Friedens wahrgenommen und kriminalisiert. Das bedeutet auch, dass Gewalt gegen beispielsweise Geflüchtete hier wahrscheinlicher ist. Empirisch zeigt sich dies an der Verteilung von Brandanschlägen auf Flüchtlingsunterkünfte: Diese fanden meist in Dörfern oder Kleinstädten statt, wo sich die Täter in einer stillschweigend wohlmeinenden sozialen Umgebung wähnten.

Vor diesem Hintergrund ist auch die jüngste Warnung des Verfassungsschutzes vor Immobilienkäufen durch Rechtsextremisten insbesondere in ländlichen Gebieten Ostdeutschlands zu sehen. In Sachsen waren 2020 insgesamt 27 Gebäude im Besitz rechtsextremer Gruppen, fünf mehr als im Jahr zuvor. In Sachsen-Anhalt sei die Zahl der entsprechenden Gebäude in diesem Zeitraum von 9 auf 22 gestiegen, in Baden-Württemberg von 2018 auf 2019 von 6 auf 13 (vgl. *Spiegel.de*, 2. Juli 2020).

Mit der sozial und politisch differenzierenden Darstellung der Bedeutung bestimmter sozialräumlicher Konstellationen soll unter anderem unterstrichen werden, dass die ländlich-kleinstädtische Peripherie als Gelegenheitsstruktur rechter Bedrohungsallianzen keinesfalls unterschätzt werden darf. Zwar dominieren in den Medien oft Bilder bedrohlicher Aufmärsche in großen Städten, beispielsweise 2018 in Chemnitz (siehe Kapitel 10). *Kurzfristig* sind solche Aktionen tatsächlich kalkulatorisch und logistisch effektiv, weil sich damit mediale Aufmerksamkeit erregen lässt. Die *langfristigen* politischen Sozialisationsprozesse als Voraussetzungen für Normalisierungs- und Mobilisierungsgewinne finden jedoch vor allem in peripheren sozialgeografischen Räumen statt.

8. Das klandestine rechtsterroristische Planungs- und Unterstützungsmilieu

Im Modell des Eskalationskontinuums liegt das klandestine rechtsterroristische Planungs- und Unterstützungsmilieu zwischen dem systemfeindlichen Milieu und dem Kern der rechtsterroristischen Vernichtungsakteure. Das Milieu ist noch einmal deutlich kleiner, man fantasiert über oder plant rechtsterroristische Vernichtungstaten. Die entsprechenden Gruppen agieren konspirativ in »verdunkelten Räumen«. Dementsprechend gibt es über dieses Milieu auch nur wenige wissenschaftliche Untersuchungen. Strukturen und Strategien lassen sich meist erst nach einer Aufdeckung rekonstruieren, wobei die Ergebnisse stets unsicher sind, da Wissenschaftlerinnen auch auf die Aussagen von Akteuren angewiesen sind, die immer neue »Geschichten« kreieren. Wir stoßen hier einmal mehr auf das Phänomen der in Interaktionsprozessen lernenden Systeme (siehe Kapitel 3.2).

8.1 Rahmenelemente fortschreitender Radikalisierung

Im Vergleich zum systemfeindlichen Milieu ist das rechtsterroristische Planungs- und Unterstützungsmilieu noch einmal deutlich radikalisierter. Die entsprechenden Gruppen arbeiten hin auf gewaltsame Aktionen gegen Angehörige markierter Gruppen sowie Anschläge auf (prominente) Vertreterinnen des politischen Systems (siehe Kapitel 4.2). Die Perspektive verengt sich auf einen »Tunnelblick«, das Handeln orientiert sich an den zitierten Parolen vom »Untergang des deutschen Volkes« usw., die mittels ideologischer Legitimationsbrücken von einer Eskalationsstufe zur nächsten transportiert und dabei zunehmend verdichtet werden, bis es tatsächlich zur Planung oder Durchführung von Gewalttaten kommt. Von Gewalt ohne Schusswaffen oder Sprengstoff zu rechtsterroristischen Vernichtungstaten ist es dann oft nur noch ein kurzer Weg.

Das klandestine rechtsterroristische Planungs- und Unterstützungsmilieu rekrutiert sich aus den Gruppen und Organisationen des systemfeindlichen Milieus. Dabei muss zwischen *Planung* und *Unterstützung* unterschieden werden. Während die Planung entsprechender Vernichtungstaten stets einer Ideologie der Ungleichwertigkeit entspringt, kann die Unterstützung, beispielsweise durch die Beschaffung einer Waffe, auch aus anderen kriminellen Motiven oder finanziellen Interessen erfolgen. David S., der 2016 bei dem rechtsterroristischen Anschlag im und am Olympia-Einkaufszentrum in München neun Menschen ermordete (vgl. Hartleb 2017; Kopke 2017; Quent 2017), hatte die Tatwaffe im sogenannten Darknet bei einem Marburger Waffenhändler gekauft. Der Händler und der Betreiber der Plattform wurden inzwischen rechtskräftig verurteilt. Die Unterstützung ist freilich nicht auf das Besorgen von Waffen begrenzt, sondern schließt auch finanzielle Förderung oder strategische Beratung ein. Ohne die Unterstützung Dritter hätte beispielsweise der NSU nicht in den Untergrund abtauchen und die Morde begehen können.

Die Planung und Unterstützung rechtsterroristischer Vernichtungstaten erfolgt notgedrungen im Geheimen. Gleichwohl wurden in jüngerer Zeit verschiedene terroristische Gruppen enttarnt, bevor sie ihre Planungen in die Tat umsetzen konnten, weil sie sich nicht konspirativ verhielten. Beispielsweise betrieb die neonazistische Oldschool Society ein öffentliches Facebook-Profil, auf dem Mitglieder unter anderem Fotos interner Veranstaltungen teilten (Röpke 2017), weshalb sie schnell den Ruf als »dümmste Terrorgruppe Deutschlands« hatte (Boeselager 2015). Auch Mitglieder der nach ihrem mutmaßlichen Anführer benannten »Gruppe S.« betrieben zum Teil offene Facebook-Profile, größtenteils unter ihren Klarnamen. Das war, »vorsichtig gesagt, nicht super schlau«, so die Extremismus-Expertin Karoline Schwarz im Interview (zit. nach Vooren 2020). Sollte sich bestätigen, dass Werner S. seine Mitstreiter in Chatgruppen gesucht hat (vgl. Flade et al. 2020), war wohl auch die Rekrutierungsstrategie nicht sonderlich klug. Hinzu kommt, dass mit der Anzahl der Mitglieder terroristischer Planungsgruppen generell Konspirationslücken zunehmen und die Enttarnungsgefahr wächst.

Die politische Sozialisation und Radikalisierung der rechtsterroristischen Planungs- und Unterstützungsakteure erfolgt, wie gesagt, ganz überwiegend im systemfeindlichen Milieu. So soll der mutmaßliche Anführer der »Gruppe S.« seine Mitverschwörer angeblich unter anderem aus der Reichsbürger-Szene, dem Rockermilieu, der völkischen Bewegung, der Prepper-Szene und der neonazistischen Bürgerwehr »Wodans Erben« rekrutiert haben (Flade et al. 2020, S. 3). Die Mitglieder der Gruppe Revolution Chemnitz, die, quasi als »Probelauf«, Menschen mit Migrationshintergrund attackiert und einen »Angriff auf die Mediendiktatur und ihre Sklaven« geplant hatte (Deutscher Bundestag, Drucksache 19/5754), waren laut Generalbundesanwaltschaft in der Hooligan-, Skinhead- und Neonazi-Szene aktiv (Ott et al. 2018). Ralf Wohlleben, der die Waffe für die NSU-Morde beschaffte, ist ein führender Kopf der neonazistischen Szene Thüringens. Die rechtextreme Freitaler Bürgerwehr FTL/360 (vgl. Meisner 2016) wollte zunächst in den Bussen der Linie 360

»für Ordnung und Sicherheit« sorgen (vgl. Schawe 2015), radikalisierte sich dann aber sukzessive und setzte zunehmend ausgefeiltere Anschlagspläne auf Flüchtlingsunterkünfte um (vgl. Meisner 2016).

8.2 Handlungsskripte, Handlungsanleitungen und Rollenvorbilder

Strategische Konzepte und Handlungsanweisungen für den bewaffneten Kampf und den »führerlosen Widerstand« werden im systemfeindlichen Milieu seit den achtziger Jahren in Form von Handbüchern, Traktaten, Romanen und Beiträgen in Fanzines verbreitet (vgl. Sanders/Stützel/Tymanova 2014). Breit rezipiert wurde beispielsweise der rassistische Roman *The Turner Diaries* (1978) des amerikanischen Neonazis William L. Pierce, der die Notwendigkeit des verdeckten bewaffneten Kampfs mit der Übermacht einer »zionistisch kontrollierten Regierung« legitimiert, die im Geheimen die Zersetzung der »weißen Rasse« plant. Im Vordergrund steht dabei, wie sich ein klandestin organisierter und bekenntnisloser Terror psychologisch auswirkt, mit dem unter den potenziellen Opfern ein Klima der Angst erzeugt und das Vertrauen in die Regierung erschüttert werden soll. Andere Texte werden konkreter, so beispielsweise das Ende der neunziger Jahre anonym im Internet veröffentlichte und insbesondere von Combat 18 verbreitete *White Resistance Manual*, das »neben theoretischen Überlegungen zum bewaffneten Kampf vor allem Tipps zum Schutz vor Strafverfolgung und Anleitungen zum Schusswaffengebrauch, Bombenbau und für gezielte Mordanschläge« enthält (Sanders 2019, S. 120). Strategiekonzepte und Handlungsanweisungen dieser Art haben nur einen Zweck: Sie sind Aufrufe, den Worten endlich Taten folgen zu lassen, um die Vorherrschaft der »weißen Rasse« sicherzustellen, bevor es zu spät ist.

Daher war es nur eine Frage der Zeit, bis Rechtsterroristen zur Tat schritten. Beispielsweise soll der US-Amerikaner Robert Mathews seine in den frühen Achtzigern aktive neonazistische Terrororganisation The Order nach dem Vorbild der *Turner Diaries* aufgebaut haben. Auch Timothy McVeigh gab an, die *Diaries* hätten ihn zu dem Anschlag auf das Murrah Federal Building in Oklahoma City inspiriert, bei dem 1995 168 Menschen ums Leben kamen. Ähnlich äußerte sich David Copeland, der 1999 in London bei Bombenanschlägen drei Menschen tötete (vgl. Sanders/Stützel/Tymanova 2014).

Diese Rechtsterroristen avancierten im klandestinen Unterstützungs- und Planungsmilieu zu Rollenvorbildern. Beispielsweise spricht vieles dafür, dass der NSU sich an The Order orientiert hat (Laabs 2014). Durch solche realen Vorbilder erhöht sich zugleich der Handlungsdruck (siehe Kapitel 9), weil eigene Untätigkeit nicht länger damit entschuldigt werden kann, dass entsprechende Taten als nicht durchführbar gelten.

8.3 Latente Bedrohungszustände durch punktuelle manifeste Aktionen

Obwohl das klandestine rechtsterroristische Planungs- und Unterstützungsmilieu von der Öffentlichkeit kaum wahrgenommen wird, geht von ihm eine latente und andauernde Bedrohung aus. Genau das ist das Kalkül des bekenntnislosen Terrorismus gegen zufällig wirkende Ziele: Das Vertrauen der markierten Gruppen in den Staat soll zerstört werden. Dieser latente Bedrohungszustand wird von mehreren Seiten genährt: durch terroristische Vernichtungstaten der jüngeren Vergangenheit (siehe Kapitel 9), aber auch durch die Aufdeckung terroristischer Planungsgruppen.

Die bekannt gewordenen Vernichtungsfantasien haben immense Ausmaße. Die Oldschool Society beispielsweise sehnte einen »Krieg gegen Asylanten und deren Unterstützer« herbei und wollte den NSU wie einen »Kindergarten« aussehen lassen (vgl. Lipp 2017). Die »Gruppe S.« hatte – möglicherweise inspiriert von den Anschlägen in El Paso und Christchurch – geplant, in Moscheen Blutbäder unter betenden Muslimen anzurichten, um so einen Bürgerkrieg auszulösen (vgl. Flade et al. 2020). Die Gruppe wurde gestoppt, bevor sie die dafür vorgesehenen Waffen in Tschechien besorgen konnte.

Es sollte deutlich geworden sein, dass mit weiteren rechtsterroristischen Vernichtungstaten zu rechnen ist. Besorgniserregend ist in diesem Zusammenhang, dass in Deutschland nun auch Ableger der US-Gruppe mit dem bizarren Namen »Atomwaffen Division« aktiv sind. Zudem ist weitgehend unklar, wie die offenen Enden der Netzwerke verknüpft sind, die bis in die Sicherheitsbehörden reichen und sich auf den Tag X vorbereiten, indem sie Todeslisten anlegen, Waffen horten und Leichensäcke kaufen wie etwa die Gruppe Nordkreuz in Mecklenburg-Vorpommern.

Allgemein ist davon auszugehen, dass diese Gruppen gegenüber den Strafverfolgungsbehörden in der Regel sowohl einen *Zeit-* als auch einen *Verdunkelungsvorsprung* haben (siehe Kapitel 3.2).

9. Rechtsterrorismus: Gruppen- und Individualtäter

9.1 Definitorische Rahmung und konzeptioneller Zugang

Lange Zeit wurden mit dem Begriff Rechtsterrorismus in erster Linie kleine *Zellen* assoziiert, die aus dem Verborgenen heraus Vernichtungstaten gegen Angehörige ideologisch markierter Gruppen organisieren und durchführen. Das prägnanteste Beispiel in jüngerer Zeit war die Gruppe Nationalsozialistischer Untergrund, die zwischen 2000 und 2007 neun Menschen mit Migrationshintergrund sowie eine Polizistin ermordete. Solche Gruppen werden in der Regel logistisch und mit Waffen von einem Netzwerk unterstützt, das vorwiegend im systemfeindlichen Milieu verortet ist (siehe Kapitel 7 und 8).

Von dieser gruppenorganisierten Form zu unterscheiden ist der selbstorganisierte Individualterrorismus, der auch unter Labeln wie »Einzeltäter« oder »einsamer Wolf« (engl. »lone wolf«) verhandelt wird. Wo beim »klassischen« Rechtsterrorismus eine reale Gruppe mit einem realen Netzwerk interagiert, handeln Individualterroristen »auf eigene Faust«. Hier sind es vor allem virtuelle Gesinnungsgemeinschaften, die den ideologischen »Klebstoff« und die Legitimationen für Vernichtungstaten liefern. Diesem Typus entsprechen allem Anschein nach Stephan B., der am 9. Oktober 2019 den Terroranschlag auf die Synagoge in Halle verübte, und Tobias R., der am 19. Februar 2020 in Hanau neun Menschen mit Migrationshintergrund ermordete.

Will man beide Typen konzeptuell fassen, entsprechende

Taten klar von »normalen« Tötungsdelikten abgrenzen und auch den über die unmittelbare Vernichtungstat hinausgehenden Intentionen gerecht werden, bietet sich folgende Definition an: Wir sprechen von Rechtsterrorismus, wenn die Opfer der entsprechenden Taten aufgrund der Ideologie der Ungleichwertigkeit und ihrer Zugehörigkeit zu markierten Gruppen (also etwa Juden, Muslime oder Migranten) ausgewählt werden oder wenn sich die Taten gegen herausgehobene Repräsentanten des Staates oder der Gesellschaft richten, um »das System« zu treffen. Über die unmittelbaren Wirkungen hinaus zielen solche Vernichtungstaten typischerweise auf weitere Effekte: Sie sollen Angst auslösen und Gegenreaktionen der betroffenen Gruppen provozieren, etwa um einen Bürgerkrieg zu entfachen; der verhasste Staat soll destabilisiert, seine »Schutzlosigkeit« vorgeführt werden; auch die Inspiration von Nachahmungstätern kann zu den angestrebten Ausstrahlungseffekten gehören. Wichtig ist dabei, dass es »insbesondere um die Folgen der Gewalttaten im gesellschaftlichen Kontext [geht], nicht primär um die Handlungen als isoliertes Phänomen« (Pfahl-Traughber 2016, S. 11).

Ein ähnliches Verständnis vertritt Peter Waldmann (1998), der Terrorismus primär als »Kommunikationsstrategie« bestimmt: »Dem Terroristen geht es nicht um den eigentlichen Zerstörungseffekt seiner Aktionen. Diese sind nur ein Mittel, eine Art Signal, um einer Vielzahl von Menschen etwas mitzuteilen.« Laut Waldmann wollen Terroristen Botschaften in zwei Richtungen senden: Ihre Taten zielen nicht nur auf »allgemeine Unsicherheit und Schrecken«, sondern sollen »auch Sympathie und Unterstützungsbereitschaft« in umgebenden radikalen Milieus erzeugen (ebd., S. 10). Vor diesem Hintergrund reicht es nicht aus, sich allein mit terroristischen Zellen oder Einzeltätern zu befassen. Vielmehr muss auch das Interaktionsgeflecht des gesamten Spektrums des konzentrischen Eskalationskontinuums berücksichtigt werden, aus dem sie ihre Legitimationen »saugen«. Hier kommen gruppenbezogen-menschenfeindliche Einstellungen in der Bevölkerung, die politischen Aktivitäten des organisierten autoritären Nationalradikalismus und die Argumentationsfiguren und Verschwörungsideologien des klandestinen Milieus in den Blick.

Drei zusammenhängende Topoi sind von besonderer Bedeutung: (1) die Behauptung eines bevorstehenden *Untergangs* des deutschen Volkes, aus dem sich (2) eine individuelle und kollektive *Opferrolle* ableitet, mit der sich auch Notwehr-Legitimationen verbinden. So formulierte etwa Andreas Kalbitz (vom mittlerweile angeblich aufgelösten völkischen »Flügel« der AfD) 2017 ein kaum bemänteltes Bürgerkriegsszenario: »Die AfD ist die letzte evolutionäre Chance für dieses Land. Danach kommt nur noch ›Helm auf‹. Und das möchte ich nicht« (zit. nach Kamann 2020, S. 10) – ein typisches Beispiel für das angesprochene Hantieren mit der »Gewalt-Membran« (Heitmeyer 2018, S. 270f.). Die enttarnte »Gruppe S.« dachte hier schon konkret weiter und plante Angriffe auf Moscheen, um so einen Bürgerkrieg auszulösen. Hinzu kommt (3) die Beschwörung der ethnischen *Homogenität* der deutschen Gesellschaft. Auch hier zeigte Kalbitz 2019 die Richtung an: »Ich bin nicht kompromissbereit hinsichtlich unserer Identität, unserer Kultur, unserer Heimat. Ich rede nicht von der Bevölkerung, ich rede vom deutschen Volk.« (Zit. nach Kamann 2020, S. 10) Kalbitz kann sich dabei einerseits auf Einstellungsmuster in Teilen der Bevölkerung berufen und verdichtet diese dann andererseits als politische Botschaft an diejenigen, die sie kompromisslos umsetzen wollen.

Terroristische Gruppen und Individuen sind stets eingebettet in reale und virtuelle Bezugsgruppen. Die Bezugsgruppentheorie (Merton 1959, zit. nach Malthaner 2005, S. 86f.) unterscheidet dabei zwischen negativen und positiven Bezugsgruppen: Negative Bezugsgruppen werden bekämpft, mit positiven Bezugsgruppen identifiziert man sich. Je stärker diese Identifikation ist, desto größer ist die Feindschaft gegenüber den Fremdgruppen. Aus diesem Grund ist es so wichtig, sich mit den Interaktionen zwischen dem systemfeindlichen Milieu, den klandestinen Bezugsgruppen und den terroristischen Tätern zu befassen (vgl. die Beiträge in Malthaner/Waldmann 2012). Radikale Milieus erzeugen kollektive politische Erfahrungen. Sie sind wichtige Sozialisationsinstanzen und stellen verdichtete Freund-Feind-Dichotomien bereit, um die Gruppenmitglieder allmählich an die absolute Konfrontation mit dem Staat zu gewöhnen. In diesem Milieu finden sich »Schleusenöffner« für Einsteiger in terroristische Zellen, aber auch »Schleusenwärter« für jene, die sich aus dem bewaffneten Kampf zurückziehen wollen (Borstel/Heitmeyer 2012, S. 340f). Interessant ist in diesem Kontext insbesondere der Übergang von physischen Machtdemonstrationen im öffentlichen Raum in die Unauffälligkeit kleinbürgerlicher Existenzen im Untergrund, wie er exemplarisch im Fall des NSU zu beobachten war. Dieser Übergang ist mit einer Eskalation der Gewaltformen verbunden: Während Neonazis schwere Körperverletzungen und Totschlagsdelikte in Kauf nehmen, geht es Terroristen um gezielte Morde.

9.2 Varianten rechtsterroristischer Zellen in Deutschland und ihre internationale Vernetzung

Rechtsterrorismus ist im Nachkriegsdeutschland ein seltenes, aber nicht unbekanntes Phänomen (vgl. Sundermeyer 2012 und Quent 2016, S. 371-374, für entsprechende Übersichten). Als Schlüsselereignisse sind unter anderen das (bis heute nicht in allen Facetten aufgeklärte) Attentat auf dem Oktoberfest 1980 (vgl. Chaussy 1985) sowie der vereitelte Anschlag auf die Grundsteinlegung der Münchener Synagoge 2003, aber auch diverse Brand- und Sprengstoffanschläge der Roeder-Gruppe sowie der 1980 von einem Mitglied der Wehrsportgruppe Hoffmann verübte Doppelmord an einem jüdischen Verlegerehepaar in Erlangen zu nennen.

Weltweit wurden in den letzten Jahren zahlreiche rechtsterroristische Vernichtungstaten verübt (vgl. u.a. Borstel/Heitmeyer 2012). Hervorzuheben ist hier der Norweger Anders Breivik, der im Juli 2011 77 Menschen ermordete. Im März 2019 erschütterten die Taten Brenton Tarrants die Weltöffentlichkeit, der im neuseeländischen Christchurch in zwei Moscheen 51 Bürger muslimischen Glaubens erschoss. Auch die Morde im texanischen El Paso im selben Jahr waren rechtsextremistisch motiviert. Nach derzeitigem Ermittlungsstand handelten die Täter im *realen* Raum als Einzelpersonen, während sie im *virtuellen* Raum in größere Netzwerke eingebunden waren.

Auch nach der Aufdeckung des NSU, der in Deutschland bis heute die Debatte bestimmt, wurden hierzulande weitere rechtsterroristische Anschläge verübt. Zu nennen sind hier der Anschlag im und am Münchner Olympia-Einkaufszentrum im Juli 2016, der Mord am Kasseler Regierungspräsidenten Walter Lübcke im Juni 2019, der Anschlag auf eine Hallenser Synagoge, dem zwei Menschen außerhalb der Einrichtung zum Opfer fielen, im Oktober desselben Jahres sowie der Massenmord in Hanau im Februar 2020, bei dem neun Menschen mit Migrationshintergrund sowie die Mutter des Täters getötet wurden. Tabelle 8 gibt einen Überblick über in Deutschland seit 1980 begangene rechtsterroristische Vernichtungstaten.

Tab. 8: Rechtsterroristische Morde seit 1980

Zeitraum	Anschlag	Tote
August 1980	Brandanschlag auf Flüchtlingsunterkunft in Hamburg	2
September 1980	Attentat auf das Oktoberfest in München	10
Dezember 1980	Doppelmord an jüdischem Verlegerehepaar in Erlangen	2
Dezember 1988	Brandanschlag auf Haus mit türkischen Bewohnern in Schwandorf	4
November 1992	Brandanschlag auf türkischstämmige Familie in Mölln	3
Mai 1993	Brandanschlag auf türkischstämmige Familien in Solingen	5
Januar 1996	Brandanschlag auf Asylbewerberunterkunft in Lübeck	10
2000-2007	Mordserie des Nationalsozialistischen Untergrunds (NSU)	10
Oktober 2003	Mord an einem Anwalt und seiner Familie in Overath	3
Juli 2016	Massenmord an Jugendlichen mit Migrationshintergrund im Olympia-Einkaufszentrum in München	9
Juni 2019	Mord am Kasseler Regierungspräsidenten Walter Lübcke	1
Oktober 2019	Anschlag auf Synagoge in Halle; Ermordung zweier Personen außerhalb des Gebäudes	2
Februar 2020	Massenmord an Personen mit Migrationshintergrund in Hanau	10

Aufgrund der (statistisch gesprochen) geringen Fallzahl über den relativ langen Zeitraum von 40 Jahren wäre es riskant, aus der Häufung ab 2016 einen Trend abzuleiten. Wir können jedoch beobachten, wie bestimmte Modi der Tatbegehung kopiert werden: Der Attentäter von München benutzte ein Pistolenmodell, das auch Anders Breivik mitgeführt hatte; der Täter von Halle orientierte sich an dem Anschlag von Christchurch; beide filmten ihre Taten mit Digitalkameras und übertrugen sie live im Internet. Zudem tauchen ideologische Elemente wie der »Große Austausch« seit dem Anschlag Breiviks regelmäßig in den Botschaften der jeweiligen Täter auf. Insofern ist zu befürchten, dass das Modell des Individualterroristen, der aus virtuellen Gemeinschaften Legitimationen und Handlungsskripte bezieht und diese Gruppen mit seinen Taten bewusst adressiert, in Zukunft weitere Nachahmer finden wird.

9.3 Gruppenorganisierte terroristische Vernichtungstaten

Auch vom eher klassischen gruppenorganisierten Rechtsterrorismus geht weiterhin große Gefahr aus. Das belegen nicht zuletzt die bereits weit fortgeschrittenen Pläne der Oldschool Society, der Gruppe Freital, der »Gruppe S.« oder von Revolution Chemnitz, die rechtzeitig aufgedeckt werden konnten. Gegen andere Gruppen, die keineswegs nur in Ostdeutschland ansässig sind, wurde bzw. wird wegen des Verdachts der »Bildung einer kriminellen Vereinigung« ermittelt. Zu nennen sind hier etwa die 2018 gegründete Sturmbrigade sowie die Wolfsbrigade 44, aber auch die inzwischen verbotene deutsche Variante von Combat 18, die enge Verbindungen zu Blood and Honour unterhielt.

Was den Übergang in die gewalttätigen oder gar terroristischen Schichten des Kontinuums anbelangt, sind grundsätzlich drei Muster erkennbar: Nach dem *Stufenmuster* findet eine *sukzessive* Radikalisierung statt. Personen oder Gruppen mit menschenfeindlichen Einstellungen engagieren sich zunächst im organisierten autoritären Nationalradikalismus. Wenn dieser aus ihrer Sicht zu wenig aggressiv agiert, wechseln sie ins systemfeindliche Milieu, innerhalb dessen man auch vor Gewalttaten nicht zurückschreckt. Ursachen sind hier vermutlich gefühlte Machtlosigkeit, »Bremsversuche« etablierter Akteure (man denke an die Distanzierung der NPD von den Freien Kameradschaften) oder auch eine spezifische Attraktivität von Gewalttaten. Bei diesem Muster gelingt es den Verfolgungsbehörden, ein Radikalisierungsbild zu entwerfen, wenn die Kontexte gewechselt werden (wobei der Fall NSU zeigt, dass dies keineswegs immer gelingen muss, etwa wenn die entsprechenden Personen konsequent abtauchen).

Das zweite Muster lässt sich als *Quereinstieg* kennzeichnen: Personen, die zuvor nicht öffentlich aufgefallen sind, tauchen plötzlich im radikalisierten systemfeindlichen Milieu oder in Unterstützungsnetzwerken rechtsextremistischer Zellen auf. Für die Ermittlungsbehörden stellt dies ein großes Problem dar, weil sie diese Personen in der Regel zuvor »nicht auf dem Schirm« hatten, so dass sie einen Zeit- und Verdunkelungsvorsprung haben.

Haben sie sich einmal einer »starken« Gruppe angeschlossen, um ihre Fantasien des Kampfes gegen den Untergang des deutschen Volkes umzusetzen und etwas »Großes« zu vollbringen, sehen sie sich jedoch bald einem spezifischen Handlungsdruck ausgesetzt. Ihre radikalisierte Weltsicht bedeutet für die Akteure des klandestinen terroristischen Milieus einerseits Status und Stärke; andererseits birgt sie auch die Gefahr, den erworbenen Status wieder zu verlieren, wenn Denken und Handeln sich nicht entsprechen. Wer nicht zur Tat schreitet, kann schnell als Feigling oder »Maulheld« gelten, wobei wir bisher wenig darüber wissen, wie dieser Handlungsdruck konkret aufgebaut, mit welchen Sanktionen gedroht wird usw. Jedenfalls müssen die Erwartungen der eigenen, positiven Bezugsgruppe eingelöst werden. Oder der Handlungsdruck wird reduziert, indem man mit hohen sozialen Kosten und physischen Risiken aussteigt und den erworbenen Status bzw. sein Prestige verliert.

Ein drittes Muster kann als *Phasenmodell* bezeichnet werden. In diesem Fall ist die Wahrscheinlichkeit, dass die Verfolgungsbehörden Fehleinschätzungen unterliegen, besonders hoch. In der *Aufheizungsphase* bewegen sich Rechtsextreme im Übergangsbereich zu klandestinen Planungsgruppen. Nehmen sie an öffentlichen Aktionen Teil, geraten sie ins Visier der Behörden. Darauf kann eine *Abkühlungsphase* folgen, die entsprechenden Personen führen dann beispielsweise ein unauffälliges, kleinbürgerliches Dasein. Hier besteht die Gefahr, dass Ermittler daraus den Fehlschluss ziehen, es habe einen Einstellungswandel gegeben und die Gewaltbereitschaft sei abgeklungen. Tatsächlich kann diese aber latent weiterbestehen und durch bestimmte Ereignisse, sogenannte *trigger factors*, entzündet werden und im Rahmen einer erneuten *Aufheizung* in manifesten Vernichtungstaten münden. Ein Musterbeispiel für dieses Phasenmodell scheint die Entwicklung von Stefan E. zu sein, dem geständigen Mörder des Kasseler Regierungspräsidenten Walter Lübcke.

Terroristische Eskalation hat weitere Ursachen. So führen staatliche Repressionen möglicherweise zu einem ideologisch aufgeheizten Widerstand und zu entsprechenden Taten. Erfolgserlebnisse wie realisierte Taten, die Verunsicherung und Angst in der Bevölkerung hervorrufen, können zu weiteren, noch radikaleren Aktionen ermuntern. Eher ungewöhnlich erscheint auf den ersten Blick eine Variante, die gleichwohl eine besondere zeithistorische Bedeutung gewonnen hat.

Gemeinhin wird davon ausgegangen, dass sich die Bedrohungslage entspannt, sobald zwischenzeitliche Sympathisanten oder Aktivisten radikalisierten sozialen Bewegungen wieder den Rücken kehren. Diese Erwartung ist jedoch mit einem Fragezeichen zu versehen. So lässt sich am Beispiel des Thüringer Heimatschutzes (THS), eines ab 1996/97 aktiven Zusammenschlusses Freier Kameradschaften, zeigen, dass es gerade in einer Phase des Bedeutungsverlusts zunehmend zu Eskalationen kam, die schließlich in der Entstehung der Terrorzelle NSU mündeten. Wie alle sozialen Bewegungen ohne feste Organisationsstruktur benötigen auch neonazistische Netzwerke immer wieder neue Motivationsschübe und Resonanzen durch die dramatisierte Freund-Feind-Dichotomie. Im Fall des THS deuten verschiedene Indikatoren darauf hin, dass das Netzwerk seinen Zenit überschritten hatte und Zerfallsprozesse einsetzten. Insbesondere die Enttarnung des führenden THS-Kaders Tino Brandt als V-Mann des Verfassungsschutzes im Mai 2001 dürfte sich negativ auf die Motivation und das Vertrauen innerhalb des Netzwerkes ausgewirkt haben. Außerdem bedeutete sie finanzielle Einbußen, was auch die Strategie- und Mobilisierungsfähigkeit gefährdete. In dieser Situation traten konkurrierende Akteure wie die NPD auf den Plan, die in Thüringen auf die Parteistrategie setzen wollte und auf Erfolge bei Landtagswahlen hoffte. Ausstiege von Kadern, vor allem in Jena, beschleunigten den Zerfallsprozess weiter.

Der Bedeutungsverlust des THS begünstigte nun offensichtlich die Herausbildung kleinerer Gruppen, die sich als ideologische und handlungsbereite Elite verstanden und die »große Idee« des politischen Umsturzes mittels Terror doch noch realisieren wollten. In dieser Phase entstand der NSU mit dem Kern von Uwe Böhnhardt, Uwe Mundlos und Beate Zschäpe. Diese Zwickauer Gruppe, die nach außen den Schein einer kleinbürgerlichen Existenz aufrechterhielt, hatte sich über Jahre an die Gewaltrhetorik und tatsächliche Gewalttätigkeit des radikalen Milieus (einschließlich Raubkriminalität) gewöhnt und wurde von neonazistischen Netzwerken (mit Ralf Wohlleben als zentraler Figur) unterstützt, die Unterkünfte und Waffen besorgten, die Gruppe mit Warnungen und Informationen versorgten usw.

> Es ist dieses Zusammenspiel aus einer längeren Phase der staatlichen Schwäche, einsetzender Repression, eigener Strategieunfähigkeit, fehlender szeneinterner Deradikalisierung [...], jahrelanger Gewaltgewöhnung und ideologischer Hassaufladung bei gleichzeitiger Schwäche einer alternativen demokratischen oder sonstigen politischen Idee, die den Handlungskorridor so verengte, dass Gewalttaten und Morde als letzte Auswege dienten, um sich selbst scheinbar treu zu bleiben und der Bewegung voranzugehen. (Borstel/Heitmeyer 2012, S. 361 f.)

Eine Besonderheit der Terrorgruppe Nationalsozialistischer Untergrund bestand darin, dass sie keine Bekennerschreiben veröffentlichte. Es handelte sich also um eine Form des bekenntnislosen Rechtsterrorismus. Wenn wir oben dargelegt haben, dass Terrorismus auch eine Kommunikationsstrategie (und zwar in zwei Richtungen) darstellt, muss diese Einsicht für den Fall NSU modifiziert werden, da dieser nach bisherigem Kenntnisstand asymmetrisch kommunizierte: Mit den positiven Bezugsgruppen des radikalisierten Milieus wurde aktiv kommuniziert (u. a. fanden die Ermittler in der zerstörten Zwickauer Wohnung DVDs mit einem menschenverachtenden Video, das das Trio aus Folgen der Zeichentrickserie *Der rosarote Panther* und Ausschnitten aus TV-Berichten über seine Taten zusammengeschnitten hatte). An die negativen Bezugsgruppen gab es jenseits der Taten selbst keinerlei Botschaften. Die Morde wirkten wie isolierte Ereignisse. In den Migrantenmilieus wurde *bekenntnis-* bzw. *wortlos* Schrecken verbreitet – eine Variante, die wir als *Umlenkungsterrorismus* bezeichnen wollen.

Dieser *bekenntnislose Umlenkungsterrorismus* kann seine Wirkung nur entfalten, wenn in einer Gesellschaft und ihren Behörden generalisierte Vorurteile vorhanden sind, die den Verdacht in eine bestimmte Richtung lenken, nämlich auf die Opfergruppen selbst. Über diesen »Umweg« kann der Umlenkungsterrorismus sozusagen »Doppelopfer« erzeugen: Die Terroropfer und ihre Angehörigen werden anschließend auch noch zu Opfern der Behörden, die sie als angebliche Angehörige eines kriminellen Milieus stigmatisieren. Hier scheint es eine raffinierte »Hinterbühne« zu geben. Umso wichtiger ist es aufzuklären, ob die Täter auch durch staatliche Institutionen abgeschottet wurden.

Vor diesem Hintergrund lassen sich auch Überlegungen zur zukünftigen Entwicklung von Pegida anstellen. Seit ihrer Gründung 2014 verzeichnete die Bewegung in ihrer Kernstadt Dresden zunächst einen enormen Aufschwung (Vorländer/Herold/Schäller 2016), bevor die Mobilisierungsdynamik ab dem Spätherbst 2015 sichtbar nachließ. Das Erlahmen der Bewegung dürfte auch mit ihrer Abhängigkeit von der Resonanzlogik der Medien zu tun haben, die je nach Nachrichtenwert entscheiden (vgl. u.a. Kepplinger/Bastian 2000), worüber und wie ausführlich sie berichten. Produzieren Bewegungen immer nur »mehr vom Gleichen«, stagnieren die Teilnehmerzahlen oder sinken sie gar, geht dieser Nachrichtenwert nach und nach gegen null. Insofern ist in diese Resonanzabhängigkeit stets eine Radikalisierungsdynamik eingebaut (dasselbe gilt übrigens für hetzerische Akteure in den sozialen Medien): Wer dauerhaft Gehör finden will, muss immer weiter an der verbalen Eskalationsspirale drehen. Wenn das nicht länger möglich ist, weil man allmählich den strafbaren Bereich erreicht, lässt auch die Anziehungskraft für potenzielle Teilnehmer nach. Will die Bewegung nun nicht einfach nur vor sich hin dümpeln, steht sie – wie alle Bewegungen in der Abschwungphase – an einem strategischen Scheideweg: Soll man die Organisationsform wechseln, beispielsweise eine Partei gründen und sozusagen von der Straße ins Parlament umziehen? Findet sich ein neues resonanzträchtiges Thema? Eine weitere Möglichkeit ist die Entstehung verdeckter Zellen, die versuchen, den Bedeutungsverlust durch terroristische Eskalation auszugleichen.

9.4 Handlungsabläufe individualzentrierter Vernichtungstaten

Im nächsten Schritt befassen wir uns nun mit den Handlungsabläufen individuell organisierter Vernichtungstaten. Wie die Übersichten von Schmid (2013) und Borum (2011) zeigen, werden dazu (vgl. u.a. Wiktorowicz 2005; Borum 2003; Moghaddam 2005; Precht 2007) verschiedene Konzepte verfolgt, die bei allen Unterschieden einem Stufenmodell entsprechen. Dieses Grundmodell ist unserer Auffassung nach jedoch nicht hinreichend komplex, um die Interaktionsprozesse bis zu den Vernichtungstaten abzubilden.

Wir präferieren im Sinne der soziologischen Rechtsextremismusforschung (siehe Kapitel 3) ein Konzept, das Sozialisations- und Interaktionsprozesse in einem multidisziplinär auszuleuchtenden Handlungssetting untersucht. In diesem dynamischen Modell werden soziologische, sozialpsychologische und kommunikationstheoretische Ansätze kombiniert. So kann es beispielsweise im Radikalisierungsprozess zu Verzögerungen oder Beschleunigungen kommen, weil sich Zweifel regen, sich plötzlich neue Lebensperspektiven auftun, weil potenzielle Täter misstrauisch werden oder in virtuellen oder realen Interaktionen Enttäuschungen erleben, weil emotionale Signalereignisse in ihr Weltbild »einbrechen« und neue Wutschübe auslösen etc.

Wir nehmen also kein lineares Ablaufmuster an; dazu wirken einfach zu viele Faktoren zusammen (vgl. in diese Richtung das komplexe Ablaufmodell von Böckler 2020a). Angesichts solch »tückischer Kombinationen« (Böckler 2020b, S. 22) haben potenzielle Täter die Sache oft gar nicht bis ins letzte Detail selbst in der Hand, sondern sind von Dritten abhängig, etwa im Hinblick auf Geld, Waffen oder anderweitige Unterstützungsleistungen. Auch eine vermutete oder tatsächliche Überwachung durch die Polizei oder den Verfassungsschutz spielen in die Abläufe mit hinein.

Zudem berücksichtigt unser Konzept eine Fülle von Interdependenzunterbrechungen, die sich daraus ergeben, dass Menschen auf andere angewiesen sind und dass es sich hier oft um Kommunikation mit »abgedeckten Motivationen« und »getarnten Zielen« handelt, da über die Vernichtungsabsichten während der Handlungsabläufe naturgemäß nicht offen kommuniziert werden kann. Daher muss immer wieder überprüft werden, ob diese »Abdeckungen« und »Tarnungen« noch wirksam sind. Verzögerungen oder »Umweg-Kommunikationen« sind eher der Normalfall. Gleichwohl gibt es gegenüber den Verfolgungsbehörden einen Zeitvorsprung, solange die Akteure nicht entdeckt wurden.

Ausgehend von sozialwissenschaftlichen Theorien, aber auch von empirischen Analysen realer rechtsterroristischer Taten haben wir das folgende Modell entwickelt (vgl. Abbildung 29), das wir nun Schritt für Schritt erläutern.

In der Abbildung sind die 16 Komponenten des Hand-

Abb. 29: Modell eines Handlungsmusters

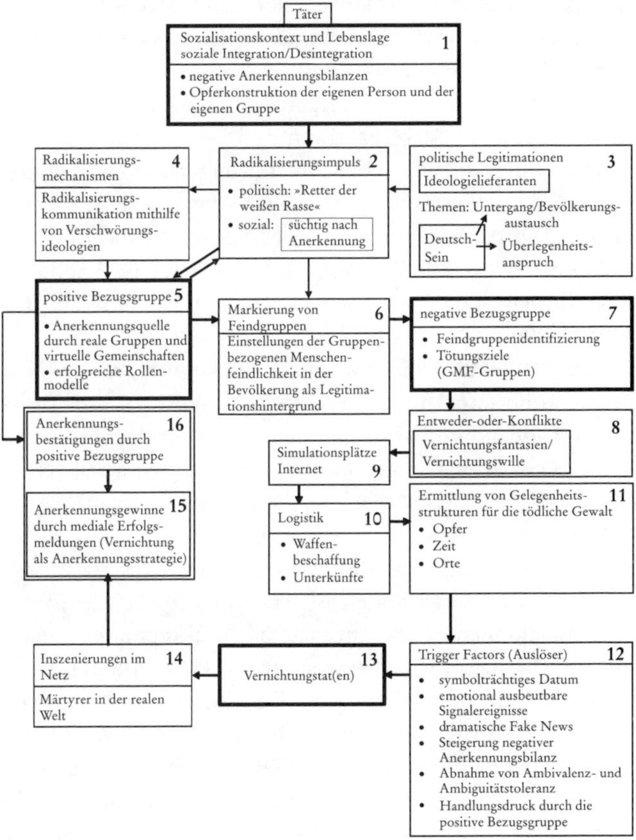

lungsmodells dargestellt und charakterisiert sowie die Wirkrichtungen mit Pfeilen veranschaulicht. Vier Felder sind als Grundgerüst des Modells besonders hervorgehoben: der Sozialisationskontext und die Lebenslage der Täter (1), die positive Bezugsgruppe (5), die negative Bezugsgruppe markierter »Feinde« (7) und schließlich die terroristische Tat (13). Zwischen diesen vier Feldern verlaufen die Interaktions- und Kommunikationsprozesse, mit denen die geplante rechtsterroristische Vernichtungstat vorbereitet wird, beispielsweise die Kommunikation zur Waffenbeschaffung. Zudem finden sich im Modell andere Faktoren und Wirkungszusammenhänge wieder, die wir in den Ausführungen zum konzentrischen Eskalationskontinuum bereits erwähnt haben, etwa Legitimationszulieferungen (3) oder menschenfeindliche Einstellungen in der Bevölkerung (6). Die große Unbekannte in dem Modell ist die Komponente der *trigger factors*, also der Auslöser (12).

Nachfolgend schildern wir nun den Handlungsablauf von Vernichtungstaten mit seinen wesentlichen (Wechsel-)Wirkungen anhand der 16 Komponenten des Modells.

(1) Gemäß der Theorie der sozialen Desintegration gehen wir davon aus, dass Menschen, die in einem oder mehreren wichtigen Bereichen – also etwa im Beruf, in der Familie oder auch als Angehörige des politischen Gemeinwesens – nicht genug Anerkennung finden (vgl. Heitmeyer 2018, S. 147 ff.), sich auf die Suche nach alternativen Anerkennungsquellen machen. Neue positive Bezugsgruppen können diese Anerkennung spenden, auf negative Bezugsgruppen kann man Wut und Hass richten. Dies geht häufig mit einer Konstruktion als Opfer einher, die oft mit Gewalt verbunden ist (siehe dazu u. a. Freiheit et al. 2018; Sitzer 2009). Eine individuelle Opferkonstruktion wird politisch, wenn sie den Opferstatus auf die eigene Gruppe (etwa die Deutschen) projiziert und in soziale Vergleichsprozesse etwa mit »Türken«, »Muslimen«, »Juden«, »Flüchtlingen« eingespeist wird. Obwohl man die eigene Gruppe für die überlegene Mehrheit hält, betrachtet man sich als sozial, kulturell und politisch benachteiligt. Die Theorie der relativen Deprivation (Runciman 1966) verweist

darauf, wie aggressiv aufheizend diese Konstellation sein kann (vgl. auch die empirischen Ergebnisse bei Wolf/Schlüter/Schmidt 2006, S. 67-85).

(2) Die Suche nach alternativen Anerkennungsquellen kann vielfältige Verzweigungen aufweisen. Ein Weg kann darin bestehen, das menschliche Bedürfnis nach Anerkennung auf extreme Weise zu befriedigen (vgl. Sitzer 2009, 2010, 2011). Oft muss es etwas »Großes« wie etwa die Aussicht sein, als »Retter der weißen Rasse« zu gelten. Dieses Bedürfnis wirkt als Radikalisierungsimpuls.

(3) Geliefert werden solche Radikalisierungsimpulse von Ideologieproduzenten, die auch an Opferkonstruktionen mitwirken und potenzielle Täter mit bewegenden Themen und politischen Legitimationen versorgen. Sie propagieren nationale Überlegenheitsattitüden und Narrative wie das vom »Bevölkerungsaustausch«.

(4) Im nächsten Schritt werden Radikalisierungsmechanismen in Gang gesetzt (McCauley/Moskalenko 2008, 2017). Ein besonders wichtiges Instrument sind hier *Verschwörungsideologien*, weil sich mit ihnen die Opferkonstruktion zuspitzen lässt. Die »moralische Überlegenheit« gilt jenseits aller gesellschaftlichen Normen und legitimiert die »nationale Notwehr«, die auch Gewalt und tödlichen Terror einschließen kann.

(5) Wesentliche Grundlage für terroristische Vernichtungstaten ist die positive Bezugsgruppe (Malthaner 2005) mit derselben ideologischen Ausrüstung.

Die positive Bezugsgruppe dient der Selbstvergewisserung und liefert zugleich die notwendige Anerkennung, denn diese kann nur von anderen »verliehen« werden (Sitzer/Wieczorek 2005). Positive Bezugsgruppen können virtuelle Gemeinschaften im Internet sein oder auch Gruppen im realen Raum. Sie bringen erfolgreiche Rollenmodelle hervor und geben gewissermaßen »Rückmeldungen« an die anerkennungssüchtigen »Retter der weißen Rasse«. Diese wechselseitigen Verbindungen sind in Abbildung 29 besonders hervorgehoben, denn sie bilden die »Versorgungsleitungen« für die weiteren Aktivitäten. Je stärker sich die Akteure mit der eigenen positiven Bezugsgruppe identifizieren, desto feindlicher sind sie der fremden negativen Bezugsgruppe gegenüber eingestellt.

(6) Im nächsten Schritt werden die Feindgruppen markiert (vgl. King/Taylor 2011). Neben den Ideologiezulieferern spielen hier das gesellschaftliche Klima und gruppenbezogen-menschenfeindliche Einstellungen in der Bevölkerung eine wesentliche Rolle dabei, den Radikalisierungsimpuls weiter zu konkretisieren (vgl. Borstel/Heitmeyer 2012, S. 344). Gleichzeitig wird so die defensive Position des Opfers verlassen und die offensive Rolle des Täters eingenommen.

(7) Aus dem Fundus der markierten Gruppen (siehe Kapitel 5.1; Heitmeyer 2002a) werden negative Bezugsgruppen gebildet. Aus diesen werden schließlich die konkreten terroristischen Ziele ausgewählt.

(8) Der Vernichtungswille wird gespeist durch eine grundlegende Konfliktstruktur, die nur Entweder-oder-Fragen und Feindschaftsverhältnisse kennt (Hirschman 1994). Wo es ums Ganze geht (also etwa die Rettung des deutschen Volks vor dem vermeintlichen Untergang), kann es keine Verhandlungen geben (vgl. auch De Becker/Stechschulte 1997). Außerdem drängt die Zeit.

(9) So aufgerüstet, werden die weiteren Handlungsoptionen erneut eruiert und in der Fantasie durchgespielt. Mithilfe von Simulationsplätzen unter anderem im Internet oder durch Waffentraining auf Schießplätzen wird der Vernichtungswille in ein Vernichtungsskript überführt. Zulieferer für die destruktiven Fantasien sind sowohl reale (z. B. Anders Breivik,

Brenton Tarrant) als auch fiktive Rollenmodelle. Die Vernichtungsfantasie kann im Verborgenen erprobt oder anonym in den sozialen Netzwerken kommuniziert und diskutiert werden. Werden konkrete vertrauenswürdige Mitverschwörer einbezogen, kann dies durch gruppendynamische und Synergieeffekte die destruktiven Fantasien erweitern und verfeinern sowie den Vernichtungswillen verstärken.

(10) Nun wird die terroristische Tat logistisch vorbereitet. Insbesondere müssen Waffen beschafft werden, sei es über den Schwarzmarkt, im Darknet oder mithilfe konspirativer Unterstützungsnetzwerke. Der legale Waffenbesitz erleichtert hier vieles.

(11) Anschließend werden anhand der konkreten Gelegenheitsstrukturen die Opfer, die Zeit und der Ort für die Tat festgelegt (vgl. auch Reid Meloy et al. 2012; Silver/Horgan/Gill 2018).

(12) Wodurch terroristische Taten schließlich ausgelöst werden, ist noch weitgehend unbekannt. Verschiedene Auslöser kommen hier in Betracht: ein symbolträchtiges Datum wie das Jom-Kippur-Fest, der höchste jüdische Feiertag, Signalereignisse wie Tötungsdelikte gegen Deutsche oder der Handlungsdruck durch die positive Bezugsgruppe.

(13) Die Vernichtungstat selbst wird als Botschaft nach innen an die eigene positive Bezugsgruppe gesandt und nach außen an die negative Bezugsgruppe, an die Gesellschaft oder die ganze Welt (vgl. Gill et al. 2017).

(14) Wenn der oder die Täter bei der Tat getötet werden oder sich selbst töten, haben sie in der Regel dafür gesorgt, dass sie über Videobotschaften »unsterblich« werden, zumindest in der eigenen positiven Bezugsgruppe. Überleben sie, werden sie zu Idolen der Bewegung.

(15) Anerkennungsgewinne werden auch durch mediale »Erfolgsmeldungen« generiert. Negative Berichterstattung

wird insofern uminterpretiert, als sie immerhin Angst in der Bevölkerung erzeugt.

(16) Die Anerkennung durch die positive Bezugsgruppe bildet die »Erfüllung«, die die Täter(gruppen) angestrebt haben.

Spiegelt man dieses Handlungsmuster auf die realen Vernichtungstaten etwa des NSU oder der Täter von Halle und Hanau mit ihren virtuellen Gemeinschaften, sind unterschiedliche Schwerpunkte erkennbar. Die Mitglieder des NSU hatten eine sozialintegrative Bezugsgruppe mit den jeweiligen Anerkennungsquellen. Dagegen waren die Täter von Halle und Hanau sozial desintegriert – im Falle des Hanauer Täters trotz Mitgliedschaften in Vereinen. Eine solche Situation verleitet dazu, die Gründe bei anderen zu suchen. Hier kommt die Ideologie der Ungleichwertigkeit ins Spiel. Schreitet die Radikalisierung voran, wird diese Ausrüstung mit Verschwörungsideologien kombiniert, die sich auf der Ebene feindlicher Mächte abspielen, die nicht kontrolliert werden können. Dies können »feindliche Geheimdienste« sein, wie es der Täter von Hanau in seinem »Manifest« mitgeteilt hat, oder das »Weltjudentum«, das angeblich den »Bevölkerungsaustausch« herbeiführen will, wie es der Täter von Halle behauptete.

Sozialpsychologische Untersuchungen von Ted Goertzel (1994) weisen darauf hin, dass der Glaube an Verschwörungsideologien oft mit Misstrauen gegenüber staatlichen Institutionen und dem sozialen Umfeld sowie einem starken Ungerechtigkeitsempfinden zusammenhängt. Diese Ergebnisse lassen sich sowohl mit der Theorie sozialer Desintegration (siehe Kapitel 3.1) als auch mit Überlegungen der Sozialpsychologen Jennifer Whitson und Adam Galinsky (2008) erklären. Whitson und Galinsky heben hervor, dass Menschen insbesondere dann anfällig für Verschwörungsideologien sind, wenn sie das Gefühl haben, den Überblick oder die Kontrolle über ihr Leben zu verlieren. Gewalt als Machtdemonstration lässt sich deshalb als ein Versuch interpretieren, die Kontrolle zurückzugewinnen – oder sich zumindest »unsterblich« zu machen, selbst wenn das den eigenen Tod bedeutet.

Der Täter von Halle setzt in seinen Mitteilungen »an die Welt« einen anderen Akzent. Er leugnet den Holocaust und ruft zur Ermordung vieler Juden auf. Auch hinter diesen Botschaften lagern Elemente einer sehr alten Verschwörungsideologie. An dieser Stelle lassen sich Verbindungslinien zur realen Politik ziehen, betreibt doch beispielsweise der ungarische Ministerpräsident Viktor Orbán seit Jahren eine entsprechende Kampagne gegen den aus Ungarn stammenden jüdischen Investor George Soros.

Das Beispiel des Täters von Halle zeigt jedenfalls, dass der ständige Rekurs auf die psychologischen Auffälligkeiten der Terroristen als (Selbst-)Entlastung für Ideologiezulieferer und für die Gesellschaft insgesamt fungieren kann, weil Einstellungsvorräte, rhetorische Vorlagen und zugelieferte Legitimationen ausgeblendet werden.

10. Verschwimmen von Grenzen: »Chemnitz« als Eskalationsprozess

10.1 Reale Verhältnisse, Abläufe und ein Erklärungskonzept

Der Name von Chemnitz, der drittgrößten Stadt Sachsens, ist heute eine Chiffre für dramatische politische Ereignisse. Ähnlich wie sich die Vorfälle in der Kölner Silvesternacht 2015/16, als vor allem junge männliche Flüchtlinge am Hauptbahnhof der Domstadt sexuelle Übergriffe verübten, ins gesellschaftliche Gedächtnis »eingekerbt« haben, geschah dies auch mit den Ereignissen rund um das Chemnitzer Stadtfest im Sommer 2018.

Um diese Ereignisse einzuordnen, betrachten wir zunächst die Geschichte der rechtsextremen Szene in Chemnitz, zu der zeitweilig auch der NSU gehörte. Im nächsten Schritt analysieren wir das emotional ausbeutbare Signalereignis und die sich unmittelbar anschließenden Demonstrationen. Abschließend geht es um die politischen Folgen für die Stadtgesellschaft, aber auch für die Auseinandersetzung mit dem rechtspopulistischen bis rechtsextremistischen bzw. neonazistischen Spektrum insgesamt.

Um die Vorgänge nicht nur beschreibend – wie in vielen journalistischen Beiträgen geschehen –, sondern auch analytisch und erklärend aufzuarbeiten, verwenden wir ein Theoriegerüst, das drei Ansätze kombiniert: unser *konzentrisches Eskalationsmodell* (Kapitel 4), das *Raumkonzept* (Kapitel 7) sowie Erkenntnisse aus der Riot-Forschung zur *Eskalationsdynamik* (Heitmeyer 2011b).

10.2 Die Stadt und ihre sozialräumlichen Gelegenheitsstrukturen für rechte Bedrohungsallianzen

Chemnitzer Zustände

Die Chemnitzer Bevölkerung ist mehrheitlich eher proletarisch und kleinbürgerlich geprägt. Zudem leben dort überdurchschnittlich viele ältere Menschen. Die Arbeitslosenquote, die Wachstumsdaten oder die Preise von Wohnraum zeigen im Durchschnitt keine extremen Werte (vgl. Rippl 2019). Eine kurz vor den Ereignissen im Spätsommer 2018 abgeschlossene Befragung im Rahmen des sogenannten Sachsenmonitors (vgl. Sächsische Staatskanzlei 2018) ergab, dass 76 Prozent der Chemnitzer optimistisch in die Zukunft blickten, 79 Prozent bewerteten die wirtschaftliche Lage in Sachsen als »eher gut bis sehr gut«, 81 Prozent beurteilten so ihre persönliche wirtschaftliche Situation (vgl. Rippl 2019). Es gibt also keine objektiven ökonomischen Nachteile, die erklären könnten, warum die AfD bei der Bundestagswahl 2017 in Chemnitz so erfolgreich abschnitt (vgl. Rippl/Seipel 2018). Sie erreichte 24,3 Prozent der Zweitstimmen und lag damit nur knapp hinter der CDU (24,9 Prozent).

Betrachtet man die Einstellungsmuster, so sympathisieren etwa 20 Prozent der erwachsenen Chemnitzer mit der Pegida-Bewegung und damit auch mit den im Kern verallgemeinernden islamfeindlichen Aussagen. 50 Prozent finden deren Themen – zumindest teilweise – wichtig. Diese Einstellungen sind eng mit rechtsextremen Haltungen verbunden (vgl. Rippl et al. 2016).

Der Ausländeranteil in Chemnitz liegt bei 8,2 Prozent, gleichwohl haben laut Sachsenmonitor 2018 69 Prozent der Einwohner ein Gefühl der Überfremdung. Dieses Gefühl ist also auch in Chemnitz von den realen Ausländeranteilen abgekoppelt und auf die Bedrohung der gewohnten Lebensweisen konzentriert. Dies trifft insbesondere auf diejenigen zu, die in der medialen und politischen Debatte als »besorgte Bürgerinnen und Bürger« bezeichnet werden und die häufig ein deutlich niedrigeres Bildungsniveau und Einkommen aufweisen. Einmal mehr bestätigt sich also, wie eng soziale und kulturelle Faktoren miteinander verbunden sind. Zudem fanden sich bei 5 Prozent dieser Bevölkerungsgruppe stark ausgeprägte gruppenbezogen-menschenfeindliche Einstellungen, bei 59 Prozent zeigten sich mittlere Ausprägungen. Laut der Sozialwissenschaftlerin Susanne Rippl (2019) hängen solche Gefühle der Überfremdung eng mit autoritären und menschenfeindlichen Einstellungen zusammen. Insgesamt gibt es in Chemnitz demnach ein breites Spektrum an mobilisierungsbereiten Bürgerinnen und Bürgern.

Rechtsextreme Gruppen/Hools/Mischszenen in Chemnitz und Umgebung

Nach den Ereignissen im August 2018 konnte die rechtsextreme Bewegung Pro Chemnitz jeden Freitag etwa 1000 Personen zu »Trauermärschen« oder »Spaziergängen« mobilisieren. Erst als im November das Wetter schlechter wurde, ging die Teilnehmerzahl zurück. Die Bewegung war zu der Zeit mit drei Abgeordneten im Stadtrat vertreten, die auch Demonstrationen anmeldeten. Zwar brachte Pro Chemnitz keine Pegida-ähnliche Bewegung hervor, man konnte jedoch auf eine lange Tradition rechtsextremer Subkulturen zurückgreifen, die alle im Eskalationsmodell beschriebenen Varianten abdecken.

Seit Anfang der neunziger Jahre existiert in Chemnitz eine vielschichtige und verzweigte Neonazi-Szene. Die dortige Blood-and-Honour-Sektion war bundesweit einer der aktivsten Ableger des internationalen Rechtsrock-Netzwerks (vgl. Peters/Eluek 2018). Hervorzuheben sind auch Akteursgruppen um den Fußballverein Chemnitzer FC. Gruppen wie Kaotic Chemnitz und die NS-Boys (das NS steht für »New Society«) gingen aus der 2007 verbotenen Hooligan-Vereinigung HooRaNa (Hooligans, Rassisten, Nazis) hervor. Insgesamt gab es zeitweise sieben aktive rechtsextreme Kameradschaften (u.a. die 2014 verbotenen Nationalen Sozialisten Chemnitz und die Gruppierung »Kopfsteinpflaster«). Die neurechte Publikation *Blaue Narzisse* entstand dort ursprünglich als Schülerzeitung und wird heute von Chemnitz aus als Online-Magazin betrieben. Mit PC-Records hat auch ein überregional bedeutsamer rechtextremistischer Musikverlag dort seinen Sitz. Neben einem Thor-Steinar-Laden hat ein weiterer rechtslastiger Shop in der Stadt eröffnet. Bei diesem weitverzweigten rechtsextremen Milieu überrascht es nicht, dass der NSU hier zeitweilig Unterschlupf fand (vgl. Rippl 2019).

Im Chemnitzer Stadtteil Sonnenberg konzentrieren sich Aktivitäten zur Herausbildung einer »national befreiten Zone«. Aufgrund der niedrigen Mieten bei guter Stadtanbindung sind neben den rechten Gruppen auch verhältnismäßig viele Studierende sowie Migranten in dem Stadtteil ansässig, weshalb es regelmäßig zu Auseinandersetzungen kommt. Inzwischen werden aber auch Gegenmaßnahmen ergriffen, ein engagierter Unternehmer beispielsweise kauft gezielt Immobilien auf und sagt: »Für uns gilt das Gleiche wie für die: Wir müssen die Räume besetzen.« (Zit. nach Kaul/Agar 2018) Die Zivilgesellschaft sieht nicht mehr einfach nur zu, sondern wehrt sich gegen die rechten Räumungs- und Raumgewinne.

Im ländlichen Umfeld von Chemnitz haben sich seit 2014 völkische Initiativen wie »Heimattreue Niederdorf«, »Unsere Heimat – unsere Zukunft«, »Freigeist« oder »Schneeberg wehrt sich« formiert (vgl. Peters/Eluek 2018).

Ein magnetischer Raum: Das Stadion des Chemnitzer FC

Das Stadion des Chemnitzer FC, der 2019 in die 3. Liga aufstieg, aus der er sich aber nach nur einer Saison wieder verabschieden musste, wirkt aufgrund dreier Faktoren wie ein Magnet: *Erstens* betrachten die rechten Fangruppen das Stadion als ihren eigenen Raum, in dem sie das Sagen haben. Entsprechende Einstellungen reichen wohl bis in die Mannschaft hinein, so wurde ein wichtiger Spieler mit Akteuren der rechtsextremen Szene gesehen. Er musste den Verein verlassen. Die heftigen Debatten um seinen Abschied zeigen jedoch, wie gespalten die Stadt ist und wie normal Verbindungen zum Rechtsextremismus sind. *Zweitens* beflügeln die engen Fanblöcke kollektive Machtgefühle, die mit Feindbildern wie den gegnerischen Fans und der Polizei immer wieder gefüttert werden. *Drittens* bieten die vierzehntägigen Heimspiele eine verlässliche Zeit- und Ortsstruktur.

Aus diesen drei Faktoren ist ein spezieller Machtanspruch entstanden, den man anhand der vier Elemente des oben vorgestellten Raumkonzeptes (siehe Kapitel 7) ausbuchstabieren kann. *Provokationsgewinne* werden durch die »normalen« abwertenden Spruchbänder sowie Gesänge mit rechtsextremistischem Duktus erzielt. Diese richten sich sowohl gegen Fans anderer Vereine als auch gegen andersdenkende Anhänger des CFC. Um die erwünschte Resonanz in den Medien zu erzeugen (Kapitel 9.3), müssen immer neue Provokationsstufen erklommen werden. Dies geschah beispielsweise im März 2019, als die Fans vor einem Regionalligaspiel des verstorbenen Gründers von HooRaNa gedachten, dessen Firma zeitweise auch den Sicherheitsdienst im Stadion gestellt hatte. Die *Räumungs-* und *Raumgewinne* gegen Andersdenkende gehen dabei längst über das Stadion hinaus. So hatte Kaotic Chemnitz bei den Demonstrationen im August 2018 zu den wichtigen Mobilisierungsakteuren gehört und dort unter anderem skandiert: »Lasst uns zusammen zeigen, wer in der Stadt das Sagen hat.« (Zit. nach *Die Welt*, 12. März 2019) Die *Normalisierungsgewinne* zeigten sich im Verhalten der Vereinsführung: Die inzwischen entlassene Fanbeauftragte – sie saß damals für die SPD im Stadtrat, wurde aber nicht wieder nominiert – hatte in den sozialen Medien ihr Beileid bekundet, der (mittlerweile ebenfalls entlassene) Stadionsprecher moderierte die Gedenkchoreografie. Dies veranschaulicht, wie eng die politische Fanszene mit den Strukturen des insolventen und auch deshalb instabilen Vereins verwoben ist. Der Verein verteidigte in einer Mitteilung das Gedenken im Stadion: »Es ist ein Gebot der Mitmenschlichkeit, den Fans des CFC und Hinterbliebenen, die darum baten, die gemeinsame Trauer zu ermöglichen.« (Zit. nach *Stuttgarter Nachrichten*, 10. März 2019)

10.3 Das ausbeutbare Signalereignis sowie die Folgen in den sozialen Netzen und auf den Straßen

In der Nacht vom 25. auf den 26. August 2018 kam es während der Festlichkeiten zum 875-jährigen Bestehen der Stadt zu einer Auseinandersetzung, bei der ein 35-jähriger Deutscher durch Messerstiche so schwer verletzt wurde, dass er wenig später im Krankenhaus verstarb. An der Auseinandersetzung waren auch männliche Asylbewerber beteiligt. Einer von ihnen wurde im August 2019 zu einer langjährigen Freiheitsstrafe verurteilt.

Am späten Nachmittag des 26. August zogen dann nach einem Aufruf der Fangruppe Kaotic Chemnitz etwa 800 wütende Personen, darunter Hooligans, Rechtsextreme unterschiedlicher Couleur sowie Neonazis, durch die Innenstadt.

Sie skandierten Parolen wie »Für jeden toten Deutschen ein toter Ausländer« (zit. nach *Freie Presse*, 7. September 2018). Die Polizei war nur mit wenigen Kräften vor Ort und konnte die Situation nicht kontrollieren. Ein auf Twitter veröffentlichtes Video vom 27. August dokumentiert, wie als Ausländer identifizierte Personen verfolgt werden. In den medialen und politischen Diskussionen war daraufhin von »Hetzjagden« die Rede. Um diesen Begriff gab es bald heftige Kontroversen. Die Ereignisse wurden relativiert, teilweise auch infrage gestellt. So äußerte der sächsische Ministerpräsident Michael Kretschmer (CDU): »Klar ist: Es gab keinen Mob, keine Hetzjagd und keine Pogrome.« (Zit. nach *Der Spiegel*, 22. Dezember 2018)

Am 27. August fand eine weitere Demonstration mit etwa 6000 Teilnehmenden statt, darunter erneut Neonazis und Rechtsextreme. Die Organisatoren hatten bundesweit für die Kundgebung mobilisiert. Spätere Auswertungen ergaben, dass Mitglieder von Parteien und Bewegungen wie der AfD, Pro Chemnitz, Pegida, der NPD, der Dritte Weg, der Identitären Bewegung, der Partei Die Rechte und rechte Fangruppen aus ganz Deutschland vor Ort waren. Auch an diesem Tag war die Polizei zahlenmäßig schwach präsent, wenn man die Teilnehmerzahl, das Aggressionspotenzial und die Gewaltbereitschaft berücksichtigt. So konnten nach dem offiziellen Ende der Demonstration etwa 100 vermummte Personen unkontrolliert durch die Innenstadt ziehen, um »Ausländer [zu] suchen«, wie es im Polizeibericht heißt. Das jüdische Restaurant Schalom wurde angegriffen, ebenso eine Gruppe von SPD-Abgeordneten (vgl. *Frontal 21*, 11. September 2018).

Am folgenden Samstag, dem 1. September, kam es dann zu einem »Trauermarsch« mit etwa 10 000 Teilnehmenden, darunter prominente Vertreter der AfD (u. a. Höcke, Kalbitz) und von Pegida (Bachmann). Das Neue an dieser Demonstration war der unübersehbare Schulterschluss zwischen »normalen«, unorganisierten Bürgern mit gruppenbezogen-menschenfeindlichen Einstellungen, Vertretern des organisierten autoritären Nationalradikalismus und Rechtsextremen. Zum ersten Mal bewegte sich das gesamte im Eskalationsmodell abgebildete Spektrum gemeinsam durch den städtischen Raum.

Thomas Haldenwang, der im November 2018 als Nachfolger von Hans-Georg Maaßen an die Spitze des Bundesamtes für Verfassungsschutz berufen wurde, resümierte mit etwas zeitlichem Abstand in einem Interview: »Wir bemerken eine intensivierte Vernetzung rechtsextremistischer Gruppierungen. Die Grenzen zwischen rechtsextremistischen Kreisen und dem Protestbürgertum verschwimmen zunehmend.« (Zit. nach *Welt am Sonntag*, 14. April 2019)

10.4 Interpretation der Abläufe in den Sozialräumen

Zur Interpretation der beschriebenen Abläufe ziehen wir nun das oben im Zusammenhang mit dem Eskalationskontinuum vorgestellte Konzept der *Gewaltmembran* heran (siehe Kapitel 4.3). Ein Kriterium, anhand dessen man die Akteure in den einzelnen Schichten des Modells unterscheiden kann, ist ihr Verhältnis zu Gewalt. Hier gibt es eine Art Membran, die die gewaltbereiten Milieus umhüllt. Diese trennende Membran ist aber zugleich durchlässig für bestimmte Begriffe, Parolen oder Drohungen, die den gewaltbereiten Gruppen als Legitimationen dienen können. Die Vorgänge in Chemnitz sind hierfür ein geradezu prototypisches empirisches Beispiel. Insbesondere das Zusammenwirken dreier Akteursgruppen ist hier zu betrachten.

Die parteipolitischen Eliten des autoritären Nationalradikalismus der AfD bilden die erste Akteursgruppe. Sie verbreiten über die von ihnen verachteten »Mainstream«-Medien ihre ideologischen Positionen, um Signalereignisse emotional zu befeuern. Parolen wie »Umvolkung« und »Wir werden sie jagen« sind so angelegt, dass darin Kontrollverluste pointiert formuliert werden, die Wiederherstellung von Kontrolle (»Wir holen uns unser Land und unser Volk zurück«) versprochen und zugleich zu einer Art »Propaganda der Tat« aufgerufen wird. In Chemnitz geschah dies im sprichwörtlichen Schulterschluss mit prominenten Kadern von Pegida und der Identitären Bewegung. Zugleich achten die AfD-Eliten darauf, dass sie für diese Begriffe und Parolen nicht strafrechtlich belangt werden können.

Diese Ideologieproduktion hat eine weitreichende Legitimationsfunktion für Gruppen des gewaltbereiten systemfeindlichen Milieus, im konkreten Fall waren das etwa die Bewegung Pro Chemnitz und Hooligans der Fangruppe Kaotic Chemnitz sowie klandestine rechtsterroristische Unterstützungsnetzwerke wie die Gruppe Revolution Chemnitz, die die »Propaganda der Tat« realisieren wollen.

Die dritte Gruppe schließlich ist eine mehr oder weniger »amorphe Masse« von Bürgerinnen und Bürgern, die man nicht im engeren Sinne als Akteursgruppe bezeichnen kann, da sie unter anderem kein dezidiertes Gruppenbewusstsein hat. Am ehesten einen sie Einstellungsmuster der gruppenbezogenen Menschenfeindlichkeit sowie die Selbstbeschreibung als sogenannte »besorgte Bürgerinnen und Bürger«. Eine Befragung von Chemnitzerinnen und Chemnitzern belegt, wie entscheidend die wahrgenommene Bedrohung für die Bereitschaft ist, an Demonstrationen gegen Flüchtlinge und Migration teilzunehmen (Asbrock et al. 2019). Diese Bedrohungswahrnehmung führt die »Normalbürger« an die Akteure des rechten Spektrums heran.

Bei Demonstrationen haben diese Bürger schon allein durch ihre schiere Zahl und körperliche Anwesenheit eine bestätigende Funktion. Zudem kommt so eine »kritische Masse« zusammen, die es dann für die Polizei schwerer macht, die »Propagandisten der Tat« zu kontrollieren, wenn diese Gewalt anwenden. Dies gilt insbesondere dann, wenn Einsatzleitungen Bedrohungsallianzen falsch einschätzen oder gar verharmlosen. So entstehen für die Eliten des autoritären Nationalradikalismus die gewünschten Resonanzräume, die Massenmedien berichten, an gewalttätige Gruppen werden Signale gesandt, die ihre Taten legitimieren.

Wie die Gewaltmembran im Kontext der Ereignisse von Chemnitz ihre legitimierende Funktion entfalten konnte, zeigen nicht zuletzt bestimmte Kommentare zu den von Medien und Politik als »Hetzjagden« bezeichneten gewalttätigen Aktivitäten. So sprach der einflussreiche rechte Stichwortgeber Götz Kubitschek bereits nach der ersten Demonstration von einem »elementaren Vorgang«, bei dem es lediglich darum gegangen sei, »den eigenen Raum ab[zu]sichern« (zit. nach *Sezession im Netz*, 29. August 2018). Die treibende Kraft von Pro Chemnitz, der Anwalt Martin Kohlmann, der für die Bürgerbewegung im Stadtrat sitzt, vertrat die Position: »Das, was gestern Nachmittag hier passiert ist, das war keine Selbstjustiz. Das war Selbstverteidigung. Und diese Selbstverteidigung, die ist erlaubt, richtig und notwendig.« (Zit. nach Peters/Eluek 2018) Der Jurist zieht also das Notwehrrecht heran für eine Situation, in der kein objektiver Notstand vorlag. Vielmehr definiert er einen solchen herbei, um eine neue Bürgerpflicht zu etablieren. Er skizziert hier quasi eine Art »Bürgerwehr«, die einen staatlichen Kontrollverlust ausgleichen soll.

Entsprechend äußert sich auf Twitter auch der AfD-Bundestagsabgeordnete Markus Frohnmaier: »Wenn der Staat die Bürger nicht mehr schützen kann, gehen die Menschen auf die Straße und schützen sich selber. Heute ist es Bürgerpflicht, die todbringende ›Messermigration‹ zu stoppen!« Eine Position, die auch vom damaligen Parteivorsitzenden und heutigen Ko-Fraktionsvorsitzenden im Bundestag, Alexander Gauland, verteidigt wird (vgl. *Die Welt*, 29. August 2018).

Wenn wir nun die Vorgänge in Chemnitz als *Eskalationsdynamik* analysieren, ziehen wir dabei insbesondere Erkenntnisse der Riots-Forschung heran (Heitmeyer 2011b). Ausgehend von den Unruhen in Frankreich 2005 und in Großbritannien 2011 haben Forscherinnen eine Reihe von Faktoren für solche Eskalationen identifiziert. Entscheidend ist dabei ein *emotional ausbeutbares Signalereignis*, das bereits länger schwärende Konflikte zwischen Bevölkerungsteilen und Politik oder zwischen bestimmten Gruppen und der Polizei eher ungeplant aufbrechen lässt.

In Chemnitz war das entscheidende Signalereignis der Tod des jungen Bürgers. Er ereignete sich in einem Kontext, der durch die weitverzweigte rechtsextreme bis neonazistische Szene, gruppenbezogen-menschenfeindliche Einstellungen in Teilen der Bevölkerungen sowie die Anwesenheit von Migrantinnen bzw. Flüchtlingen gekennzeichnet war.

Wollen interessierte Gruppen ein Signalereignis eskalieren, benötigen sie eine Netzwerkstruktur und hohe *Kommunikationskompetenz*, um schnell eine *kritische Masse* von Menschen auf die Straße bringen. Diese ist dann (zumindest kurzfristig) der Polizei, anderen Sicherheitskräften und Gegendemonstranten zahlenmäßig sowie strategisch überlegen und kann in den umkämpften Räumen die beabsichtigten Regelverletzungen, Machtdemonstrationen, materiellen Zerstörungen und körperliche Gewalt ausüben. Dies war in Chemnitz in den folgenden Tagen der Fall, zumal die Polizei mehrfach nicht imstande war, die Lage professionell zu beurteilen und ausreichend Personal sowie Ausrüstung bereitzustellen, um die Eskalation einzuhegen.

Die Eskalation wird durch schnell abrufbare *Feindbilder* vorangetrieben. Diese sind entweder ethnische und religiöse Gruppen oder staatliche Institutionen oder die Politik. In Chemnitz waren die Feindbilder mit den anwesenden Migranten- bzw. Flüchtlingsgruppen sowie den Vertretern der sogenannten »Lügenpresse« längst gefunden.

Soll die Eskalation auch andere Gebiete erfassen, kommt es, auch das kann man aus den Ereignissen in Frankreich und Großbritannien lernen, entscheidend auf die *Resonanz in den Massenmedien* an. In Chemnitz sollten die Feindbilder mithilfe der Medien über die eigenen Netzwerke hinaus in die Mitte der Gesellschaft hineingetragen werden, um die Motivation und Mobilisierung auf hohem Niveau aufrechtzuerhalten. Dazu wurden Themen wie die »Kriminalität von Flüchtlingen« und »Kontrollverluste der Politik« gewählt.

Wichtig ist auch die Rolle von *Beobachtern* aus der sogenannten normalen Bevölkerung, die am Rande stehen, selbst nicht aggressiv oder gewalttätig eingreifen, aber durch ihre bloße Anwesenheit eine Resonanzkulisse bilden. Durch ihr Nichtstun und ihr Schweigen signalisieren sie Zustimmung.

Schließlich sind es *politische Eliten*, die mit ihren Reaktionen und Kategorisierungen der Akteure (»Alles Kriminelle«, »Alles Nazis«) dafür sorgen, dass neue Solidarisierungsprozesse angestoßen werden. Oder sie verharmlosen die Akteure, wodurch sich diese zu weiteren Aktionen ermuntert fühlen.

Politische und administrative Eliten können aber auch als *Katalysatoren* wirken, die zwischen den Akteuren des rechten Spektrums und der versammelten »Normalbevölkerung« vermitteln. Im Fall Chemnitz nahm der damalige Verfassungsschutzpräsident Hans-Georg Maaßen eine solche Rolle ein, indem er bestritt, dass es in Chemnitz Verfolgungsszenen gegeben habe, und damit eine Regierungskrise in Berlin heraufbeschwor, die letztlich zu seiner Entlassung führte. Gleichwohl fand er viel Anerkennung in bestimmten Gruppen und sieht sich als Opfer einer Kampagne. Der sächsische Ministerpräsident Michael Kretschmer war ebenfalls in einer »Doppelrolle« unterwegs, indem er einerseits zum Kampf gegen Rechtsextremismus aufrief und andererseits die Vorgänge in Chemnitz bagatellisierte. Auch solche Vorgehensweisen führen zu *Normalisierungsgewinnen*. Das rechtsextreme Milieu marschiert mit gesteigertem Selbstbewusstsein in die nächsten Auseinandersetzungen, zumal die Grenzen zur »rohen Bürgerlichkeit« in Chemnitz verschwammen.

10.5 Einschätzung der politischen Folgen

Bei der Einschätzung der politischen Folgen müssen zwei Ebenen berücksichtigt werden: Vor Ort bemüht sich die Stadtpolitik sehr, das negative Image aufzubessern, indem sie beispielsweise große Kulturevents organisiert. Gleichwohl ist trotz der wachrüttelnden Ereignisse rund um das Stadtfest keine breite reaktionsfähige Stadtgesellschaft entstanden. Bei der Stadtratswahl im Mai 2019 entfiel zudem insgesamt gut ein Viertel der Stimmen auf die AfD (17,9 Prozent) und die rechtsextreme Bewegung Pro Chemnitz (7,7 Prozent). Dies deutet auf *Normalisierungsprozesse* hin. Die Altersstruktur der Stadt ist eher ungünstig für eine breite Aktivierung der Zivilgesellschaft. Darüber hinaus existiert mit den unterschiedlichen rechtsextremen bis neonazistischen Gruppen ein hochaggressives Drohpotenzial, das sich ggf. schnell mobilisieren lässt.

Die Ereignisse sind aber auch über Chemnitz hinaus relevant. Was den »Modellcharakter« der Vorfälle ausmacht, ist das *Verschwimmen von Grenzen* zwischen verschiedenen Akteursgruppen und auch Parteien. Letzteres war zuletzt beispielsweise rund um die Wahl des Thüringer Ministerpräsidenten im Februar 2020 zu beobachten, als machthungrige Politiker von CDU und FDP sich auf ein inoffizielles Bündnis mit der AfD einließen oder die Wahl des FDP-Mannes Thomas Kemmerich zumindest begrüßten. Aussagen von Vertretern der Werteunion unterstreichen ebenfalls, wie durchlässig die Grenzen geworden sind (siehe Kapitel 6.5). Und wenn bei Demonstrationen Neonazis, Planungsakteure rechtsterroristischer Zellen, reaktionäre Bewegungen wie Pegida und der rechte »Flügel« der AfD gemeinsam auftreten, ist dies ebenfalls ein Ergebnis der bereits angesprochenen Normalisierungsprozesse.

Damit hat der autoritäre Nationalradikalismus sein Instrumentarium um eine Variante bereichert, die erneut zum Einsatz kommen kann, wenn das nächste emotional ausbeutbare Signalereignis eintritt. Entsprechend äußerte sich der sächsische AfD-Abgeordnete André Barth: »Was die Partei jetzt bräuchte, ist ein Anschlag Anis Amri 2. So was darf man sich natürlich nicht wünschen.« (Zit. nach *Welt am Sonntag*, 25. August 2018)

11. Fokus: Antisemitismus und Muslimfeindlichkeit

Unter den zwölf Gruppen, mit denen wir uns in unseren Untersuchungen zur gruppenbezogenen Menschenfeindlichkeit befassen (vgl. Abbildung 9), weisen Juden und Muslime eine Besonderheit auf. Anders als »People of Color«, Obdachlose oder Homosexuelle werden sie nicht (allein) deshalb abgewertet, diskriminiert oder Gewalt ausgesetzt, weil sie als anders, abweichend oder minderwertig markiert werden. Juden und Muslime stehen auch deshalb im Fokus rechter Bedrohungsallianzen, weil man in ihnen mächtige Akteure oder eine Bedrohung der Eigengruppe erblickt. Bei Juden kommen hier altbekannte Verschwörungsideologien ins Spiel (die »Finanzmacht« des »Weltjudentums« usw.), bei Muslimen die Furcht vor kultureller »Überfremdung«, einer »Umvolkung« oder vermutete Machtansprüche des politischen Islam. Bisweilen werden die beiden Verschwörungsideologien auch kombiniert, etwa wenn der Investor George Soros als Drahtzieher hinter weltweiten Migrationsbewegungen dargestellt wird. Der Fluchtpunkt all dieser Bedrohungsszenarien ist jedenfalls immer der »Untergang des deutschen Volkes« (vgl. Weiß 2017, S. 135-154). Vor diesem Hintergrund erscheint es uns dringend geboten, jüngeren Entwicklungen in diesen Bereichen besondere Aufmerksamkeit zu widmen.

11.1 Antisemitismus im Eskalationskontinuum

Den Ausgangspunkt unserer Überlegungen bildet erneut ein Blick auf die Einstellungsmuster in der Bevölkerung. Hierbei ist zunächst festzuhalten, dass Antisemitismus in verschiedenen Varianten vorkommt. Aribert Heyder, Julia Iser und Peter Schmidt (2005, S. 147ff.) unterscheiden in ihren empirischen Studien (1) klassischen, auf negativen charakterlichen Stereotypen basierenden Antisemitismus, (2) sekundären Antisemitismus in Form der Relativierung, Verharmlosung und teilweisen Leugnung (»Auschwitzlüge«) der nationalsozialistischen Verbrechen, (3) antisemitische Separation im Sinne einer mit Zweifeln an ihrer Loyalität gegenüber Deutschland begründeten Ausgrenzung von Bürgern jüdischen Glaubens, (4) israelbezogenen Antisemitismus, also die Übertragung von Kritik an der Politik Israels auf alle jüdischen Menschen, und schließlich (5) NS-vergleichende Israelkritik, bei welcher der Staat Israel gegenüber den Palästinensern als Täter dargestellt wird, um Juden den Opferstatus abzusprechen.

Bei diesen fünf Varianten handelt es sich um *expliziten* Antisemitismus, der in unterschiedlichen Formen auftritt: von offen brutal bis verdeckt subtil.

Daneben existiert jedoch auch ein *impliziter* Antisemitismus. Dieser liegt vor, wenn Ereignisse der NS-Zeit sowie der Umgang mit der deutschen Geschichte so umgedeutet und umgewertet werden, dass die Deutschen als Volk und »Kulturnation« als Opfer erscheinen, ohne dass dabei explizit auf Juden oder Israel Bezug genommen würde.

In repräsentativen Bevölkerungsumfragen aus den letzten knapp zwei Jahrzehnten hat sich gezeigt, dass der klassische Antisemitismus zurückgeht (vgl. Bundesministerium des Innern 2017, S. 60), während der israelbezogene Antisemitismus, man kann hier von einer Art »Umwegkommunikation« sprechen, deutlich stärker ausgeprägt ist (Abbildung 30).

Das *quantitative* Ausmaß allein sagt dabei noch nicht viel über *qualitative* Veränderungen des gesellschaftlichen Kli-

Abb. 30: Klassische und israelbezogene antisemitische Einstellungen 2002-2018/19 (Angaben in Prozent)

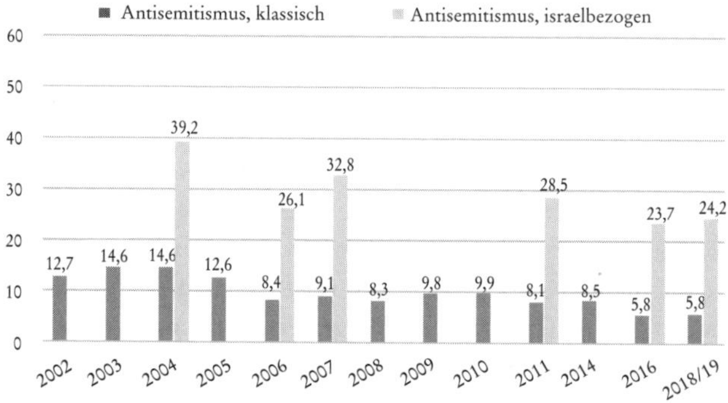

(Quelle: Sonderauswertung von Daten aus *Deutsche Zustände* und den »Mitte«-Studien)

mas. *Individuelle* Einstellungen müssen in *kollektive* Meinungsmuster im *öffentlichen* Raum »übersetzt« werden. Selbst wenn das Ausmaß antisemitischer Einstellungen konstant bleibt, kann die Stimmung aggressiver werden und zu mehr Gewalt führen, wenn organisierte Mobilisierungsakteure auf den Plan treten und es ihnen gelingt, das *leise* Einstellungspotenzial *laut* gegen bestimmte Gruppen in Stellung zu bringen und entsprechend zu handeln.

Was den Übergang von privaten Einstellungen zu öffentlichen Äußerungen anbelangt, lassen sich spätestens seit der Jahrtausendwende zwei bedeutende Veränderungen konstatieren: Zum einen erleben wir eine Erosion der Kommunikationslatenz bzw. Vorurteilsrepression; zum anderen bieten die sozialen Netzwerke ein neues Forum für (bisweilen anonyme) Hasskommunikation.

In der alten Bundesrepublik und im wiedervereinigten Deutschland gehörte es lange zum gesellschaftlichen und politischen Grundkonsens, antisemitischen Äußerungen im öffentlichen Raum konsequent entgegenzutreten. Werner Bergmann und Rainer Erb haben dazu in den achtziger Jahren die These von der *Kommunikationslatenz* formuliert: Antisemitische Einstellungen seien weiterhin verbreitet und würden im privaten Kontext auch durchaus geäußert, angesichts des öffentlichen Meinungsklimas blieben sie jedoch latent (vgl. Bergmann/Erb 1986). Manifestierten sich entsprechende Einstellungen öffentlich, drohten Achtungsentzug oder gar strafrechtliche Konsequenzen. Hielten politische und kulturelle Eliten diesen Meinungsdruck auch gegen die »Stammtische« aufrecht und verzichteten sie auf das Schüren antisemitischer Ressentiments, könne der Antisemitismus aus der öffentlichen Kommunikation weitgehend herausgehalten werden. Langfristig könne so die Tradierung antijüdischer Stereotype unterbrochen oder zumindest abgeschwächt werden.

Allerdings gab es schon zu Beginn der nuller Jahre Hinweise darauf, dass diese Vorurteilsrepression ihre Wirkung verliert (Bergmann/Heitmeyer 2005, S. 224). So wurden immer häufiger Forderungen nach »Normalität« und einer Aufhebung »unnatürlicher« Kommunikationsverbote geäußert, da diese einem »normalen Verhältnis« von Deutschen und Juden entgegenstünden. In einer Umfrage ärgerten sich 80 Prozent der sich politisch rechts einstufenden Personen darüber, dass den Deutschen noch immer die Verbrechen an den Juden vorgehalten würden (ebd., S. 232). Entsprechende Entschuldungsverlangen wurden von Teilen der Öffentlichkeit leider mit Schweigen und Desinteresse quittiert. Auf diversen Umwegen (Israelkritik, Delegitimierung des jüdischen »Opferstatus«, Kritik an Kommunikationstabus und Entlastungsversuche durch eine »Europäisierung« des Holocaust sowie des Antisemitismus, ebd., S. 227-231) gelangten antisemitische Positionen so zunehmend wieder in die Öffentlichkeit.

Zugleich zeigen Umfragedaten, die 2002 im Rahmen unserer empirischen Langzeituntersuchung zur gruppenbezogenen Menschenfeindlichkeit erhoben wurden, dass die Bereitschaft, antisemitischen Äußerungen im privaten Bereich entgegenzutreten, gering war (Heitmeyer 2002a). Das öffentliche Eintreten gegen Antisemitismus hatte hier keine Wirkung. Jan-Philipp Reemtsma schrieb dazu: »Oft ist die offizielle Abwehr antisemitischer Äußerungen nichts weiter als eine Bekräftigung eines politischen Tabus. Tabus können nützlich sein, wenn man sonst nichts hat, aber auf lange Sicht bewirken sie keine Einsichten, sondern nur Resistenzen.« (Reemtsma 2003, S. 2)

Die Repression antisemitischer Äußerungen wird freilich umso schwieriger, je stärker sich entsprechende Einstellungen von klassischen Stereotypen lösen und auf die Politik des Staates Israel umschwenken. Dass die AfD den Schulterschluss mit der rechten Regierung von Benjamin Netanjahu sucht, sorgt für zusätzliche Unübersichtlichkeit. Geht es nicht länger um eindeutig irrationale, auf Verschwörungsideologien basierende Vorurteile, sondern um die Bewertung konkreter politischer Ereignisse, über die in den Massenmedien berichtet und in sozialen Netzwerken diskutiert wird, greift die Repression zunehmend ins Leere. Antisemitische Positionen werden auch in der politischen Mitte anschlussfähig (vgl. Bergmann/Heitmeyer 2005, S. 234). Die Kommunikationslatenz erodiert.

Der zweite wichtige Faktor ist das angesprochene Aufkommen neuer Kommunikationsmöglichkeiten im Internet. Antisemitische Einstellungen bleiben nicht länger im privaten Bereich latent, sondern manifestieren sich öffentlich in den sozialen Netzwerken. Eine Langzeitstudie kommt zu dem Ergebnis, dass

> Antisemitismen in den vergangenen Jahren insbesondere in den Online-Kommentarbereichen der Qualitätsmedien stark zugenommen [haben]. Zudem hat eine semantische Radikalisierung stattgefunden. In allen wesentlichen Kommunikationsbereichen des Internets hat sich judenfeindliches Gedankengut mit hoher Affektmobilisierung verbreitet. (Schwarz-Friesel 2019, S. 385)

Weiter heißt es:

> Diese Reproduktion tradierter judenfeindlicher Stereotype bei gleichzeitiger moderner Adaption in der Variante des israelbezogenen Antisemitismus wird maßgeblich durch die kommunikativen und prozeduralen Charakteristika des Web 2.0 beeinflusst und hat dazu geführt, dass Judenfeindschaft mittlerweile ein integraler Teil der Netzkultur ist. Die freie Zugänglichkeit und rasante Verbreitung von judenfeindlichem Gedankengut und antisemitischen Verschwörungsfantasien hat durch die Netzkommunikation ein nie zuvor gekanntes Ausmaß erlangt. (Ebd., S. 386)

Welche Rolle spielen bei der angesprochenen Verdichtung antisemitischer Einstellungen die Akteure des organisierten autoritären Nationalradikalismus? Wie werden Legitimationsbrücken gebaut? Welche erweiterten Resonanzräume (u.a. im Internet) werden bespielt? Der FAZ-Journalist Markus Wehner analysierte hierzu Ende Januar 2020 eine bemerkenswerte Episode (Wehner 2020). Anlässlich des 75. Jahrestages der Befreiung des Konzentrationslagers Auschwitz am 27. Januar 2020 schrieben die AfD-Vorsitzenden Jörg Meuthen und Tino Chrupalla auf der Facebook-Seite der Partei:

> Auschwitz steht wie kein anderer Ort für den Holocaust, den industriellen Massenmord an den europäischen Juden, begangen durch die Nationalsozialisten. Am 27. Januar gedenken wir aller Menschen, die durch das verbrecherische NS-Regime ermordet wurden. Ihr Leid darf niemals vergessen werden.

Kaum 24 Stunden später fanden sich darunter 3000 Kommentare, laut Wehners Schätzung lehnten 80 Prozent die Erklärung von Meuthen und Chrupalla ab: Es müsse nun endlich genug sein, man müsse auch über die Millionen von deutschen Toten reden, man dürfe den Schuldkult-»Fanatismus« nicht zusätzlich fördern etc. Ganz ähnlich positionieren sich prominente AfD-Mandatsträger wie Björn Höcke und andere Vertreter der sogenannten »Neuen Rechten«. Eine Studie des Allensbach-Instituts zeigt, wie verbreitet solche Einstellungen im Milieu des autoritären Nationalradikalismus sind (Petersen 2018, S. 8): Von den Anhängern der AfD gaben 55 Prozent an, Juden hätten zu viel Einfluss. Bei den Anhängern der anderen im Bundestag vertretenen Parteien lag die Quote deutlicher niedriger, nämlich zwischen 16 und 20 Prozent. Das mag auf den ersten Blick beruhigend wirken, tatsächlich schlummert hier aber eine »Zustimmungsreserve« für die AfD, die angesichts zunehmend volatiler Wahlentscheidungen unter gewissen Umständen mobilisiert werden kann.

Die Parteiführung redet das Problem strategisch klein, indem sie den zweifellos vorhandenen islamischen Antisemitismus zur Hauptgefahr stilisiert und sich selbst als entschiedenen Kämpfer gegen den Antisemitismus inszeniert. Dies stellt die Verhältnisse auf den Kopf, vertreten Mandatsträger der Partei doch immer wieder klar antisemitische Positionen; so etwa der baden-württembergische Landtagsabgeordnete Wolfgang Gedeon, der nach einem mehrjährigen Verfahren im März 2020 aus der AfD ausgeschlossen wurde. Subtiler ist der schon angeführte *implizite* Antisemitismus, der beispielsweise in Äußerungen des Ko-Vorsitzenden der AfD-Fraktion im Bundestag, Alexander Gauland, zum Ausdruck kommt: »Hitler und die Nationalsozialisten sind nur ein Vogelschiss in über 1000 Jahren erfolgreicher deutscher Geschichte«, und die Aussage, man habe »das Recht, stolz zu sein auf die Leistungen deutscher Soldaten in zwei Weltkriegen«. Diese Äußerungen, die man auch im Zusammenhang mit dem erklärten Ziel einer »Ausweitung des Sagbaren«

(Gauland) sehen muss, sind *implizit* antisemitisch, weil sie die Vernichtung jüdischen Lebens ausblenden, die Wehrmacht glorifizieren und die Forderung nach einem Schlussstrich unter die Auseinandersetzung mit der deutschen Vergangenheit perpetuieren. In denselben Kontext gehören auch Positionierungen Björn Höckes, der in seiner Dresdner Rede im Januar 2017 betonte, die Deutschen seien »das einzige Volk der Welt, das sich ein Denkmal der Schande in das Herz seiner Hauptstadt gepflanzt« habe, und eine »erinnerungspolitische Wende um 180 Grad« forderte.

Gemäß der Logik des Eskalationskontinuums mit seinen *Legitimationsbrücken* und *Membraneffekten* gehen wir davon aus, dass gewaltbereite Gruppen im systemfeindlichen Milieu sich ermuntert und zu entsprechenden Taten legitimiert sehen, wenn in der Bevölkerung vorhandene Einstellungen von den Akteuren des organisierten autoritären Nationalradikalismus in dieser Weise verdichtet werden. Tatsächlich lässt sich empirisch ein deutlicher Anstieg der Hasskriminalität mit antisemitischem Hintergrund feststellen. Allein von 2018 auf 2019 nahmen entsprechende Taten um 13 Prozent zu (Abbildung 31).

Die 2032 im Jahr 2019 angezeigten und registrierten Fälle bedeuten den höchsten Stand seit Beginn der statistischen Erfassung vor fast 20 Jahren. Knapp 93 Prozent der Fälle ließen sich dem rechten Spektrum zuordnen. Nach allem, was wir aus kriminologischen Studien wissen, dürfte es hier allerdings ein sehr großes Dunkelfeld geben, weil viele Fälle aus Angst oder wegen erwarteter Erfolglosigkeit gar nicht erst angezeigt werden.

Um einen speziellen Deliktbereich herauszugreifen, sei hier die Schändung jüdischer Friedhöfe genannt: Von den 614 zwischen 2001 und 2014 registrierten Fällen wurden 591 Rechtsextremisten zugeordnet (vgl. BMI 2017, S. 42).

Abb. 31: Hasskriminalität mit antisemitischem Hintergrund im Jahr 2019 (Veränderungen im Vergleich zu 2018 in Klammern)

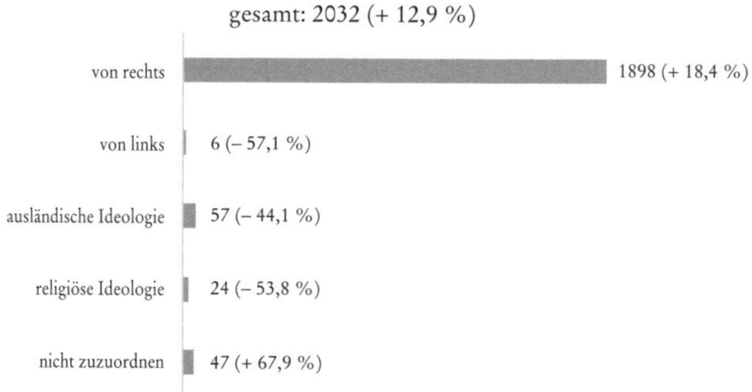

(Quellen: BKA; *Süddeutsche Zeitung*, 28. Mai 2020, S. 5, als Vorlage der Grafik)

Auch Gedenkstätten für die Opfer des NS-Systems werden zunehmend zum Ziel antisemitischer Provokationen und Angriffe. Volkhard Knigge, der Leiter der Gedenkstätte Buchenwald, sieht eine zunehmende Eskalation: Sei man früher mit Leugnungen des Holocaust konfrontiert gewesen, fänden sich in den Gästebüchern nun auch Befürwortungen eines neuen Holocaust. Generell konstatiert Knigge ein »allgemeines Abschmelzen von Grundanständigkeit hin zur Verrohung« (zit. nach *Frankfurter Allgemeine Sonntagszeitung*, 26. Januar 2020).

Antisemitische Gewalt zeigte sich auch in Chemnitz, wo im Zuge der Demonstrationen im Sommer 2018 ein jüdisches Restaurant angegriffen wurde. In Berlin und anderen Großstädten benötigen jüdische Gaststätten und Lebensmittelgeschäfte mittlerweile immer häufiger Polizeischutz. Entsprechende Drohungen und Gewalttaten zielen darauf ab, Juden aus der Öffentlichkeit zu verdrängen oder gar zum Verlassen des Landes zu bewegen – ganz im Sinne des Ziels der Herstellung eines homogenen Volkes. Die letzte Stufe dieser bewusst geschürten Eskalation sind terroristische Vernichtungsversuche gegen Juden, für die exemplarisch der Anschlag auf die Synagoge in Halle steht (siehe Kapitel 9.4).

Die traditionellen politischen Parteien haben sich diesen Entwicklungen in ihrer politischen Alltagsarbeit bislang nicht hinreichend entgegengestellt. Der Journalist Ronen Steinke (2020) spricht diesbezüglich von einem Versagen des Staates.

11.2 Muslimfeindlichkeit im Eskalationskontinuum

Beginnen wir erneut mit einem Blick auf die in der Gesellschaft verbreiteten Einstellungsmuster. In Bezug auf die Muslimfeindlichkeit ist festzuhalten, dass zwei Krisen hier eine entscheidende Rolle gespielt haben: die sogenannte »Flüchtlingskrise« im Jahr 2015 und zuvor bereits die islamistischen Terrorangriffe vom 11. September, mit denen das »Feindbild Islam« (Farid Hafez 2019) sich erstmals bildstark in das kollektive Gedächtnis ganzer Gesellschaften einprägte. Diese Signaturen wurden durch spätere Anschläge immer wieder neu vertieft. Eine Fernwirkung des Terrors bestand darin (Heitmeyer 2001b, S. 221-234), dass die Kategorien gewechselt wurden: Aus ethnischen wurden religiöse Markierungen, Türken zum Beispiel wurden nun vorrangig als Muslime wahrgenommen.

Ablehnungen, Abwertungen und distanzierende Verhaltensabsichten gegenüber Muslimen wurden im Bielefelder Projekt zur gruppenbezogenen Menschenfeindlichkeit erstmals kurz nach dem Signalereignis »9/11« untersucht (vgl. Tabelle 9).

Eine *generelle* Ablehnung dokumentierte sich bei mehr als

Tab. 9: Islamphobie im GMF-Survey 2003

Konstrukte und Itemformulierungen	Stimme überhaupt nicht zu	Stimme eher nicht zu	Stimme eher zu	Stimme voll und ganz zu	Fallzahl
generelle Ablehnung von Muslimen in Deutschland					
Muslimen sollte die Zuwanderung nach Deutschland untersagt werden.	26,9	46,6	14,1	12,4	2600
Durch die vielen Muslime hier fühle ich mich manchmal wie ein Fremder im eigenen Land.	28,4	40,6	15,8	15,2	2629
kulturelle Abwertung des Islam					
Der Islam hat eine bewundernswerte Kultur hervorgebracht.	9,7	26,9	33,0	30,4	2518
Die muslimische Kultur passt durchaus in unsere westliche Welt.	10,4	27,2	45,6	16,8	2586
distanzierende Verhaltensabsicht gegenüber Muslimen					
Bei Personen muslimischen Glaubens bin ich misstrauischer.	24,5	41,1	19,5	14,9	2574
Ich hätte Probleme, in eine Gegend zu ziehen, in der viele Moslems leben.	18,7	29,7	26,0	25,6	2651

Gewichtete relative Häufigkeiten; die grau unterlegten Felder weisen auf islamfeindliche Haltungen hin.

(Quelle: Leibold/Kühnel 2003, S. 103)

25 Prozent der Befragten in der Auffassung, Muslimen solle die Zuwanderung untersagt werden. 31 Prozent fühlten sich bereits damals (also zwölf Jahre vor der sogenannten »Flüchtlingskrise«) wegen der Anwesenheit von Muslimen manchmal wie Fremde im eigenen Land. Auch die kulturelle Abwertung war deutlich erkennbar, vertraten doch fast 38 Prozent die Auffassung, die muslimische Kultur passe nicht in die westliche Welt. Daraus ergaben sich schließlich distanzierende Verhaltensabsichten: 34 Prozent der Befragten äußerten ein generalisiertes Misstrauen, 52 Prozent wollten nicht in Wohngebiete ziehen, in denen viele Muslime leben.

Dabei zeigten sich erhebliche Unterschiede in Abhängigkeit vom Bildungsniveau und von der ideologischen Selbstpositionierung auf der Links-rechts-Skala: »[J]e weiter rechts sich eine befragte Person einordnet, desto stärker lehnt sie Muslime ab, bewertet die islamische Kultur negativer und neigt mehr zu distanzierenden Verhaltensabsichten Muslimen gegenüber. Gleiches gilt für Befragte, die einen niedrigen Bildungsabschluss haben« (Leibold/Kühnel 2003, S. 107).

In einer späteren Erhebung stellten Leibold und Kühnel fest (2006, S. 141 ff.), dass solche Einstellungsmuster häufig mit einer *Entdifferenzierung* einhergehen (vgl. Tabelle 10): Erstens wird zwischen den vielfältigen Glaubensrichtungen innerhalb des Islam nicht differenziert, der verallgemeinernden Abwertung werden so Tor und Tür geöffnet. Zweitens wird Muslimen generell eine erhebliche Segregationsneigung unterstellt.

Wenn wir oben gesagt haben, dass Juden und Muslime sich von anderen mit Menschenfeindlichkeit konfrontierten Gruppen dadurch unterscheiden, dass es in ihrem Fall auch um wahrgenommene Bedrohungen und Machtkonflikte geht, kommt insbesondere dem Befund große Bedeutung zu, dass über 60 Prozent der Befragten Muslimen Sympathien für is-

Tab. 10: Ausmaß der Homogenisierung im GMF-Survey 2005 (Angaben in Prozent)

Konstrukte und Itemformulierungen	Stimme überhaupt nicht zu	Stimme eher nicht zu	Stimme eher zu	Stimme voll und ganz zu	Fallzahl
subjektive Differenzierungskompetenz					
Für mich sind die verschiedenen islamischen Glaubensrichtungen kaum zu unterscheiden.	3,8	15,5	29,1	51,6	1713
Meiner Meinung nach sind die islamischen Glaubensrichtungen sehr ähnlich.	4,1	23,5	44,4	28,0	1517
unterstellte Segregationsneigung					
Die Mehrheit der Muslime hält große Distanz zur restlichen Bevölkerung.	4,4	28,3	37,1	30,2	1668
Viele Muslime in Deutschland wollen lieber unter sich bleiben.	3,8	15,9	41,1	38,9	1704
unterstellte Sympathien für Terroristen					
Die islamistischen Terroristen finden starken Rückhalt bei den Muslimen.	4,9	34,9	32,0	28,2	1595
Die islamistischen Terroristen werden von vielen Muslimen als Helden verehrt.	6,0	29,5	31,5	32,9	1613

Gewichtete relative Häufigkeiten; die grau unterlegten Felder korrespondieren mit homogenisierenden Haltungen.

(Quelle: Leibold/Kühnel 2006, S. 143)

lamistische Terroristen unterstellten. Dieses Muster ist in besonderer Weise ausbeutbar für politische Feindbilder. In diesem Zusammenhang sei freilich auf den Umstand hingewiesen, dass auch in etablierten Medien über »den« Islam häufig generalisierend berichtet und dass oft ein Zusammenhang zum Terrorismus hergestellt wird (vgl. Kai Hafez 2017).

Greifen wir die Zustimmung zu den Items »Durch die vielen Muslime fühle ich mich manchmal wie ein Fremder im eigenen Land« und »Muslimen sollte die Zuwanderung nach Deutschland untersagt werden« zur Messung der Muslimfeindlichkeit heraus, zeigt sich im Zeitverlauf eine Wellenbewegung (Abbildung 32). Auffällig ist, dass in den Jahren nach der »Flüchtlingskrise« von 2015 kein dramatischer Anstieg zu verzeichnen war bzw. dass die Höchstwerte der Jahre 2006 und 2010 nicht wieder erreicht wurden.

Abb. 32: Muslimfeindlichkeit im Zeitverlauf (Angaben in Prozent)

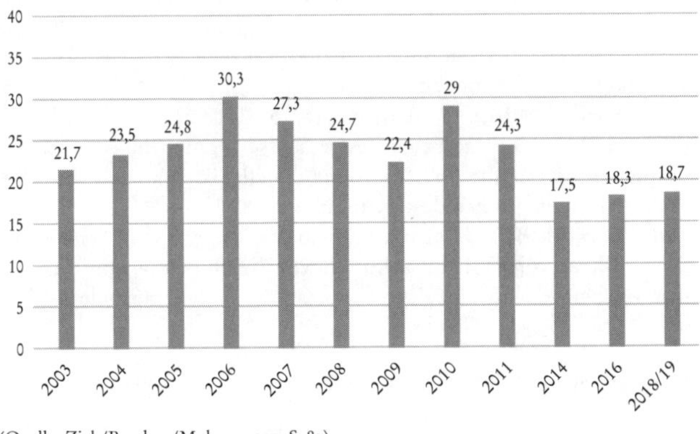

(Quelle: Zick/Berghan/Mokros 2019, S. 83)

Im nächsten Schritt richten wir den Blick auf die Mobilisierungsakteure des organisierten autoritären Nationalradikalismus, die von Einstellungsmustern in Teilen der Bevölkerung profitieren und ihrerseits die gruppenbezogene Menschenfeindlichkeit anheizen. Dabei knüpfen sie häufig an die »Flüchtlingskrise«, den konstruierten politischen Konflikt zwischen »Islam« und »Abendland«, Straftaten von Migranten sowie die angebliche »Umvolkung« an. Einstellungsmuster werden instrumentalisiert und in politische Formeln gegossen. Die folgenden Zitate illustrieren, wie die entsprechende politische Rhetorik funktioniert.

> Alexander Gauland (MdB): »Man will uns dieses Deutschland wegnehmen. Und, liebe Freunde, das ist fast so etwas – früher hätte man das eine Invasion genannt – wie eine schleichende Landnahme.« (Zit. nach *Frankfurter Allgemeine Sonntagszeitung*, 28. August 2017)
> Alice Weidel (MdB): »Der Grund, warum wir von kulturfremden Völkern wie Arabern, Sinti und Roma etc. überschwemmt werden, ist die systematische Zerstörung der bürgerlichen Gesellschaft als mögliches Gegengewicht von Verfassungsfeinden, von denen wir regiert werden. Diese Schweine sind nichts anderes als Marionetten der Siegermächte des 2. Weltkriegs und haben die Aufgabe, das deutsche Volk klein zu halten, indem molekulare Bürgerkriege in den Ballungszentren durch Überfremdung induziert werden.« (Zit. nach *Welt am Sonntag*, 10. September 2017, S. 6)
> Alice Weidel (MdB): »Burkas, Kopftuchmädchen und alimentierte Messermänner und sonstige Taugenichtse werden unseren Wohlstand des Wirtschaftswachstums und vor allem den Sozialstaat nicht sichern.« (Rede im Bundestag, 16. Mai 2018)
> Jens Maier (MdB): »Gestern lief mir an der Ampel so eine Schleiereule am Wagen vorbei. Ich war kurz davor die Hupe zu betätigen. Ich kann nur noch Wut und Zorn für dieses Gesindel empfinden.« (Zit. nach *Zeit online*, 15. September 2017)

Hinzu kommen die bereits angesprochenen Verbindungen der AfD zur Pegida-Bewegung, die sich schon mit ihrem Namen dem Kampf »gegen die Islamisierung des Abendlandes« verschrieben hat und sich als »Nukleus einer deutschen und europäischen Sammlungsbewegung« versteht (Vorländer et al. 2016, S. 1). Alexander Gauland hat seine Partei als »natürlichen Verbündeten dieser Bewegung« bezeichnet (zit. nach Vorländer et al. 2016, S. 40). Der damalige Parteivorsitzende Bernd Lucke meinte 2014, es könne »nicht falsch sein, dass sich Pegida gegen frauenfeindliche und gewaltbereite Auswüchse des Islam wende« (ebd.). Pegida hat als »Empörungsbewegung« (ebd.) ein ganzes Konglomerat entsprechender Parolen im ständig wechselnden Programm, die alle um den »Untergang des deutschen Volkes« kreisen. Verschwörungsideologien werden mit Notwehr-Begründungen versehen. Diese wiederum bilden Legitimationsbrücken für die Akteure in den inneren Schichten des Eskalationskontinuums. Im nächsten Schritt kann es dann zu aggressiven Kundgebungen oder Gewalttaten kommen. Neueren Datums sind dabei Aktionen wie die der Partei Die Rechte in Dortmund, als Aktivisten in den frühen Abendstunden des 16. Dezember 2017 den Kirchturm der Sankt-Reinoldikirche in Sicht- und Hörweite des gut besuchten Weihnachtsmarkts besetzten. Dort entrollten sie ein die gesamte Breite des Turms einnehmendes Transparent mit der Aufschrift »Islamisierung stoppen!« und entzündeten bengalische Feuer und weitere Pyrotechnik, um optisch und akustisch auf sich aufmerksam zu machen. Die Aktion wurde live auf Twitter und den Internetseiten der Partei begleitet, so dass nicht nur Besucher des Weihnachtsmarkts aufmerksam wurden, sondern auch die Netzgemeinde. In überregionalen und internationalen Medien wurde ebenfalls berichtet. Das Ereignis war umso irritierender, als ein christliches Gebäude für die Muslimfeindlichkeit in Anspruch genommen wurde.

Von 2018 auf 2019 hat die angezeigte und registrierte Hasskriminalität mit islamfeindlichem Hintergrund geringfügig zugenommen (vgl. Abbildung 33). Von 950 Straftaten wurden dabei 856 dem rechten Spektrum zugeordnet.

Im systemfeindlichen Milieu des partei- und bewegungs-

Abb. 33: Hasskriminalität mit islamfeindlichem Hintergrund im Jahr 2019 (Veränderungen im Vergleich zu 2018 in Klammern)

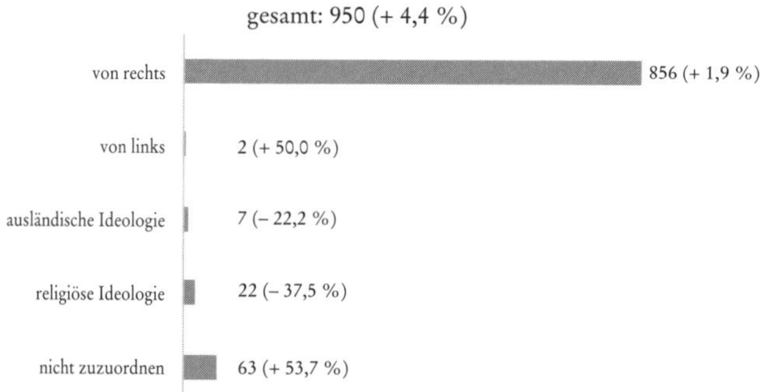

(Quellen: BKA; *Süddeutsche Zeitung*, 28. Mai 2020, S. 5, als Vorlage der Grafik)

förmigen Rechtsextremismus hat die Muslimfeindlichkeit allgemein eine lange Tradition, wobei sie in den entsprechenden Statistiken vor der Umstellung der Kategorien von Ethnizität auf Religiosität unter Fremdenfeindlichkeit firmierte. Heute wiederum wird die muslimfeindliche Motivation entsprechender Taten häufig dadurch »überdeckt«, dass sie als gegen Geflüchtete oder Migranten gerichtet wahrgenommen wird. Im Grunde geht es dabei jedoch stets um die kulturell-religiöse Zugehörigkeit, auf die der islamistische Terror einen langen dunklen Schatten wirft. Stereotype werden forciert, Menschen muslimischen Glaubens werden als manifeste Bedrohung wahrgenommen, was in den Augen terroristischer Akteure wiederum Gewalttaten legitimiert.

Die Blutspur des muslimfeindlichen Rechtsterrorismus begann in den neunziger Jahren mit den Brandanschlägen von Mölln (1992), Solingen (1993) und Lübeck (1996). In den nuller Jahren folgten die Morde des NSU, bei denen die Religionszugehörigkeit als sozusagen sekundäres Tötungskriterium stets mit im Spiel war. Seit 2015 konzentrieren sich die Gruppen des klandestinen rechtsterroristischen Planungs- und Unterstützungsmilieus auf Angriffe auf Unterkünfte für Geflüchtete vorwiegend muslimischen Glaubens. Zu nennen sind hier etwa die »Freie Kameradschaft Dresden« und die »Gruppe Freital«, gegen deren Mitglieder im November 2016 Anklage wegen der Bildung einer terroristischen Vereinigung, versuchten Mordes, gefährlicher Körperverletzung sowie der Herbeiführung von Sprengstoffexplosionen erhoben wurde. Im März 2018 wurden gegen die acht Angeklagten langjährige Haftstrafen verhängt (siehe Kapitel 8). Die sogenannte »Gruppe S.« plante laut Ermittlungen des Bundeskriminalamtes Terrorakte auf Moscheen, um »Gegenreaktionen« zu provozieren und so einen Bürgerkrieg auszulösen. Der Massenmord in Hanau im Februar 2020 bildet den derzeitigen Endpunkt dieser Blutspur. Auch hier traf es mehrere Menschen muslimischen Glaubens.

Allgemein zeigt sich, dass die rechten Bedrohungsallianzen umso gefährlicher werden, je stärker sich Narrative wie das der »Umvolkung« oder eines »Untergangs des deutschen Volkes« ausbreiten, da terroristische Akteure daraus Legitimation für den vermeintlichen »Endkampf« mit feindlichen Mächten ziehen.

12. Qualitätsveränderungen rechter Bedrohungsallianzen

In diesem Kapitel sollen einige Aspekte der in diesem Buch dargestellten *Ausdifferenzierung* und *Dynamisierung* rechter Bedrohungsallianzen pointiert zusammengefasst werden. Es hat sich herauskristallisiert, dass das Bild einer Einkapselung in ein statisches, ideologisch verhärtetes und überaltertes rechtsextremistisches Milieu nicht mehr stimmt. Deshalb bringen wir verschiedene Entwicklungstendenzen auf »*Von … zu …*«-Formeln und unterscheiden dabei fünf Dimensionen dieses Wandels: (1) Ideologie, (2) Resonanzen im politischen Raum, (3) Kommunikations- und Organisationsformen, (4) Aktionsformate, (5) Fähigkeiten zur eskalativen Offensive und zu Terror. Der Zweck dieser Darstellung besteht auch darin, dafür zu sensibilisieren, wo Interventionen ansetzen müssen, wenn eine weitere Ausdifferenzierung und Dynamisierung unterbunden werden soll.

12.1 Modernisierungen historischer Ideologien

Von der Re-Kultivierung des NS-Systems zur Modernisierung und Ausweitung des Kampfes um kulturelle Hegemonie

Parteien, die sich explizit auf die historische Ideologie des Nationalsozialismus beziehen, stoßen in der breiten Öffentlichkeit auf wenig Resonanz. Sie erhalten nur dann kurzfristig (mediale) Aufmerksamkeit, wenn es aus ihrem Umfeld heraus zu Gewalttaten kommt (siehe Kapitel 7 und 8). Propagieren Gruppen wie die Identitäre Bewegung jedoch modernisierte Formeln wie den Ethnopluralismus (der den rassenideologischen Kern der NS-Ideologie letztlich nur kulturell »ummantelt«) und greifen sie dabei auf gewaltlose und flashmobartige Aktionen zurück, kann dies insbesondere für jüngere Generationen attraktiv sein.

Von der historischen Fixierung zur Intellektualisierung der Ideologieproduktion

An der Ausdifferenzierung des rechtsextremen Spektrums und an den zu beobachtenden Normalisierungsprozessen sind zunehmend Intellektuelle aus Medien, Literatur und Wissenschaft beteiligt. Auch sie befeuern und legitimieren Denkmuster der gruppenbezogenen Menschenfeindlichkeit (siehe Kapitel 5) und unterstützen den autoritären Nationalradikalismus mit historisch-ideologischen Zulieferungen (siehe Kapitel 6). Dazu werden mit ideologischen Ausgrabungen und Untergangsrhetoriken wie der von der »Überfremdung« und vom »Großen Austausch« neue Resonanzen geschaffen, wobei die historischen Bezüge zum NS-System verschleiert werden. Zu den Ideologielieferanten gehören dabei auch Intellektuelle, die sich selbst nicht als Sympathisanten der AfD verstehen oder Mitglied der AfD sind. Wissentlich oder unwissentlich tragen sie so zur Transmission und Normalisierung systemfeindlicher Narrative bei.

Von der Wirkung der Vorurteilsrepression zur erfolgreichen Ausweitung der Zone des Sagbaren

Das endgültige Bekanntwerden der Verbrechen während des NS-Systems bewirkte nach dem Zweiten Weltkrieg eine starke Repression antisemitischer Vorurteile (siehe Kapitel 11). Diese erodiert in dem Maße, wie der explizite Antisemitismus unter anderem durch eine »Umwegkommunikation« und die »Ausweitung der Zone des Sagbaren« gesellschaftsfähig geworden ist und sich ein impliziter Antisemitismus ausbreitet, wie er in Forderungen nach einer Neudeutung der Geschichte und einer Entlastung der Deutschen zum Ausdruck kommt.

12.2 Ausweitungen von Resonanzen im politischen Raum

Vom geringen Unterstützungspotenzial im Kleinbürgertum zur Ausbreitung in von roher Bürgerlichkeit geprägten Milieus

In der Vergangenheit war eine Annäherung an das rechtsextremistische oder neonazistische Spektrum für breite Kreise der Bevölkerung tabu. Allenfalls statistisch unbedeutende Anteile des sogenannten Kleinbürgertums waren im systemfeindlichen Milieu und in neonazistischen Netzwerken zu finden. Bürgerliche Kreise fühlten sich von der ästhetischen Selbstdarstellung des rechtsextremen Spektrums abgestoßen und blieben distanziert, um die eigene Selbsteinschätzung nicht zu gefährden. Mit dem Auftreten des autoritären Nationalradikalismus hat sich auch das Unterstützungspotenzial ausgeweitet. Mithilfe intellektueller »Transmissionsakteure« (siehe Kapitel 6.2) werden weitere Kreise der vermeintlichen politischen Mitte und der oberen Mittelschicht von einer rohen Bürgerlichkeit erfasst.

Von Protestwählern zur stabilen Wählerbasis

Die Wahlerfolge der autoritär-nationalradikalen AfD wurden anfangs auf Protestwahlverhalten und die erfolgreiche Mobilisierung vormaliger Nichtwähler zurückgeführt. Diese Deutung wird von der Hoffnung bisheriger Volksparteien genährt, die Protestwähler zurückgewinnen zu können. Sieben

Jahre nach der Gründung der AfD im Jahr 2013 zeigt sich allerdings, dass die Partei – zumindest in Ostdeutschland – über einen festen Wählerstamm verfügt.

Von der Abgrenzung demokratischer Parteien gegenüber dem rechten Spektrum zur Erosion der Brandmauern
Eine aus den Fehlern der Vergangenheit gezogene Lehre bestand bislang darin, dass sich andere Parteien klar gegen rechtsextreme und neonazistische Gruppierungen abgrenzten. Seit der autoritäre Nationalradikalismus jedoch in Form der AfD auf einer Erfolgsspur unterwegs ist (siehe Kapitel 6), können wir ein Verschwimmen dieser Abgrenzungen beobachten. Das gilt insbesondere für einige ostdeutsche Landesverbände der CDU sowie für machtkalkulatorische Akteure in der FDP. Diese Erosion hat 2020 mit den Ereignissen um die Wahl des thüringischen Ministerpräsidenten die Systemebene erreicht.

12.3 Flexibilisierte Kommunikations- und Organisationsformen

Von der »fremdbestimmten« Berichterstattung in klassischen Medien zur »selbstbestimmten« Inszenierung im Internet
In der Prä-Internet-Ära konnte sich das rechte Spektrum vor allem mithilfe von Printerzeugnissen in Szene setzen, wobei deren Reichweite außerhalb der Bezugsgruppe eher gering war. Das öffentliche Bild wurde insbesondere durch die überwiegend kritische Berichterstattung in den klassischen Medien bestimmt. Das rechte Spektrum erkannte jedoch früh, welche Möglichkeiten das Internet bietet, um sich außerhalb der eigenen Bezugsgruppe darzustellen. Mit dem Auftreten des autoritären Nationalradikalismus und dem Verschwim-

men der Grenzen im Eskalationskontinuum vergrößerte sich die Reichweite der Selbstinszenierung. Darüber hinaus können Themen gesetzt und Deutungsrahmen definiert werden, wie dies etwa in Bezug auf eine vermeintliche »Islamisierung« gelungen ist.

Vom begrenzten öffentlichen Agieren im realen Raum zum unbegrenzten Mobilisieren im virtuellen Raum
Die politische Agitation im realen öffentlichen Raum ist personal-, zeit- und kostenintensiv. Sie hat – formatabhängig – nur eine geringe Reichweite und ist daher vergleichsweise ineffizient. Die sozialen Netzwerke haben den politischen Kampf dynamisiert. Mit minimalem Personaleinsatz wird ein unvergleichlich größeres Publikum erreicht. Zudem können die Nutzer selbst zu Produzenten werden.

Von kontrollierter zu unkontrollierter Kommunikation
Die Fähigkeit der Sicherheitsbehörden, die Kommunikation in den rechten Bedrohungsallianzen zu überwachen und so Gefahren abzuwehren, nimmt aus verschiedenen Gründen ab. Zum einen ermöglicht es die moderne Informations- und Kommunikationstechnologie auch wenig versierten Personen, ihre Kommunikation zu verschlüsseln bzw. ihre Identität zu verschleiern. Zum anderen führt die kreative Nutzung dieser Technologien dazu, dass sich die Kommunikation ausdifferenziert und dynamisiert. Zugleich entstehen durch Messenger-Dienste wie Whatsapp oder Telegram homogene Gruppen, die als Radikalisierungsbeschleuniger wirken können (siehe Kapitel 4.4).

Von der Stagnation traditioneller rechtsextremer Parteien zur Ausdifferenzierung des rechten Spektrums

Das weitgehende Ausbleiben nennenswerter Wahlerfolge führte ab den siebziger Jahren zum Entstehen diverser rechtsextremistischer und neonazistischer Gruppierungen. Diese waren gekennzeichnet durch ein elitäres Selbstverständnis, das sich in einer streng hierarchischen Organisation, einer starken Abgrenzung zum subkulturellen Rechtsextremismus und in hohen Einstiegsschwellen äußerte. Als in den neunziger Jahren zahlreiche dieser Gruppierungen verboten wurden, entstanden dezentrale Organisationen in Form lokal verankerter Freier Kameradschaften. Die autonomen, lokal agierenden Gruppen mit niedrigschwelligen und an den Lebenswelten Jugendlicher orientierten Angeboten entfalteten ein kreatives Potenzial, das eine Dynamisierung, Ausdifferenzierung und Modernisierung des rechten Spektrums bewirkte (siehe Kapitel 7).

Von lokalen Kleingruppenstrukturen zu komplexen überregionalen und internationalen Netzwerken

Früher bestanden rechte Bedrohungsallianzen häufig aus kleinen lokalen Gruppen. Diese konnten nicht ohne Weiteres miteinander in Kontakt treten oder gemeinsame Aktionen organisieren. Auch hier hat das Internet einen Wandel bewirkt: Wir erleben die Entstehung komplexer überregionaler und internationaler Netzwerke, die dauerhaft kommunizieren, sich koordinieren und weiträumig mobilisieren. Diese Netzwerke dringen zunehmend auch in die Sicherheitsbehörden vor (siehe Kapitel 4.5).

Von hierarchischen Organisationen mit autoritärer Führung zum bewegungsförmigen Ansatz mit Führungsaktivisten
Seit Ende der neunziger Jahre wurden im systemfeindlichen Milieu zudem die statischen und autoritären Hierarchien zurückgefahren. Der Umstieg auf bewegungsförmige Netzwerke mit dezentralen Knotenpunkten setzte neue Energien frei, wodurch die Unberechenbarkeit gewaltorientierter Gruppen bis zur Unterstützung kleiner Terrorzellen erweitert wurde. Gleichzeitig spielen herausgehobene Aktivisten weiterhin eine wichtige Rolle, sei es als ideologische und strategische Vordenker, als Netzwerker und Mobilisierungsakteure oder weil sie Ressourcen wie Geld, Erfahrung, Veranstaltungsorte, Führung, Reputation oder Legitimation zur Verfügung stellen (siehe Kapitel 7).

Von Repressionsirritationen zu erhöhter Flexibilität
Wo es um die Repression staatsfeindlicher Gruppierungen geht, gehören Organisationsverbote zum Standardrepertoire staatlicher Stellen. Tatsächlich haben Verbote ein erhebliches Irritationspotenzial für die Szene. Diese Verunsicherung hält aber meist nicht lange an, vor allem wenn die eigentlichen Strategen unbehelligt bleiben. Diese haben in der Vergangenheit immer wieder höchst innovativ und flexibel auf Verbote reagiert. So formierten sich neonazistische Gruppierungen nach den Verboten in den neunziger Jahren als »Organisationen ohne Organisation«. Als nach der Aufdeckung des NSU auch Freie Kameradschaften verboten wurden, reorganisierten sich diese wiederum zum Teil als Parteien, um vom Parteienprivileg zu profitieren. Staatliche Repression schafft immer wieder auch rechtsextreme »Innovation«.

Von der konkurrenzbetonten Abgrenzung zum Verschwimmen von Grenzen
Zu den gefährlichsten Entwicklungen zählt das Verschwimmen von Grenzen zwischen bisher konkurrierenden Akteursgruppen sowie unorganisierten, aber »einstellungsnahen« Bevölkerungsgruppen (siehe Kapitel 10). Anlässlich emotional ausbeutbarer Signalereignisse lässt sich das gesamte Spektrum des Eskalationskontinuums versammeln. Die Ausdifferenzierung des rechten Spektrums erhält so eine neue Dynamik (siehe Kapitel 1.1).

12.4 Eskalationsorientierte Aktionsformen

Von begrenzter Anerkennung in realen Bezugsgruppen zu unbegrenzten Bestätigungen in den Hassnetzen
Im analogen Zeitalter waren soziale Zugehörigkeit und Anerkennung vor allem in lokalen Bezugsgruppen im realen Raum erfahrbar. Diese bleiben auch weiterhin wichtige Anerkennungsquellen. Durch die modernen Kommunikationstechnologien werden die Möglichkeiten jedoch räumlich und zeitlich entgrenzt. Instant-Messenger, Internetforen und digitale Netzwerke stehen rund um die Uhr zur Verfügung und erschließen Bezugsgruppen ohne räumliche Beschränkung.

Vom Feindbild der Kontrollorgane zum gezielten Eindringen in Sicherheitsbehörden
Personen in Sicherheitsbehörden müssen sich zwingend zur Verfassung bekennen, verfassungsfeindliche Tendenzen in den eigenen Reihen werden nicht geduldet. Die Ausdifferenzierung im rechten Spektrum macht es Angehörigen dieser Behörden (siehe Kapitel 4.5) indes leichter, ihre rechtsorientierten Positionen zu vertreten. Mit dem autoritären Natio-

nalradikalismus stehen ihnen nun jenseits eindeutig verfassungsfeindlicher Bewegungen »normalisierte« Angebote zur Verfügung, solange diese nicht vom Verfassungsschutz zum Verdachts- oder Beobachtungsfall deklariert werden.

Von geografischer Verstreuung zu sozialräumlicher Verdichtung in ländlichen Gebieten

Die geografische Verteilung rechtsextremer und neonazistischer Gruppierungen ist eng verbunden mit dem vorhandenen Potenzial mobilisierungsfähiger Personen und rekrutierungsfähiger Führungsaktivisten (siehe Kapitel 7). Daraus ergibt sich, dass Gruppen sich nicht zufällig über die ganze Republik verteilen, sondern dass sich lokale und regionale Schwerpunkte bilden. Verdrängungsprozesse durch polizeiliche Maßnahmen, Gentrifizierung oder zivilgesellschaftliches Gegenengagement führen in anderen, insbesondere ländlichen Gebieten zu sozialräumlichen Verdichtungen sowie »Raumeroberungen« durch Immobilienkäufe oder Wohnprojekte. Lokal entsteht dadurch ein wachsendes Drohpotenzial.

Von statischen Parteiformen zu dynamischen Bewegungen und Netzwerken

In der Geschichte der Bundesrepublik trat der parteiförmige Rechtsextremismus als »Kopie« der demokratischen Parteien auf und blieb bis Anfang der neunziger Jahre auf traditionelle Aktionsformen beschränkt (siehe Kapitel 7). Durch die neuen Aktionsformen des »Raumkampfs« hat sich die Demonstrationskultur jedoch erheblich verändert. Dies gilt insbesondere in Bezug auf die Häufigkeit, die Formate und auch die Mobilisierungsgeschwindigkeit. Dadurch haben sich weiterreichende Resonanzen in der Öffentlichkeit ergeben.

Von ideologisch aufgeladenen Gedenktagen zu milieuübergreifenden Großdemonstrationen anlässlich emotional aufgeheizter Signalereignisse
In der Vergangenheit mobilisierten rechte Bedrohungsallianzen meist an historisch-ideologisch aufgeladenen Gedenktagen zu ritualisierten Kundgebungen und begrenzt auf die ideologische Bezugsgruppe. Mittlerweile werden zur Mobilisierung vermehrt emotional ausbeutbare Signalereignisse wie »Köln«, »Kandel« oder »Chemnitz« genutzt. Da die Grenzen zwischen den teilnehmenden Bewegungen, Parteien und Gruppierungen verschwimmen und auch »besorgte Bürgerinnen und Bürger« anwesend sind, entsteht bei den Demonstrationen eine besondere Dynamik, die sich auch in einer zunehmenden Enthemmung zeigt (siehe Kapitel 10). Anlassbezogene Kundgebungen erfordern einen hohen Ressourceneinsatz, etwa zur Mobilisierung von Teilnehmenden. Insbesondere Pegida ist es über längere Zeit gelungen, den Protest zu institutionalisieren. Wie bei allen sozialen Bewegungen existiert aber auch in diesem Fall ein Kontinuitätsproblem, und es gibt eine Abhängigkeit von emotional ausbeutbaren Signalereignissen.

Von anonymen Schmierereien zum verstärkten öffentlichen Agieren in Gedenkstätten
Der Grundkonsens, eine intensive Erinnerungskultur an die Gräuel des NS-Systems aufrechtzuerhalten, wird von zwei Seiten infrage gestellt. Erstens fordern Akteure des autoritären Nationalradikalismus eine radikale Wende der Erinnerungskultur (siehe Kapitel 6.4). Andererseits treten gewaltbereite Akteure aus dem systemfeindlichen Milieu provozierend und aggressiv in Gedenkstätten auf, wodurch sich andere Besucherinnen bedroht und verunsichert fühlen. Diese Reaktionen werden dann als »Provokationsgewinne« verbucht.

Von wechselseitiger Abgrenzung zu gebündelten Aktivitäten

Das rechte Spektrum jenseits der konservativen demokratischen Parteien war in der Vergangenheit von wechselseitiger Abgrenzung, Konkurrenz und Zersplitterung geprägt. Zunehmend sind Bündelungen und immer wieder ideologische, organisatorische und technologische Innovationen zu erkennen. Auf diese Weise gelingt es, staatliche Repression zu unterlaufen und in gesellschaftliche und politische Institutionen einzudringen. Durch die parlamentarischen Erfolge des autoritären Nationalradikalismus erhält diese Entwicklung auch eine wahlpolitische Bedeutung.

Von der physischen Konfrontation im öffentlichen Raum zur Vorverlagerung in den privaten Raum

Bedrohungen, wie sie beispielsweise von Demonstrationen rechter Gruppen ausgehen, sind zeitlich und örtlich begrenzt; außerdem werden solche Kundgebungen – zumindest in großen Städten – meist von der Polizei reguliert, kontrolliert und »eingehegt«. Inzwischen lässt sich jedoch eine Entgrenzung konstatieren. Besonders gravierend ist dabei die Vorverlagerung von Bedrohungen in den privaten Bereich (siehe Kapitel 2.1). Natürlich gab es solche Bedrohungen auch schon früher, sie wurden jedoch als »Einzelfälle« betrachtet und kamen selten an die Öffentlichkeit. Mittlerweile hat das Phänomen ein ganz anderes Ausmaß angenommen. Mit Hakenkreuzschmierereien, »Hausbesuchen« und Morddrohungen soll der private Alltag der politischen »Feinde« destabilisiert werden. Zudem bieten die sozialen Medien neue Angriffsmöglichkeiten, zumal die Hemmschwellen dort deutlich niedriger sind.

12.5 Fähigkeit zur Offensive und zu erhöhter Terrorfrequenz

Von gewalttätigen Aktionen zu terroristischen Vernichtungstaten
Rechtsextreme akzeptieren Gewalt (in allen Abstufungen) als legitimes Mittel zur Durchsetzung politischer Ziele. Rechtsterrorismus ist dabei kein grundsätzlich neues Phänomen. Die Grenzverschiebungen und Grenzauflösungen innerhalb des Eskalationskontinuums gehen einher mit zeitlichen Verdichtungen des offensiven Vernichtungswillens, der sich zunehmend als Terrorplanungen oder Durchführung terroristischer Akte zeigt.

Vom bekenntnislosen Rechtsterrorismus zur bekenntnisschreienden Präsentation physischer Vernichtungen
Der frühe Rechtsterrorismus beging bekenntnislose Taten, beispielsweise das Attentat auf dem Oktoberfest 1980 oder die Mordserie des NSU (siehe Kapitel 9). Nur die Taten sollten »sprechen« und Entsetzen auslösen. Botschaften an Gesellschaft und Staat wurden zwar gesendet, aber die Hintergründe blieben im Dunkeln und die Auswirkungen auf die Gesellschaft begrenzt. Die kommunikationstechnologische Entwicklung und »sendungsbewusste« Täter brachten einen neuen Typus des Rechtsterrorismus hervor, der seine Taten bekenntnisschreiend präsentiert, live dokumentiert und in den sozialen Netzwerken bereitstellt. Durch die mediale Wiederholbarkeit und Vervielfältigung der Tatsequenzen und die animierende Wirkung auf Nachahmer erhöhen sich die Bedrohungsgefühle insbesondere in markierten sozialen Milieus.

12.6 Fazit

Die aufgezeigten Entwicklungslinien bilden nur einige der destabilisierenden Effekte ab, die das rechte Spektrum auf Institutionen und das gesellschaftliche wie das politische System hat. Gleichwohl illustrieren und belegen sie die in Kapitel 1 aufgestellte These einer *Ausdifferenzierung* und *Dynamisierung* des Spektrums rechter Bedrohungsallianzen, die sich gegen die offene Gesellschaft und die liberale Demokratie richten. Diese Entwicklungen haben Gründe.

Der politische Apparat funktioniert, aber das Vertrauen erodiert. Erhebliche Teile der Bevölkerung fühlten und fühlen sich nicht mehr von der Politik wahrgenommen und repräsentiert. Dieses Vakuum wurde durch den autoritären Nationalradikalismus der AfD gefüllt. Die Partei holte Menschen aus ihrer individuellen, wutgetränkten Apathie und versorgte sie mit kollektiven Machtfantasien einer sozial-kulturell homogenen Gesellschaft, mit vermeintlich einfachen, autoritär-illiberalen Lösungen für Probleme.

Dabei sind die rechten Bedrohungsallianzen nicht aus eigener Stärke in die Offensive gekommen, sondern aufgrund von selbstgewissen Überlegenheitsattitüden in der Gesellschaft und den etablierten Parteien. Insbesondere spielen hier verschiedene Aspekte des ökonomischen, sozialen und politischen Systems eine Rolle.

So haben die in den Parlamenten vertretenden Parteien – vor allem die konservativen Regierungsparteien – jahrzehntelang gruppenbezogen-menschenfeindliche Einstellungen in Teilen der Bevölkerung verharmlost und sich diesen Tendenzen gegenüber unaufmerksam bis gezielt unsensibel gezeigt. Die feindseligen Einstellungen wurden teilweise sogar in die eigenen politischen Konzepte der Diskriminierung und Abschreckung eingebaut, um beispielsweise Flüchtlinge abzuwehren. Dazu trugen auch Kontrollinstitutionen wie das Bundesamt für Verfassungsschutz, insbesondere unter dem ehemaligen Präsidenten Hans-Georg Maaßen, einzelne Verfassungsschutzämter der Länder sowie polizeiliche Ermittlungsbehörden bei.

Hinzu kam, dass der parteiförmige Rechtsextremismus der NPD völlig überschätzt wurde, was beispielsweise in den gescheiterten Verbotsanträgen vor dem Bundesverfassungsgericht zum Ausdruck kam. Die traditionellen politischen Parteien mussten sich von den Richtern belehren lassen, dass die NPD zwar verfassungsfeindlich, aber wahl- und damit machtpolitisch irrelevant sei. Der autoritäre Nationalradikalismus der AfD wiederum wurde – ebenfalls ein Beispiel politischen Selbstbetrugs – lange Zeit als rechtspopulistische und kurzlebige Protestpartei abgetan; inzwischen kann die AfD jedoch stabile Wahlergebnisse vorweisen. Außerdem wurde die Bedeutung bewegungsförmiger rechtsextremistischer Milieus für gruppenorganisierte bzw. von Individuen begangene terroristische Vernichtungstaten vernachlässigt und unterschätzt.

Zudem werden in den Debatten nach dem »NSU«, nach »Halle« und nach »Hanau« Wechselwirkungen, Interaktionsprozesse und gesellschaftsanalytische Ansätze nach wie vor nicht ausreichend berücksichtigt, wo es darum geht, die Entwicklungspfade rechter Bedrohungsallianzen zu unterbrechen. Dazu wäre es notwendig, das bislang präferierte Kontrollparadigma zu überdenken und verstärkt auf das Entstehungsparadigma zu setzen.

Zwar wäre es wenig zielführend, das eine Paradigma gegen das andere auszuspielen. Doch es fällt schon lange auf, dass grundsätzliche Debatten über die Entstehungsmechanismen nur zögerlich oder gar nicht geführt werden. Andernfalls müssten freilich für unverrückbar erklärte ökonomische, soziale und politische Grundlagen dieser Gesellschaft auf den Prüfstand gestellt werden. Dazu fehlt dieser hoch differenzierten Gesellschaft aber eine visionäre Kraft (siehe Kapitel 13), obwohl die Bevölkerung dringend wissen will, in welche Richtung sich die Bundesrepublik entwickeln soll. So bleibt es vorerst bei den immer häufiger zu hörenden Aufrufen zum »sozialen Zusammenhalt«, ohne dass klar würde, was damit konkret gemeint ist und wie ein solcher Zusammenhalt in einer kapitalistischen, auf bedingungslose Konkurrenz ausgerichteten ökonomisierten sozialen Welt gelingen kann.

Dadurch haben die rechten Bedrohungsallianzen einen strukturellen Vorteil: Sie haben – bei aller Unterschiedlichkeit der einzelnen Akteure – die brutale Vision einer geschlossenen Gesellschaft mit einer autoritären staatlichen Ordnung, die auch über Parlamente und mit zerstörerischer Energie verwirklicht werden soll. Zudem haben sich das Milieu des autoritären Nationalradikalismus, das systemfeindliche rechtsextremistische Milieu sowie das klandestine terroristische Planungs- und Unterstützungsmilieu als überaus lernfähig erwiesen (siehe Kapitel 6-8). Da die etablierten Parteien, Medien und zivilgesellschaftlichen Akteure sich einer adäquaten Wahrnehmung der Entwicklungen weitgehend verweigert und diese nur nachlässig bearbeitet haben, konnten sich die rechten Bedrohungsallianzen gefährlich in Stellung bringen.

13. Zukünfte: Entsicherte Unübersichtlichkeit

Unübersichtlichkeit ist kein neues Phänomen, sie ist ein wesentliches Kennzeichen der Moderne mit all ihren Ambivalenzen, Widersprüchen und Ambiguitäten. Was wir in den letzten beiden Jahrzehnten beobachten konnten, war allerdings eine zunehmende »Entsicherung« sozialer Zustände (Heitmeyer 2018, S. 89-117). Mit der vom Coronavirus ausgelösten Pandemie erleben wir derzeit ein weiteres Kapitel in der Chronik der verunsichernden Ereignisse seit 2001 (siehe Kapitel 3.1). Der Historiker Philipp Ther erinnert daran, dass existentielle »Krisen wie die derzeitige Pandemie [...] mehrfach in der Geschichte xenophobe Nationalisten und Rechtsradikale gestärkt« haben (2020, S. 92).

Auf die tief greifenden Verunsicherungen seit 2001 haben viele Menschen mit einer Sehnsucht nach Sicherheit, Kontrolle und Ordnung reagiert, die nun von den Akteuren des autoritären Nationalradikalismus bedient wird. Ob diese Entwicklung sich durch die Pandemie weiter verschärft, wird auch davon abhängen, wie die Politik die Erschütterungen bearbeitet und wie sie in der Bevölkerung individuell verarbeitet werden. Zu den skizzierten *Entsicherungen* der sozialen Zustände gesellt sich die *Unübersichtlichkeit* möglicher Zukünfte.

Die Formel von der »Neuen Unübersichtlichkeit« hat Jürgen Habermas 1985 in der gleichnamigen Publikation geprägt. Er hatte dabei unter anderem eine »Krise des Wohlfahrtsstaates und die Erschöpfung utopischer Energien« im Auge. Schon damals sah Habermas die Gefahr, dass Produktivkräfte sich in Destruktivkräfte verwandeln, dass Autonomie in Abhängigkeit, Emanzipation in Unterdrückung, Rationalität in Unvernunft umschlagen könnte (Habermas 1985, S. 2). Zudem äußerte er die Vermutung, »die Erschöpfung utopischer Energien« entspringe »nicht nur einer der vorübergehenden kulturpessimistischen Stimmungslagen«, sondern greife tiefer (ebd., S. 3). Heute sehen wir, wie tief Verunsicherung und Erschöpfung mittlerweile in die Gesellschaft eingedrungen sind. Sie sind ein wichtiger Ursachenkomplex für den Aufstieg der hier analysierten rechten Bedrohungsallianzen.

Die Formel von der *entsicherten Unübersichtlichkeit* zielt auf die *Entsicherung* gesellschaftlicher und politischer Prozesse durch krisenhafte Ereignisse, in denen die Routinen zur Bewältigung ökonomischer, sozialer und politischer Probleme nicht länger funktionieren und klar ist, dass es kein Zurück zu den sicherheitsspendenden Zuständen davor geben wird. Daraus entsteht *Unübersichtlichkeit* in Form von Anomie und (auch normativer) Orientierungslosigkeit, die Teile der Bevölkerung für autoritäre Versuchungen anfällig macht. Dazu kommt die anhaltende Erschöpfung utopischer Energien. Auch die politischen Eliten sind nicht länger in der Lage, Ideen und Visionen für individuelle und gesellschaftliche Zukünfte zu entwickeln, die Sicherheit verheißen und Freiheit spenden. Dabei geht es nicht länger allein um den Wohlfahrtsstaat, längst stehen auch die offene Gesellschaft und die liberale Demokratie zur Debatte. Die *Erschöpfung utopischer Energien* öffnet Räume für *regressive politische Energien*. Die rechten Bedrohungsallianzen sind dafür ein Beleg.

13.1 Entsicherung von Zuständen: Ursachenzusammenhänge für rechte Bedrohungsallianzen bleiben unangetastet

Sowohl im Vorgängerband *Autoritäre Versuchungen* (Heitmeyer 2018, S. 118-196) als auch in den Ausführungen oben haben wir immer wieder darauf hingewiesen, dass es für den derzeit praktisch weltweit zu beobachtenden Aufschwung des autoritären Nationalradikalismus strukturelle Ursachen gibt. Ökonomische Entsicherungen wie die Prekarisierung von Arbeitsverhältnissen tragen zu Orientierungslosigkeit und gesellschaftlicher Desintegration bei. Diese strukturellen Entwicklungen werden von den maßgeblichen Akteuren, von Politikerinnen, Unternehmern, Spitzenbeamtinnen oder Journalisten selten auf die politische Agenda gehoben, sondern als individuell zu bearbeitende Probleme behandelt. Das Erstarken rechter Bedrohungsallianzen wird als unappetitliche Nebenfolge abgetan. Die tödlichen Folgen für Personen und Gruppen werden wortreich, aber weitgehend folgenlos beklagt.

Obwohl allenthalben die Sorge um die offene Gesellschaft und die liberale Demokratie artikuliert wird, werden keine ökonomischen, sozialen und politischen Konsequenzen gezogen:

- Der finanzialisierte Kapitalismus verfolgt weiter ungehindert seine globale Landnahme, ohne Rücksicht auf die gesellschaftliche Integration.
- Die nationalstaatliche Politik ist angesichts der ökonomischen Abhängigkeit nicht willens oder in der Lage, soziale Ungleichheit konsequent zu verringern.
- Ein Fortschreiten der sozialen Desintegration ist angesichts von Prozessen wie der Digitalisierung sehr wahrscheinlich.

- Kulturelle Konflikte entlang konfessioneller und religiöser Grenzen werden nicht dauerhaft befriedet; vielmehr ist davon auszugehen, dass sie – auch im Zusammenhang mit Migrationsbewegungen – immer wieder angefacht werden.
- Sozialgeografische Entwicklungen wie Abwanderung und das ökonomische Abdriften ganzer Regionen gehen ungebremst weiter.

All diese Faktoren sind auf Dauer gestellt und bilden (insbesondere in Ostdeutschland) »stabile« günstige Voraussetzungen für ein weiteres politisches Erstarken des autoritären Nationalradikalismus – wenn er sich nicht selbst zerlegt, wie es sich im aktuellen Machtkampf andeutet (siehe Kapitel 6.6). Solange das so ist, wird es immer wieder zu konkreten Problemen kommen, die autoritäre Nationalradikale als Signalereignisse für sich ausbeuten können.

13.2 Unzureichende Energien und Synergien bei der Bekämpfung rechter Bedrohungsallianzen

Es wäre ein grundsätzlicher Fehler, unter dem Eindruck der jüngsten Vernichtungstaten anzunehmen, rechtsextremistische Gewalt sei ein neues oder vorübergehendes Phänomen. Rechtsterrorismus gibt es in der Bundesrepublik seit mindestens vierzig Jahren, seit der Wiedervereinigung hat die Zahl der Tötungsdelikte mit rechtsextremem Hintergrund sogar noch zugenommen (vgl. dazu Tabelle 8 in Kapitel 9.2). Leider fiel es den Strafverfolgungsbehörden und der Politik oft überaus schwer, die Beweggründe dieser Taten anzuerkennen. Man kann hier wohl von einem geschichtsvergessenen, ja geschichtsblinden »Staatsschutz« sprechen. Diese partielle Blindheit kam auch im Zuge der »Aufklärung« der Morde des Nationalsozialistischen Untergrunds zum Tragen, als die Behörden nach rechts ermittlungsschwach, gegenüber Migranten jedoch verdachtsstark agierten. Zu Recht wurde darin ein *Staatsversagen* gesehen, das freilich nicht wieder verharmlosend zum »Einzelfall« erklärt werden darf. Mag dieses Versagen noch auf ermittlungstaktische und -technische Pannen zurückzuführen sein, ist die Entscheidung, eine Akte zum Fall des 2006 in einem Kasseler Internet-Café ermordeten Halit Yozgat für 120 (!) Jahre zu sperren, ein klares Indiz für die Uneinsichtigkeit staatlicher Stellen, die sich der politischen und gesellschaftlichen Kontrolle entziehen. Versprechungen einer »lückenlosen Aufklärung« kann man angesichts solcher Beispiele nur als wertlos bezeichnen.

Ein weiteres, und zwar *moralisches* Versagen zeigt sich im Umgang mit dem schrecklichen, mutmaßlich von einem Rechtsextremisten begangenen Mord am Kasseler Regierungspräsidenten Walter Lübcke, der sich vehement für Flüchtlinge eingesetzt hatte. Lübcke war ein prominenter Vertreter des Staates, die Bestürzung war zu Recht sehr groß. Der Verfolgungsapparat wurde rasch und entschieden in Gang gesetzt. So unbedingt notwendig dies war, es war gleichzeitig ein moralisches Versagen, da dadurch verdeckt das Signal ausgesandt wurde, dass Prominenz besonders zählt. Auch die anderen Opfer tödlicher Gewalt sind *prominent* – für ihre Angehörigen und Freunde. Die Würde *des* Menschen ist unantastbar, nicht nur die Würde *prominenter* Menschen. Hier wird implizit eine Ungleichwertigkeit demonstriert: Wenn der Staat bedroht wird, wird entschlossen gehandelt. Ansonsten bleibt es bei verschwommenen moralischen Appellen. Ob sich daran nach »Halle« und »Hanau« etwas ändert, muss offenbleiben. Zu oft ist nichts passiert.

Seit geraumer Zeit rufen politische und intellektuelle Eliten immer wieder zur *Verteidigung* der offenen Gesellschaft und der liberalen Demokratie auf. Sie nehmen also endlich das ernste Problem wahr, das lange geleugnet oder mit schlichtesten Verlautbarungen quittiert wurde. Zunächst stand die Formel »Wehret den Anfängen« hoch im Kurs, empirisch adäquater wäre längst »Wehret der Normalisierung«. Denn was als »normal« gilt, kann irgendwann nicht mehr problematisiert werden. Dazu gehört, dass bestimmte Begriffe, Bilder und Verhaltensweisen gar nicht hinterfragt werden sollen. Und dazu gehört auch der Opportunismus gewisser intellektueller Eliten, die als »Transmissionsakteure« einer »rohen Bürgerlichkeit« zum Verschwimmen von Grenzen beigetragen haben. Bisher geltende moralische Normen gehen zugunsten gruppenbezogen-menschenfeindlicher Einstellungen verloren. Koordinaten, die zuvor eine gesellschaftliche sowie politische Orientierung und damit auch eine stabilisierende Selbstverortung ermöglich haben, brechen weg. Wenn in einer solchen Situation keine konsensfähigen Visionen für die offene Gesellschaft und die liberale Demokratie vorhanden sind, füllen sich die entleerten Räume mit Gegenentwürfen. Zudem schwingt bei Aufrufen zur Verteidigung der Demokratie eine *defensive* Haltung mit, die rechten Bedrohungsallianzen eine Vorlage für *offensive* Positionierungen liefert.

Angesichts einer solchen Rahmung deutscher Zustände wird es immer schwieriger, mit dem verfügbaren Repertoire an Präventionen, Sozialisationen, Demonstrationen und Sanktionen gegenzusteuern. Dies gilt insbesondere dann, wenn entsprechende Maßnahmen nicht energisch und dauerhaft unterstützt werden und sich zwischen ihnen keine Synergien einstellen.

Mit Blick auf die liberal-konservativen bzw. bürgerlichen Parteien zeigt sich ein Koordinatenverlust zugunsten eines maßstablosen Machtstrebens exemplarisch an den erwähnten

Vorgängen in Thüringen. Diese Parteien haben sich dort an der Destabilisierung eines Parlaments beteiligt, also einer zentralen Säule des demokratischen Systems. Dadurch wurde auf eklatante Weise politisches Vertrauen verschleudert. Welche Botschaft sendet dieses Verhalten an die junge Generation? Vielleicht bräuchte es hier so etwas wie politische Bildung für Politikerinnen und Politiker.

Medien und Öffentlichkeit stecken mitten in einem weiteren Strukturwandel, von dem Jürgen Habermas noch nichts wissen konnte, als er 1962 sein wegweisendes Buch vorlegte. Das Problem beginnt schon damit, dass es heute genau genommen gar keine heterogene und inklusive Öffentlichkeit im Singular mehr gibt, in der Argumente ausgetauscht und Konflikte nach bestimmten Regeln verhandelt werden könnten. Stattdessen sind wir mit einer Vielzahl homogener Öffentlichkeiten im Plural konfrontiert. In abgedichteten »Echokammern« werden Positionen und Ideologien geteilt. Probleme werden dann nicht länger als Mehr-oder-weniger-Konflikte gerahmt, über die man verhandeln kann, sondern folgen immer stärker einer Entweder-oder-Logik. So wächst die Aggressivität, weil es stets »ums Ganze« geht.

Jürgen Habermas selbst äußert sich ratlos, was diesen neuen Strukturwandel der Öffentlichkeit anbelangt:

> Ich weiß einfach nicht, wie in der digitalen Welt ein funktionales Äquivalent für die seit dem 18. Jahrhundert entstandene, aber heute im Zerfall begriffene Kommunikationsstruktur großräumiger politischer Öffentlichkeiten aussehen könnte. Das Netz ist von seinen Pionieren gerade wegen seiner anarchischen Infrastruktur zu Recht als befreiend gefeiert worden. Aber gleichzeitig verlangt das Moment der Gemeinsamkeit, das für die demokratische Meinungs- und Willensbildung konstitutiv ist, auch eine Antwort auf die spezielle Frage: Wie lässt sich in der virtuellen Welt des dezentralisierten Netzes [...] eine Öffentlichkeit mit Kommunikationskreisläufen aufrechterhalten, die die Bevölkerung inklusiv erfassen? (Habermas 2020, S. 27)

Während die Verantwortlichen in Wirtschaft und Politik kaum offen thematisieren, dass auch der finanzialisierte Kapitalismus zum Ursachenkranz des autoritären Nationalradikalismus gehört (siehe Kapitel 3.1), wird die Verantwortung häufig auf staatliche Institutionen abgewälzt, insbesondere auf Schulen und Universitäten, die junge Generationen zu Demokratinnen und Demokraten sozialisieren und über rechte Bedrohungen aufklären sollen. Freilich wird der Bildungsbereich selbst immer stärker einer ökonomistischen Logik unterworfen, die von den politisch Verantwortlichen bereitwillig vorangetrieben wird. Man setzt voll auf die Ranking-Logik und räumt den ökonomisch unmittelbar verwertbaren MINT-Fächern (Mathematik, Informatik, Naturwissenschaften, Technik) Priorität ein, während die Unterrichtszeiten in den gesellschaftskundlichen Fächern gekürzt werden. So werden – insbesondere in den ostdeutschen Ländern – die Chancen junger Menschen, gesellschaftliche und politische Prozesse sowie Bedrohungen der offenen Gesellschaft und der liberalen Demokratie angemessen zu analysieren, massiv beschnitten (vgl. Weyrosta 2019; Gökbudak/Hedtke 2019). Doch wie sollen junge Menschen dann eine politische Haltung entwickeln? Woher soll ein breites Engagement von Schülerinnen und Schülern kommen, wenn das Schulsystem derart eingeengt wird?

Ähnliche Probleme begegnen uns im außerschulischen Bereich, wenn man die vielfältigen, aber kurzfristigen Präventionsprojekte für Jugendliche betrachtet. Hier bestehen seit so langer Zeit zwei zentrale Probleme, dass man bezweifeln muss, dass diese überhaupt gelöst werden sollen: Erstens geht es um Kontinuität. Nach wie vor lehnen es konservative Föderalismusbewahrer strikt ab, dass die Bundesregierung erfolgreiche Projekte längerfristig finanziell unterstützt. Das Bundesministerium für Familie, Senioren, Frauen und Jugend hat mit dem sogenannten »Demokratieförderungsgesetz« einen entsprechenden Vorschlag unterbreitet, doch scheitert dieser Vorstoß bislang an politisch-juristischen Finessen und Machtinteressen. Das zweite Problem ist nicht minder gravierend: Was ebenfalls seit Langem fehlt, sind breit angelegte wissenschaftsbasierte und unabhängige Evaluationsstudien, die vor dem Projektstart konzipiert werden und nicht erst dann – und mit völlig unzureichenden Mitteln – einsetzen, wenn die Arbeit bereits begonnen hat. Ohne derartige Studien können »Evaluationen« nur dazu dienen, den jeweils Regierenden eine »erfolgreiche Förderpolitik« zu attestieren und sie so zu legitimieren.

Die strukturellen Probleme setzen sich an den Universitäten fort, wo die Ökonomisierung der Wissenschaft ebenfalls immer weiter voranschreitet und mit einer Entpolitisierung einhergeht. Von der *universitas litterarum*, also der Gesamtheit der Wissenschaften, und dem Ideal der umfassenden Bildung ist nicht mehr viel übrig. Studierende sind fest im Schraubstock der »Bologna-Reform« eingespannt und haben keine Luft, sich mit sozialen und politischen Problemen zu befassen. Was wird aus dieser Gesellschaft? Solche grundlegenden demokratierelevanten Fragen werden zumeist gar nicht mehr gestellt:

> Universitäten haben sich im neoliberalen Wirtschaftsklima strukturell auf die Erzeugung ökonomisch verwertbaren Wissens konzentriert, das umstandslos in die beruflichen Karrieren ihrer Absolventen einmündet. Die Vermittlung von gesellschaftspolitischen Kenntnissen und Haltungen findet dagegen unter »ferner liefen« oder gar nicht statt. (Heitmeyer 2019a, S. 32)

Die zitierten Befunde zu politischen Einstellungen von Studierenden in juristischen, wirtschafts- und ingenieurswissenschaftlichen Fächern (siehe Kapitel 6.2) sind ein Alarmsignal. Wir haben es hier durchaus mit einem strukturellen Versagen der deutschen Universitäten und der dominierenden Wissenschaftsorganisationen zu tun.

Wenn staatliche Institutionen auch aus ökonomistischen Motivlagen versagen, richtet sich der hoffnungsvolle Blick auf die Zivilgesellschaft. Unübersehbar existieren vielerorts reaktionsfähige Stadtgesellschaften, die immer wieder mit großen Demonstrationen unterstreichen, welche Werte und Normen in dieser Gesellschaft gelten sollen. Dass die Zahl der Demonstrationen sowie der Teilnehmer zunimmt, ist beruhigend und beunruhigend zugleich. Einerseits ist die Zivilgesellschaft wach und alarmiert, andererseits ist dieses Engagement leider dringend notwendig geworden. Und auch hier geht es eher um die Defensive, nicht um die offensive Weiterentwicklung der Gesellschaft.

Diese öffentlichen Demonstrationen haben einen weiteren »Haken«: Die Menschen, die dort zusammenkommen, sind »unter sich«. Sie eint anlassbezogen eine gemeinsame Weltsicht, wodurch ein wohliges Gemeinschaftsgefühl entsteht, das auch in den Alltag ausstrahlen kann. Doch dieser Alltag hat es »in sich«, da jede Person in eine Vielzahl von Bezugsgruppen eingebunden ist: in Verwandtschaften, Freundeskreise, Sportvereine, Kirchengemeinden usw. Was passiert, wenn in diesen positiven Bezugsgruppen menschenfeindliche Äußerungen fallen? Spätestens hier ändern sich die Verhaltensbedingungen fundamental. Gefragt sind individuelle Interventionen, die mit hohen sozialen Kosten bis hin zum Ausschluss aus der Gruppe verbunden sein können. Hier stellen sich die harten Bewährungsproben, die nicht nur individuell, sondern gesellschaftlich weitreichend sind. Darauf weist die bereits erwähnte Theorie der Schweigespirale hin (Noelle-Neumann 1998). Haben Personen mit menschenfeindlichen Einstellungen den Eindruck, dass sie in ihren jeweiligen Bezugsgruppen in der Minderheit sind, halten sie sich eher zurück. Die entsprechenden Positionen bleiben latent. Sind sie allerdings der Auffassung, ihre Einstellungen würden von einer Mehrheit in der positiven Bezugsgruppe geteilt, präsentieren sie diese vehement und aggressiv. Ab diesem Umschlagpunkt werden individuelle Meinungen kollektiv verdichtet und dringen in die Öffentlichkeit durch. Bleibt also die Frage, wie sehr jeder und jede Einzelne bereit ist, die sozialen Kosten zu tragen, um kollektive Deutungsverschiebungen und Normalisierungsprozesse zu verhindern. Die Demonstrationsteilnahmen der vielen ersetzen die Interventionen der Einzelnen nicht. Was macht es *attraktiv*, in diesen Kontexten trotz möglicherweise hoher sozialer Kosten zu intervenieren? Es ist der selbstbewusste Blick in den Spiegel, um sich seiner selbst zu vergewissern.

13.3 Politische Visionslosigkeit angesichts einer entsicherten Unübersichtlichkeit

Soziale Desintegrationsprozesse, politische Einflusslosigkeit, Anomia sowie Orientierungs- und Normlosigkeit zählen zu den treibenden Kräften, die autoritäre Einstellungen entstehen lassen. Im autoritär-nationalradikalen sowie im systemfeindlichen Milieu wird die Vision einer ethnisch homogenen, völkisch geschlossenen Gesellschaft und einer illiberalen politischen Ordnung propagiert und zum Teil mit Gewalt verfolgt. Autoritäre Verhältnisse werden als kontroll- und sicherheitsspendende Ressource verstanden, um *entsicherte Unübersichtlichkeit* zu verringern. Autoritäre Ordnungen werden nicht als Bedrohung angesehen, sondern als Befreiung von der Freiheit in einer offenen Gesellschaft und liberalen Demokratie.

Der Anteil der Bevölkerung, der die *entsicherte Unübersichtlichkeit* als Kontrollverlust wahrnimmt, geht weit über jene Gruppen hinaus, die derzeit bereits für autoritäre Versuchungen offen sind. Das zeigen die empirischen Ergebnisse unserer Langzeituntersuchung zur gruppenbezogenen Menschenfeindlichkeit (siehe Kapitel 5). Mithin gibt es hier Mobilisierungsreserven, wenn sich die Verhältnisse ändern, etwa durch weitere Krisenereignisse.

Gerade vor diesem Hintergrund wäre es dringend erforderlich, dass endlich öffentlich darüber nachgedacht und diskutiert wird, wie sich die offene Gesellschaft und die liberale Demokratie weiterentwickeln können. Eine solche Debatte ist nicht erkennbar. Stattdessen erleben wir Diskussionen über eine »deutsche Leitkultur«, die von konservativen Politikern immer dann auf die Agenda gehoben wird, wenn es wieder einmal kriselt. In diesen Kontext gehört auch die schnelle Karriere der Formel vom »gesellschaftlichen Zusammenhalt«, die im Koalitionsvertrag der aktuellen Regierung unzählige Male aufgerufen wird. Allerdings wird nirgendwo erläutert, was das eigentlich ist und wie dieser Zusammenhalt erreicht werden soll. Daran wird deutlich, dass es sich allzu oft um eine Leerformel handelt. 1997 haben wir in zwei Debattenbänden die Fragen gestellt: Was treibt die Gesellschaft auseinander? Und was hält die Gesellschaft zusammen? (Heitmeyer [Hg.] 1997a und 1997b) Ein knappes Vierteljahrhundert später hat es den Eindruck, als sei die maßgebende Politik an Antworten auf diese Fragen nicht wirklich interessiert und in technologische Gesellschaftsverwaltung verstrickt.

In all dem spiegelt sich die von Jürgen Habermas schon 1985 diagnostizierte Erschöpfung utopischer Energien. Sind die rechten Bedrohungsallianzen vielleicht nur deshalb so stark, weil liberale Demokratinnen und Demokraten keine Visionen mehr haben? Der Zeithistoriker Martin Sabrow meinte dazu in einem Interview:

> Unsere Zeit hat keine klaren Zukunftsperspektiven mehr. Wir versuchen, uns die Gegenwart so angenehm wie möglich zu machen, und wenn Zukunft ins Spiel kommt, dann allenfalls als Dystopie, als Sorge vor einer unbeherrschbaren Welt von morgen. Die Idee des Fortschritts macht uns eher Angst als Hoffnung, und wir leben nicht mehr mit dem Credo des Fortschrittszeitalters, dass unsere Kinder es dereinst besser haben werden. (2020, S. 3)

Das Drama der Corona-Pandemie kommt nun noch dazu.

13.4 Ein Blick auf das eingedunkelte Europa

Die geschilderten Eindunkelungen sind bekanntermaßen nicht auf Deutschland beschränkt. Fast überall in Europa sind die Parteien des autoritären Nationalradikalismus auf dem Vormarsch. Das zeigt sowohl die Entwicklung ihrer Sitzanteile in nationalen Parlamenten (Abbildung 34) als auch eine Karte, in der verzeichnet ist, wo sie im Parlament vertreten oder an der Regierung beteiligt sind (Abbildung 35).

Abb. 34: Sitzanteile rechtsautoritärer Parteien in nationalen Parlamenten in Europa (Angaben in Prozent)

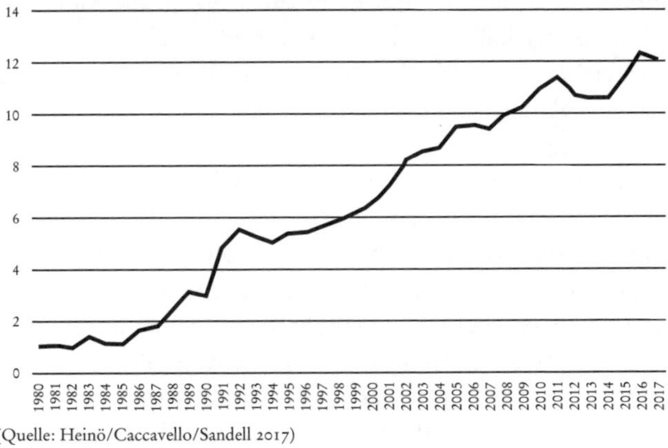

(Quelle: Heinö/Caccavello/Sandell 2017)

Abb. 35: Die Eindunkelung Europas

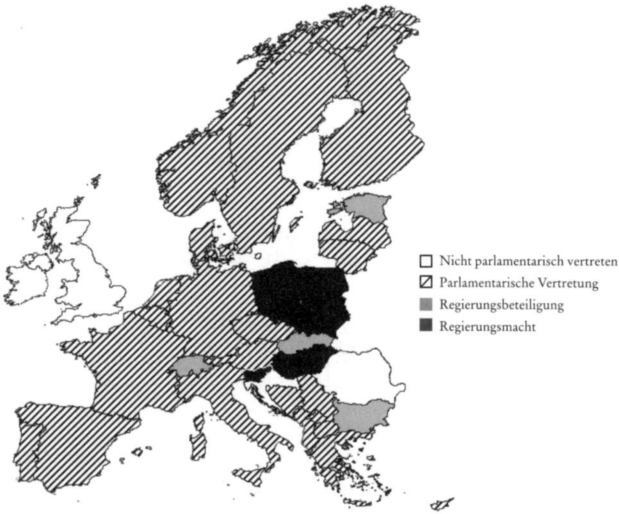

(Quelle: Heitmeyer 2018, S. 365, aktualisierter Stand Frühjahr 2020)

Abbildung 35 illustriert, wie dynamisch sich die Situation derzeit entwickelt. Im Juni 2018 war zum Beispiel Spanien noch ein weißer Fleck, der aufgrund der Erfolge der rechten Partei Vox inzwischen »eingedunkelt« ist. In Italien hat es sich etwas »aufgehellt«, nachdem die Lega nicht mehr in der Regierung vertreten ist. Das gilt (Stand Sommer 2020) auch für Österreich nach dem Zerfall der ÖVP/FPÖ-Koalition aufgrund der »Ibiza«-Affäre. Dass Großbritannien auf der Karte nicht eingedunkelt ist, hat mit dem Wahlsystem zu tun; gleichzeitig ist das gesellschaftliche Klima dort durch gruppenbezogene Menschenfeindlichkeit massiv vergiftet.

Besonders besorgniserregend ist die Lage in einigen osteuropäischen Ländern. Politiker wie der ungarische Ministerpräsident Viktor Orbán präsentieren ihre autoritär-national-radikalen Vorstellungen mittlerweile selbstbewusst als Modell für den Kontinent: »Früher dachten wir, Europa sei unsere Zukunft. Heute wissen wir, dass wir Europas Zukunft sind.« Umso irritierender ist es, dass die Fraktion der Europäischen Volksparteien, zu der auch die CDU/CSU gehört, Orbáns Partei weiterhin als Mitglied duldet. Pfade und Treiber autoritärer Verhältnisse, die bis in die Verfassungen hineinreichen (vgl. Frankenberg 2020), sind klar erkennbar.

Postskriptum: Corona-Pandemie, Verschwörungsideologien und neue Radikalisierungskonstellationen

Die *entsicherte Unübersichtlichkeit* wird seit dem Frühjahr 2020 durch die Corona-Pandemie potenziert. Welche politischen Auswirkungen diese Krise haben wird, lässt sich derzeit empirisch noch nicht wirklich beurteilen. Daher sollen im Folgenden zwei denkbare Szenarien skizziert werden.

Das erste Szenario betrifft die regierenden Parteien und vor allem den Staat. Er ist der große Machtgewinner und könnte versucht sein, die eingeführten Kontrollmaßnahmen auch nach einem (zeitweiligen) Abflauen der Pandemie zu verstetigen. Für die liberale Demokratie und den Rechtsstaat sind die Herausforderungen offensichtlich: Politische, administrative und kontrollierende Institutionen haben kein Gedächtnis, sie sind auf den Erhalt einmal erlangter Kompetenzen ausgelegt. Daher ist davon auszugehen, dass sie ihre erweiterten Eingriffsrechte von nun als Teil ihres Handlungsbestands betrachten und diesen Machtzuwachs nicht wieder hergeben wollen. Plausibel machen können sie das mit drei Argumenten: Zum einen habe man doch erfolgreich demonstriert, dass ein starker Staat die größte Herausforderung seit dem Zweiten Weltkrieg bewältigen konnte und der Lösungskompetenz autoritärer »Modellstaaten« in Ostasien dabei in nichts nachstand. Zum anderen habe man mit entschlossenem staatlichem Handeln den rechten Bedrohungsallianzen das »Wasser abgegraben«. Die sinkenden Umfragewerte der AfD im Zuge der Pandemie könnten hier als Beleg angeführt werden. Mit Argumenten ausgetragene politische Auseinandersetzungen würden so durch die Demonstration durchgreifender Maßnahmen ersetzt. Dies könnte auch autoritär eingestellten Bevölkerungsteilen neue Zustimmung für die regierenden Parteien abnötigen. Schließlich könnte man argumentieren, die Pandemie habe doch gezeigt, dass man vorbereitet sein müsse. Das gelte nun für eine mögliche »zweite« oder »dritte Welle«, aber auch für Bioterrorismus oder für eine eventuelle politische Radikalisierung als Folge von Massenarbeitslosigkeit etc.

Heribert Prantl (2020) hält das skizzierte Szenario jedenfalls durchaus für realistisch: »Haben die Grundrechtseingriffe der Corona-Zeit ein Verfallsdatum? Wohl kaum. Die Sicherheitspakete im Kampf gegen den Terrorismus sind warnendes Beispiel.« Hans-Jürgen Papier, der ehemalige Präsident des Bundesverfassungsgerichts, konstatiert in einem Interview mit der *Süddeutschen Zeitung*: »[W]enn sich das über eine längere Zeit hinzieht, dann hat der Rechtsstaat abgedankt« (2. April 2020, S. 2).

Beim zweiten Szenario stehen die rechten Bedrohungsallianzen im Vordergrund. Zwar sind gruppenbezogen-menschenfeindliche Einstellungen in der Bevölkerung natürlich weiterhin existent, die AfD ist im Sommer 2020 als ihr öffentliches Sprachrohr und als ihr parlamentarischer Arm jedoch ein Stück weit gelähmt. Dies hat zum einen mit dem verstärkten Beobachtungsdruck durch den Verfassungsschutz und zum anderen mit massiven internen Konflikten zwischen dem sogenannten »gemäßigten« Lager und dem offiziell aufgelösten extremistischen »Flügel« zu tun (siehe Kapitel 6.6). Die Aktionsmöglichkeiten des systemfeindlichen Milieus, das auf den öffentlichen Raum angewiesen ist, wurden durch das Versammlungsverbot vorübergehend stark eingeschränkt. Dennoch stellt sich die Frage, inwieweit das autoritär-nationalradikale Milieu mittel- bis langfristig von den Folgen der

Pandemie profitieren kann. Im Moment zeichnen sich hier insbesondere drei Strategien ab.

Erstens verknüpfen die entsprechenden Akteure die Pandemie mit zentralen Topoi wie dem vermeintlich bevorstehenden »Untergang des deutschen Volkes« oder bauen sie in Verschwörungsideologien wie jene vom »Großen Austausch« ein. Hinter dem Virus als unsichtbarem Feind werden geheimnisvolle Drahtzieher vermutet, entsprechende Kandidaten hat man ohnehin stets parat. In diesem Fall steht Microsoft-Gründer Bill Gates im Fokus, der angeblich durch eine Impfkampagne die Weltherrschaft erobern will. Auch markierte Gruppen werden in die entsprechenden Narrative eingebunden, etwa indem Werkvertragsarbeitern aus Osteuropa und vor allem Flüchtlingen die Rolle als Überträger des Virus zugeschrieben wird. Zudem kam es während der Pandemie zu einer Art »Corona-Rassismus« (Meisner 2020, S. 4). So wurde beispielsweise über Anfeindung von Menschen mit asiatischem Aussehen berichtet.

Zweitens nährt die Pandemie Fantasien von einer Schwächung oder gar einem »Untergang des deutschen Volkes« auf eine ganz konkrete Weise: Standen bislang die *ideelle* Schwächung durch die Niederlage im Zweiten Weltkrieg und eine *kulturelle* Schwächung durch eine vermeintlich »überfremdende« Zuwanderung im Mittelpunkt, lässt sich nun eine *gesundheitliche* Schwächung des »Volkskörpers« an die Wand malen. Konsequenterweise wurde einmal mehr eine Schließung der Grenzen gefordert: dieses Mal nicht gegen Flüchtlinge, sondern gegen potenzielle Überträger des Virus.

Drittens bieten der zu erwartende Anstieg der Arbeitslosigkeit und die damit verbundenen Kontrollverluste den rechten Bedrohungsallianzen neue Propagandamöglichkeiten. In diesem Fall würden wohl bald Etabliertenvorrechte reklamiert (»Deutsche zuerst«) oder gar brutalere Forderungen nach einer »Rückführung« von Migranten und Geflüchteten formuliert.

Allgemein war während der Pandemie geradezu ein Boom von Verschwörungsideologien zu beobachten. Was diese in solchen Phasen so attraktiv macht, lässt sich mit dem soziologischen Grundansatz unserer Analyse erhellen (siehe Kapitel 9.4). Krisen sind Zeiten der Unübersichtlichkeit und des Kontrollverlusts. Beide Aspekte gelten als zentrale Voraussetzungen für die Wirksamkeit solcher Ideologien (vgl. Whitson/Galinsky 2008; Nocun/Lamberty 2020), bieten sie mit ihren dichotomischen Weltbildern doch Klarheit und Orientierung.

Oben haben wir immer wieder darauf hingewiesen, dass es einerseits anlässlich bestimmter Signalereignisse zu einem Schulterschluss zwischen verschiedenen rechten Bedrohungsakteuren kommen kann und dass entsprechende Einstellungen andererseits auch in andere gesellschaftliche Milieus vordringen bzw. dass Grenzen zum demokratischen Spektrum erodieren. Vor diesem Hintergrund wollen wir abschließend einen kurzen Blick auf die sogenannten »Hygiene-Demos« werfen, wie sie während der Pandemie zum Beispiel auf dem Berliner Rosa-Luxemburg-Platz oder, organisiert von der Initiative »Querdenken 711«, auf dem Festgelände im Stuttgarter Stadtteil Bad Cannstatt stattfanden. Große mediale Aufmerksamkeit zog auch die Kundgebung am 1. August in Berlin auf sich, zu der ca. 20000 Teilnehmerinnen und Teilnehmern mobilisiert werden konnten.

Zur demografischen Zusammensetzung und zu den Motiven der Teilnehmer existieren bislang noch keine empirischen Untersuchungen. Die vorliegenden Medienberichte deuten darauf hin, dass es sich wohl um eine »Melange« von Menschen mit ganz unterschiedlichen Anliegen handelte: normale Bürger mit berechtigten Sorgen um demokratische

Grundrechte, Freunde esoterischer Heilslehren, aber auch Anhänger hasserfüllter Verschwörungsideologien. Zu dieser individualisierten »Melange« ohne eigenes Gruppenbewusstsein gesellten sich aber an den Demonstrationsorten im realen Raum wie in den virtuellen Räumen der sozialen Medien Akteure, die durchaus über ein dezidiertes ideologisches Gruppenbewusstsein, eine klare Agenda sowie über erprobte Mobilisierungskonzepte und Fake-News-Strategien verfügen. Gerade bei der großen Kundgebung in Berlin am 1. August 2020 wurden dann neben den physischen auch die politischen Abstandsregeln nicht eingehalten, wie die in der Menge verteilten Reichskriegsflaggen anschaulich zeigten. So konnte es kaum überraschen, dass (neben der NPD und anderen Parteien des rechten Spektrums) die AfD als einzige im Bundestag vertretene Partei diese Form des Protests begrüßte. Der Ko-Vorsitzende Tino Chrupalla und Björn Höcke lobten die Demonstranten: Deutschland sei »gefährdet«, so Höcke, die Teilnehmer kämpften für die Freiheit, das »Volk« müsse zusammenstehen (zit. nach Tagesschau.de vom 4. August 2020). Das seit der Flüchtlingsbewegung 2015 erprobte und erfolgreich angewandte Mobilisierungsinstrumentarium mit emotionalisierten Opfer- und Notwehrnarrativen wird erneut aktiviert, thematisch auf die Corona-Pandemie ausgerichtet und mit Verschwörungsideologien angereichert, die im Kreis der Sympathisanten ohnehin weitverbreitet sind. Hier bilden sich möglicherweise neue Allianzen.

Wie groß das entsprechende Mobilisierungspotenzial wirklich ist, lässt sich im Sommer 2020 noch nicht zuverlässig einschätzen. Insbesondere droht hier die Gefahr, einer »optischen Täuschung« aufzusitzen, da die Teilnehmerzahl durch Ausgangsbeschränkungen und Auflagen für Veranstaltungen limitiert war. Demonstrationen stellen aber nur eine, wenn auch besonders gut zu »bebildernde« Variante von Öffentlichkeit dar. Die virtuellen Öffentlichkeit*en* hingegen sind weniger gut einsehbar und werden in ihrer Funktion als wutgetränkte Aufschaukelungsagenturen vermutlich unterschätzt.

Auch wenn wir diese Szenarien derzeit naturgemäß nur skizzenhaft darstellen können, sollte deutlich geworden sein, welches Potenzial die Pandemie für rechte Bedrohungsallianzen birgt. Das gilt insbesondere dann, wenn es zu weiteren Wellen kommt und wenn die wirtschaftlichen und sozialen Folgen, etwa in Form steigender Arbeitslosigkeit, voll durchschlagen. Zu klären, inwiefern es insbesondere den Akteuren des autoritären Nationalradikalismus gelingt, dieses Potenzial auszuschöpfen, bleibt zukünftigen empirischen Untersuchungen vorbehalten.

Literatur

Aarøe, L.: »Investigating frame strength: The case of episodic and thematic frames«, in: *Political Communication*, 28/2011 (2), S. 207-226.

Albert, M. et al.: *18. Shell Jugendstudie: Jugend 2019. Eine Generation meldet sich zu Wort*, Weinheim 2019.

Albrecht, S./Fielitz, M./Marcks, H.: *Digitale Hasskulturen und ihre Folgen*, Policy Brief 3/2019, IFSH, Hamburg 2019.

Alternative für Deutschland: *Strategie 2019-2025. Die AfD auf dem Weg zur Volkspartei*, Berlin 2019.

Amann, M. et al.: »Der Dämokrat. Wie der Flirt mit Höckes AfD die Berliner Republik vergiftet«, in: *Der Spiegel*, 8. Februar 2020, S. 10-21.

Anhut, R./Heitmeyer, W.: »Desintegration, Konflikt und Ethnisierung. Eine Problemanalyse und theoretische Rahmenkonzeption«, in: Heitmeyer, W./Anhut, R. (Hg.): *Bedrohte Stadtgesellschaft. Soziale Desintegrationsprozesse und ethnisch-kulturelle Konfliktkonstellationen*, Weinheim/München 2000, S. 17-75.

Arbeitskreis Verteidigung der AfD-Bundestagsfraktion: *Streitkraft Bundeswehr*, Berlin 2019.

Asbrock, F./Dilba, D./Führer, J./Pollmanns, C.: *Die Situation in Chemnitz – Stimmungen nach dem August 2018*, Forschungsbericht Technische Universität, Chemnitz 2019.

Babka von Gostomski, Chr./Küpper, B./Heitmeyer, W.: »Fremdenfeindlichkeit in den Bundesländern. Die schwierige Lage in Ostdeutschland«, in: Heitmeyer, W. (Hg.): *Deutsche Zustände*, Folge 5, Frankfurt am Main 2007, S. 102-128.

Backes, O./Biek, Th./Dollase, R./Heitmeyer, W./Meyer, J./Spona, D./ Wilkening, F.: *Risikokonstellationen im Polizeialltag. Ergebnisse einer mehrperspektivischen empirischen Untersuchung zum Verhältnis von Polizei und Fremden in Konfliktsituationen*, Projektbericht, Universität Bielefeld, Institut für interdisziplinäre Konflikt- und Gewaltforschung 1997.

Backes, U.: »Totalitarismus – auf der Suche nach einem definitorischen Minimum«, in: *Forum für osteuropäische Zeit- und Ideengeschichte*, 17/1/2013, S. 45-64.

Ders. (Hg.): *Rechtsextreme Ideologien in Geschichte und Gegenwart*, Köln 2003.

Ders./Steglich, H.: »Einleitung«, in: Backes, U./Steglich, H. (Hg.): *Die*

NPD. Erfolgsbedingungen einer rechtsextremistischen Partei, Baden-Baden 2007, S. 11-29.
BackUp – ComeBack e.V.: *Alter Hass in neuen Kleidern*, 2. Auflage, Dortmund 2018.
Baer, S./Weilnböck, H.: »Was treibt ausgerechnet junge Frauen in den Extremismus? Genderaspekte in Radikalisierung und Prävention«, in: Böckler, N./Hoffmann, J. (Hg.): *Radikalisierung und terroristische Gewalt. Perspektiven aus dem Fall- und Bedrohungsmanagement*, Frankfurt am Main 2017, S. 79-97.
Balser, M./Bauchmüller, M.: »Programm mit Stallgeruch«, in: *Süddeutsche Zeitung*, 21. Januar 2020, S. 5, online verfügbar unter: {https://www.sueddeutsche.de/politik/afd-bauern-landwirte-1.4764413} (alle URL Stand Juli 2020).
Bargel, T.: »Zum Wandel politischer Orientierung bei Studierenden seit Beginn der 80er Jahre«, in: *Hefte zur Bildungs- und Hochschulforschung* 33, Universität Konstanz 2000.
Bartsch, M./Ziegler, J.-P.: »Experten kritisieren Deutung von Polizei-Studie«, in: *Der Spiegel*, 6. März 2020, online verfügbar unter: {https://www.spiegel.de/panorama/gesellschaft/hessen-kritik-an-polizei-studie-wegen-gestrichener-fragen-a-4d762fa7-ce38-4240-a945-cda25b96a13d}.
Becker, K./Dörre, K./Reif-Spirek, P. (Hg.): *Arbeiterbewegung von rechts? Ungleichheit – Verteilungskämpfe – populistische Revolte*, Frankfurt am Main 2018.
Becker, W.: »Frühe Radikale. Angeblich war die AfD anfangs sehr bürgerlich. In Wirklichkeit ist die Entwicklung der Partei im Denken ihrer Gründung angelegt«, in: *Frankfurter Allgemeine Sonntagszeitung*, 5. Januar 2020, S. 3, online verfügbar unter: {https://www.faz.net/aktuell/politik/inland/geschichte-der-afd-die-partei-war-noch-nie-buergerlich-16565789.html}.
Behr, R.: »Gewalt und Polizei. Ambivalenzen des innerstaatlichen Gewaltmonopols«, in: *Aus Politik und Zeitgeschichte*, 21-23/2019, S. 24-28.
Bender, J.: »Gauland für ›friedliche Revolution‹ gegen das ›politische System‹«, in: *Frankfurter Allgemeine Zeitung*, 4. September 2018, online verfügbar unter: {https://www.faz.net/aktuell/politik/inland/afd-chef-gauland-friedliche-revolution-gegen-das-politische-system-15771150.html}.
Ders.: »Gauland: Özoguz in Anatolien entsorgen«, in: *Frankfurter Allgemeine Sonntagszeitung*, 28. August 2017, online verfügbar unter: {https://www.faz.net/aktuell/politik/bundestagswahl/afd-alexan

der-gauland-traeumt-von-entsorgung-aydan-oezoguz-15171141.html}.

Bergmann, W./Erb, R.: »Kommunikationslatenz, Moral und öffentliche Meinung. Theoretische Überlegungen zum Antisemitismus in der Bundesrepublik Deutschland«, in: *Kölner Zeitschrift für Soziologie und Sozialpsychologie* 38/1986, S. 223-246.

Ders./Heitmeyer, W.: »Antisemitismus: Verliert die Vorurteilsrepression ihre Wirkung?«, in: Heitmeyer, W. (Hg.): *Deutsche Zustände*, Folge 3, Frankfurt am Main 2005, S. 224-238.

Bieling, H.-J.: »Aufstieg des Rechtspopulismus im heutigen Europa – Umrisse einer gesellschaftstheoretischen Erklärung«, in: *WSI-Mitteilungen*, 8/2017, S. 557-565.

Birsl, U.: »Rechtsextremistisch orientierte Frauen und Männer: Persönlichkeitsprofile, Sozialisationserfahrungen und Gelegenheitsstrukturen«, in: dies. (Hg.): *Rechtsextremismus und Gender*, Opladen 2011, S. 171-185.

Boeselager, M.: »Ist die ›Old School Society‹ die dümmste Terrorgruppe Deutschlands?«, in: *Vice*, 6. Mai 2015, online verfügbar unter: {https://www.vice.com/de/article/wdkp7x/old-school-society-die-duemmste-terrorgruppe-deutschlands-882}.

Bohler, K. F.: »Region und Mentalität. Welche Rolle spielen sie bei der gesellschaftlichen Entwicklung?«, in: *Sozialer Sinn*, 1/2004, S. 3-30.

Borstel, D.: »Rechtsextreme Strukturen in Dresden, Sozialraumanalysen in Dresden«, in: Grau, A./Heitmeyer, W. (Hg.): *Menschenfeindlichkeit in Städten und Gemeinden*, Weinheim/München 2013, S. 257-277.

Ders.: *»Braun gehört zu bunt dazu!«. Rechtsextremismus und Demokratie am Beispiel Ostvorpommern*, Münster 2011.

Ders.: »Region Anklam«, in: Buchstein, H./Heinrich, G. (Hg.): *Rechtsextremismus in Ostdeutschland. Demokratie und Rechtsextremismus im ländlichen Raum*, Schwalbach 2010, S. 67-144.

Ders.: »Geländegewinne? Versuch einer (Zwischen-)Bilanz rechtsextremer Erfolge und Misserfolge«, in: Braun, Stephan B./Geiler, A./Gerster, M. (Hg.): *Strategien der extremen Rechten. Hintergründe – Analysen – Antworten*, Wiesbaden 2009, S. 58-74.

Ders.: »Vorbild Ostdeutschland? Westdeutscher Rechtsextremismus im Wandel«, in: Heitmeyer, W. (Hg.): *Deutsche Zustände*, Folge 6, Frankfurt am Main 2008, S. 262-271.

Ders./Heitmeyer, W.: »Menschenfeindliche Mentalitäten, radikalisierte Milieus und Rechtsterrorismus«, in: Malthaner, S./Waldmann, P. (Hg.): *Radikalisierte Milieus*, Frankfurt am Main/New York 2012, S. 339-368.

Ders./Sischka, K.: »Community Coaching – eine Einführung«, in: Zentrum Demokratische Kultur (Hg.): *»Gegen Rechtsextremismus hilft mehr Demokratie« – Community Coaching – Kommunalanalyse und Demokratieentwicklung im Gemeinwesen*, Berlin/Leipzig 2003, S. 6-12.

Borum, R.: »Radicalization into violent extremism II: A review of conceptual models and empirical research«, in: *Journal of Strategic Security*, 4/4/2011, S. 37-62.

Ders.: »Understanding the terrorist mindset«, in: *FBI Law Enforcement Bulletin* 72/7/2003, S. 7-10.

Böckler, N.: *Demonstrativ zielgerichtete Gewalt durch Einzeltäter und autonome Zellen*, Dissertation, Universität Bielefeld 2020. [2020a]

Ders.: »Eine tückische Kombination unterschiedlicher Faktoren«, in: *Die Welt*, 22. Februar 2020, S. 20, online verfügbar unter: {https://www.welt.de/gesundheit/plus206020269/Tat-von-Hanau-Ein-Gewaltforscher-erklaert-was-in-Taetern-vor-sich-geht.html} [2020b].

Böhm, A./Hofmann, G.: »Der Staat will nichts wissen.« Ursachen des Rechtsextremismus und das riskante Verhalten der Mitte – ein ZEIT-Gespräch mit dem Bielefelder Sozialwissenschaftler Wilhelm Heitmeyer, in: *Die Zeit*, 24. August 2000, S. 6-7, online verfügbar unter: {https://www.zeit.de/2000/35/Der_Staat_will_nichts_wissen}.

Bröckling, U.: *Das unternehmerische Selbst. Soziologie einer Subjektivierungsform*, Frankfurt am Main 2007.

Brosius, H.B./Esser, F.: »Massenmedien und fremdenfeindliche Gewalt«, in: Falter, J./Jaschke, H.-G./Winkler, J.R. (Hg.): *Rechtsextremismus. Ergebnisse und Perspektiven der Forschung*, PVS-Sonderheft, Opladen 1996, S. 204-218.

Buchstein, H./Heinrich, G. (Hg.): *Rechtsextremismus in Ostdeutschland. Demokratie und Rechtsextremismus im ländlichen Raum*, Schwalbach 2010.

Bugiel, B.: *Rechtsextremismus Jugendlicher in der DDR und in den neuen Bundesländern von 1982-1998*, Münster 2002.

Bundesamt für den Verfassungsschutz: *Gutachten zu tatsächlichen Anhaltspunkten für Bestrebungen gegen die freiheitliche demokratische Grundordnung in der »Alternative für Deutschland« (AfD) und ihren Teilorganisationen* (Stand: 15. Januar 2019).

Bundesinstitut für Bau-, Stadt- und Raumforschung (BBSR): *Wohnungsmarktprognose 2030*, Bonn 2015.

Bundesministerium des Innern: *Verfassungsschutzbericht 1979-2019*, Bonn/Berlin 1980-2020.

Bundesministerium des Innern: *Antisemitismus in Deutschland – aktuelle Entwicklungen*, Berlin 2017.

Burghardt, P.: »Generalverdacht«, in: *Süddeutsche Zeitung*, 31. Juli 2019, S. 5, online verfügbar unter: {https://www.sueddeutsche.de/politik/afd-hannover-wundrak-1.4546483}.

Camus, R.: *Revolte gegen den Großen Austausch*, Schnellroda 2016.

Carstens, P: »Die unermüdlich kämpfende AfD-Armee«, in: *Frankfurter Allgemeine Zeitung*, 10. Juli 2019 online verfügbar unter: {https://www.faz.net/aktuell/politik/inland/was-die-afd-aus-der-bundeswehr-machen-will-eine-analyse-16277786.html}.

Chaussy, U.: *Oktoberfest. Ein Attentat. Wie die Verdrängung des Rechtsterrorismus begann*, Darmstadt 1985.

Dahrendorf, R.: »An der Schwelle zum autoritären Jahrhundert. Die Globalisierung und ihre sozialen Folgen werden zur nächsten Herausforderung einer Politik der Freiheit«, in: *Die Zeit*, 14. November 1997, S. 14-15, online verfügbar unter: {https://www.zeit.de/1997/47/thema.txt.19971114.xml}.

De Becker, G./Stechschulte, T.: *The Gift of Fear*, Boston 1997.

Decker, F.: »AfD, Pegida und die Verschiebung der parteipolitischen Mitte«, in: *Aus Politik und Zeitgeschichte*, 40/2015, S. 27-32.

Ders./Lewandowski, M.: »Rechtspopulismus in Europa: Erscheinungsformen, Ursachen und Gegenstrategien«, in: *bpb.de*, 10. Januar 2017, online verfügbar unter: {https://www.bpb.de/politik/extremismus/rechtspopulismus/240089/rechtspopulismus-erscheinungsformen-ursachen-und-gegenstrategien}.

Deutscher Bundestag: »Entwicklung der Zahl per Haftbefehl gesuchter Neonazis (Frühjahr 2019)«, in: *Drucksache*, 12. Juni 2019.

Ders.: »Wachsende Gewaltbereitschaft der rechtsextremen Szene«, in: *Drucksache*, 13. November 2018.

Diederichs, B.: *Freie Kameradschaften in der Ex-DDR: Die Bedeutung und Funktion der Freien Kameradschaften im rechtsextremen Spektrum der Neuen Bundesländer*, Saarbrücken 2008.

Döring, U.: *Angstzonen. Rechtsdominierte Orte aus medialer und lokaler Perspektive*, Wiesbaden 2008.

Dies.: »›National befreite Zonen‹ – Zur Entstehung und Karriere eines Kampfbegriffs«, in: Klärner, A./Kohlstruck, M. (Hg.): *Moderner Rechtsextremismus in Deutschland*, Hamburg 2006, S. 177-206.

Dörre, K.: »Die neue Landnahme. Dynamiken und Grenzen des Finanzkapitalismus«, in: ders. et al. (Hg.): *Soziologie – Kapitalismus – Kritik*, Frankfurt am Main 2009, S. 21-86.

Ders.: »Sehnsucht nach der alten Republik? Von den Schwierigkeiten einer gewerkschaftlichen Politik gegen Rechtsextremismus«, in: Heitmeyer, W. (Hg.): *Das Gewalt-Dilemma*, Frankfurt am Main 1994, S. 166-194.

Dünkel, F./Geng, B.: »Gewalt und Rechtsextremismus in ländlichen Räumen. Response zum Beitrag von Wilhelm Heitmeyer«, in: Dünkel, F./Herbst, M./Schlegel, T. (Hg.): *Think Rural! Dynamiken des Wandels in peripheren ländlichen Räumen und ihre Implikationen für die Daseinsvorsorge*, Wiesbaden 2014, S. 147-161.

Ebbinghaus, U.: »Der Pranger bleibt leer«, in: *Frankfurter Allgemeine Zeitung*, 25. November 2019, S. 11, online verfügbar unter: {https://www.faz.net/aktuell/karriere-hochschule/afd-meldeportale-werden-diese-plattformen-ueberhaupt-genutzt-16501860.html}.

Ebner, J.: *Radikalisierungsmaschinen. Wie Extremisten die neuen Technologien nutzen und uns manipulieren*, Berlin 2019.

Erhardt, C.: »Kommunalpolitiker: Bedrohungen sind an der Tagesordnung«, in: *Zeitschrift für Kommunalpolitik*, 10. März 2020, online verfügbar unter: {https://kommunal.de/kommunalpolitiker-umfrage-2020}.

Ders.: »Hasswelle: Kommunalpolitik – Aus Hetze werden Taten«, in: *Zeitschrift für Kommunalpolitik*, 25. Juni 2019, online verfügbar unter: {https://kommunal.de/hasswelle-alle-Zahlen}.

Esslinger, D.: »Der Präsident kämpft«, in: *Süddeutsche Zeitung*, 20. Dezember 2019, S. 4, online verfügbar unter: {https://www.sueddeutsche.de/politik/antisemitismus-der-praesident-kaempft-1.4730341}.

Fenske, R.: *Vom »Randphänomen« zum »Verdichtungsraum«. Geschichte der »Rechtsextremismus«-Forschungen seit 1945*, Münster 2013.

Fielitz, M./Marcks, H.: »Digital fascism: Challenges for the open society in times of social media«, in: *Berkeley Center for Right-Wing Studies Working Paper Series*, Hamburg 2019.

Forschungsgruppe Ideologien und Politiken der Ungleichheit (FIPU) (Hg.): *Rechtsextremismus. Entwicklungen und Analysen*, Wien 2014.

Flade, F./Mascolo, G./Steinke, R.: »Rechts und Ordnung«, in: *Süddeutsche Zeitung*, 9. April 2019, S. 3, online verfügbar unter: {https://www.sueddeutsche.de/politik/bundeswehr-rechtsextremismus-1.4400793?reduced=true}.

Flade, F./Kampf, L./Mascolo, G./Richter, N.: »Der Traum vom Krieg«, in: *sueddeutsche.de*, 6. März 2020, online verfügbar unter: {https://www.sueddeutsche.de/politik/rechtsextremismus-gruppe-s-terror-reichsbuerger-1.4832978?reduced=true}.

Focus Online: »AfD will eigenen Newsroom starten«, 9. Februar 2018, online verfügbar unter: {https://www.focus.de/politik/deutschland/alternative-zu-fake-news-afd-startet-eigenen-newsroom_id_8445068.html}.

Frankenberg, G.: *Autoritarismus. Verfassungstheoretische Perspektiven*, Berlin 2020.

Freiheit, M./Groß, E./Wandschneider, S./Heitmeyer, W.: *Mehrfachtäterschaft im Jugendalter. Soziale Hintergründe und Verläufe wiederholter Delinquenz*, Wiesbaden 2018.

Frontal 21: »›Vermummt und mit Steinen bewaffnet‹. Interner Polizeibericht beschreibt bedrohliche Lage in Chemnitz«, 11. November 2018.

Fuchs, Chr./Middelhoff, P.: *Das Netzwerk der Neuen Rechten*, Reinbek 2019.

Funke, H.: *Von Wutbürgern und Brandstiftern. AfD – PEGIDA – Gewaltnetze*, Berlin 2016.

Gauland, A.: »Wir versuchen, die Grenzen des Sagbaren auszuweiten«, Interview, in: *Frankfurter Allgemeine Zeitung*, 7. Juni 2018, online verfügbar unter: {https://www.faz.net/aktuell/politik/inland/gauland-interview-afd-will-grenzen-des-sagbaren-ausweiten-15627982.html}.

Gensing, P.: *Fakten gegen Fake News oder Der Kampf um die Demokratie*, Berlin 2019.

Gerlach, Th.: »Rechter Hirte«, in: *taz*, 23. Dezember 2019, S. 4-5, online verfügbar unter: {https://taz.de/Saechsischer-Bischof-tritt-zurueck/!5647627&SuchRahmen=Print/}.

Gill, P./Silver, J./Horgan, J./Corner, E.: »Shooting alone: The pre-attack experiences and behaviors of US solo mass murderers«, in: *Journal of Forensic Sciences*, 62/3/2017, S. 710-714.

Goertzel, T.: »Belief in conspiracy theories«, in: *Political Psychology*, 15/1994, S. 733-744.

Gökbudak, M./Hedtke, R.: *Ranking Politische Bildung 2018. Didaktik der Sozialwissenschaften*, Fakultät für Soziologie, Universität Bielefeld 2019.

Gödecke, C.: »Die Bedeutung des Kameradschaftsmodells für den quantitativen Anstieg der Neonazi-Szene. Ein Vergleich des vorherrschenden Organisationstyps mit den traditionellen Organisationsstrukturen«, in: Pfahl-Traughber, A. (Hg.): *Jahrbuch für Extremismus- und Terrorismusforschung 2014 (I)*, Brühl 2014, S. 173-206.

Grau, A./Groß, E./Reinecke, J.: »Abgehängte Sozialräume. Die Bedeutung der Jugendarbeitslosigkeit für Orientierungslosigkeit und

Fremdenfeindlichkeit«, in: Heitmeyer, W. (Hg.): *Deutsche Zustände*, Folge 10, Berlin 2012, S. 129-149.

Ders./Heitmeyer, W. (Hg.): *Menschenfeindlichkeit in Städten und Gemeinden*, Weinheim 2013.

Grumke, T.: »Rechtsextremismus in Deutschland. Begriff – Ideologie – Struktur«, in: Glaser, S./Pfeiffer, Th. (Hg.): *Erlebniswelt Rechtsextremismus. Menschenverachtung mit Unterhaltungswert*, 3. Auflage, Schwalbach 2013, S. 23-43.

Habermas, J.: »Moralischer Universalismus in Zeiten politischer Regression«, in: *Leviathan*, 48/1/2020, S. 7-28.

Ders.: »Die Neue Unübersichtlichkeit. Die Krise des Wohlfahrtsstaates und die Erschöpfung utopischer Energien«, in: *Merkur*, Januar 1985, S. 1-14, online verfügbar unter: {https://www.merkur-zeitschrift.de/autoren/die-neue-unuebersichtlichkeit/}.

Ders.: *Strukturwandel der Öffentlichkeit*, Neuwied/Berlin 1962.

Hafeneger, B./Jansen, M.: *Rechte Cliquen. Alltag einer neuen Jugendkultur*, Weinheim/München 2001.

Hafez, F.: *Feindbild Islam. Über die Salonfähigkeit von Rassismus*, Wien u. a. 2019.

Hafez, K.: »Der Islam hat eine schlechte Presse, in: *Zeit online*, 21. Februar 2017, online verfügbar unter: {https://www.zeit.de/gesellschaft/zeitgeschehen/2016-12/islam-verstaendnis-medien-berichterstattung-populismus-gefahr}.

Hartleb, F.: *Rechtsextremistisch motivierter Einsamer-Wolf-Terrorismus statt Amoklauf. Eine notwendige Neubewertung der Morde am Olympiaeinkaufszentrum München*, Gutachten im Auftrag der Stadt München, Fachstelle Demokratie, München 2017.

Häusler, A.: »Rechtspopulismus als Stilmittel zur Modernisierung der extremen Rechten«, in: Häusler, A. (Hg.): *Rechtspopulismus als »Bürgerbewegung«. Kampagnen gegen Islam und Moscheebau und kommunale Gegenstrategien*, Wiesbaden 2008, S. 37-51.

Ders./Schedler, J.: »Neue Formen einer flüchtlingsfeindlichen sozialen Bewegung von rechts«, in: *Forschungsjournal Soziale Bewegungen*, 2016/2, S. 11-20.

Heinö, J. H./Caccavello, G./Sandell, C.: *Authoritarian Populism Index 2017*, European Policy Information Center, Brüssel 2017.

Heitmeyer, W.: »Raus aus der Blase. Die Universitäten vernachlässigen die Auseinandersetzung mit dem Autoritären Nationalradikalismus. Ein Studium generale könnte helfen«, in: *Deutsche Universitätszeitung*, 1/2019, S. 32-33. [2019a]

Ders.: »Warum der Begriff ›Rechtspopulismus‹ verharmlosend ist«, in: *Spiegel.de*, 24. August 2019, online verfügbar unter: {https://www.spiegel.de/kultur/gesellschaft/wilhelm-heitmeyer-warum-der-begriff-rechtspopulismus-verharmlosend-ist-a-1283003.html}. [2019b]

Ders.: *Autoritäre Versuchungen. Signaturen der Bedrohung I*, Berlin 2018.

Ders.: »Rechtsextremismus im ländlichen Raum«, in: Dünkel, F. et al. (Hg.): *Think rural!*, Wiesbaden 2014, S. 131-146.

Ders.: »Gruppenbezogene Menschenfeindlichkeit (GMF) in einem entsicherten Jahrzehnt«, in: ders. (Hg.): *Deutsche Zustände*, Folge 10, Berlin 2012, S. 15-41. [2012a]

Ders.: »Rechtsextremismus und gesellschaftliche Selbstentlastung«, in: *Aus Politik und Zeitgeschichte*, 18-19/2012, S. 23-27. [2012b]

Ders.: »Gruppenbezogene Menschenfeindlichkeit. Interaktionsprozesse im gesellschaftlichen Raum«, in: Robertson-von Trotha, C. (Hg.): *Rechtsextremismus in Deutschland und Europa. Rechts außen – Rechts »Mitte«?*, Baden-Baden 2011, S. 21-38. [2011a]

Ders.: »Mechanismen der Eskalation«, in: *taz*, 25. August 2011, online verfügbar unter: {https://taz.de/Essay-ueber-die-Randale-in-England/!5113472/}. [2011b]

Ders.: »Unthematisierte Reproduktionsprozesse. Zur Selbststabilisierung eines feindseligen Klimas«, in: ders. (Hg.): *Deutsche Zustände*, Folge 5, Frankfurt am Main 2007, S. 281-293.

Ders.: »Gruppenbezogene Menschenfeindlichkeit. Die theoretische Konzeption und erste empirische Ergebnisse«, in: ders. (Hg.), *Deutsche Zustände*, Folge 1, Frankfurt am Main 2002, S. 15-34. [2002a]

Ders.: »Rechtsextremistische Gewalt«, in: Heitmeyer, W./Hagan, J. (Hg.): *Internationales Handbuch der Gewaltforschung*, Wiesbaden 2002, S. 501-546. [2002b]

Ders.: »Autoritärer Kapitalismus, Demokratieentleerung und Rechtspopulismus«, in: Loch, D./Heitmeyer, W. (Hg.): *Schattenseiten der Globalisierung*, Frankfurt am Main 2001, S. 497-534. [2001a]

Ders.: »Die Fernwirkungen des Terrors. Zu den Folgen für die liberale Republik und die integrationsfähige Gesellschaft«, in: Hoffmann, H./Schoeller, W. F. (Hg.): *Wendepunkt 11. September 2001. Terror, Islam und Demokratie*, Köln 2001, S. 221-234. [2001b]

Ders.: »Sozialräumliche Machtversuche des ostdeutschen Rechtsextremismus – Zum Problem unzureichender Gegenöffentlichkeit in Städten und Kommunen«, in: Kalb, P. et al. (Hg.): *Rechtsextremistische Jugendliche – was tun?*, Weinheim/Basel 1999, S. 47-79.

Ders. (Hg.): *Was treibt die Gesellschaft auseinander?* Frankfurt am Main 1997. [1997a]

Ders. (Hg.): *Was hält die Gesellschaft zusammen?* Frankfurt am Main 1997. [1997b]
Ders.: »Eine besondere Gesellschaft«, Interview, in: *Die Zeit*, 19. Dezember 1997, S. 11. [1997c]
Ders.: »Eine gewerkschaftliche Politik gegen den Rechtsextremismus findet nicht statt«, in: *Gewerkschaftliche Monatshefte*, 10/1992, S. 620-633.
Ders.: *Rechtsextremistische Orientierungen bei Jugendlichen*, Weinheim/München 1987.
Ders. et al.: *Die Bielefelder Rechtsextremismus-Studie. Erste Langzeituntersuchung zur politischen Sozialisation männlicher Jugendlicher*, Weinheim/München 1992.
Ders./Böckler, N./Seeger, Th.: »Social disintegration, loss of control, and school shootings«, in: Böckler, N. et al. (Eds.): *School Shootings. International Research, Case Studies, and Concepts for Prevention*, New York/Heidelberg/Dordrecht/London 2013, S. 27-54.
Ders./Mansel, J.: »Entleerung der Demokratie. Die unübersichtlichen Folgen sind weitreichend«, in: Heitmeyer, W. (Hg.): *Deutsche Zustände*, Folge 2, Frankfurt am Main 2003, S. 35-60.
Held, J. et al.: *Rechtsextremismus und sein Umfeld. Eine Regionalstudie und die Folgen für die Praxis*, Hamburg 2008.
Hemmerling, A.: »Eine Frage der inneren Sicherheit«, in: Meisner, M./Kleffner, H. (Hg.): *Extreme Sicherheit. Rechtsradikale in Polizei, Verfassungsschutz, Bundeswehr und Justiz*, Freiburg/Basel/Wien 2019, S. 278-294.
Henzler, C.: »Das Misstrauen ist allgegenwärtig«, in: *Süddeutsche Zeitung*, 17. Februar 2020, S. 6, online verfügbar unter: {https://www.sueddeutsche.de/politik/afd-das-misstrauen-ist-allgegenwaertig-1.4800479}.
Hermann, M.: *Reichsbürger und »Souveränisten«. Basiswissen und Handlungsstrategien*, Amadeu Antonio Stiftung (Hg.), Berlin 2018.
Heyder, A./Iser, J./Schmidt, P.: »Israelkritik oder Antisemitismus? Meinungsbildung zwischen Öffentlichkeit, Medien und Tabus«, in: Heitmeyer, W. (Hg.): *Deutsche Zustände*, Folge 5, Frankfurt am Main 2005, S. 144-165.
Hillje, J.: »Brandschutz für die Demokratie«, in: *Der Tagesspiegel*, 20. November 2019, S. 6, online verfügbar unter: {https://www.tagesspiegel.de/politik/strategie-der-afd-der-nette-rechtspopulist-vonnebenan/25246528.html}.
Hirschman, A. O.: »Wieviel Gemeinsinn braucht die liberale Gesellschaft?«, in: *Leviathan*, 22/1994, S. 293-304.

Hock, A./Naumann, A.: »Die neue Heimat für Law & Order? Soldaten und Polizisten in den AfD-Fraktionen«, in: Meissner, M./Kleffner, H. (Hg.): *Extreme Sicherheit. Rechtsradikale in Polizei, Verfassungsschutz, Bundeswehr und Justiz*, Freiburg/Basel/Wien 2019, S. 49-56.

Dies./Schweppe, Chr.: »Auffallend viele Rechtsextremismus-Verdachtsfälle bei Elite-Soldaten«, in: *Die Welt*, 2. Dezember 2019, S. 4.

Höcke, B.: *Nie zweimal in denselben Fluss*, Lüdinghausen/Berlin 2018.

Hövermann, A./Groß, E.: »Menschenfeindlicher und rechtsextremer – Die Veränderung der Einstellungen unter AfD-Sympathisanten zwischen 2014 und 2016«, in: Zick, A. et al. (Hg.): *Gespaltene Mitte – Feindselige Zustände*, Bonn 2016, S. 167-183.

Hradil, S.: »Soziale Milieus – eine praxisorientierte Forschungsperspektive«, in: *Aus Politik und Zeitgeschichte*, 44-45/2006, S. 3-10.

Hüpping, S.: »Anomia. Unsicher in der Orientierung, sicher in der Abwertung«, in: Heitmeyer, W. (Hg.): *Deutsche Zustände*, Folge 4, Frankfurt am Main 2006, S. 86-100.

Dies./Reinecke, J.: »Abwärtsdriftende Regionen. Die Bedeutung sozioökonomischer Entwicklungen für Orientierungslosigkeit und Gruppenbezogene Menschenfeindlichkeit«, in: Heitmeyer, W. (Hg.): *Deutsche Zustände*, Folge 5, Frankfurt am Main 2007, S. 77-101.

Hüttermann, J.: *Entzündungsfähige Konfliktkonstellationen. Eskalations- und Integrationspotentiale in Kleinstädten der Einwanderungsgesellschaft*, Weinheim/München 2010.

Jansen, F./Kleffner, H./Radke, J./Staud, T.: »156 Schicksale: Sie starben, weil sie anders waren: Diese Dokumentation erzählt die Geschichte jedes einzelnen Opfers«, in: *Zeit online*, 16. September 2010, aktualisiert am 30. Juni 2015, online verfügbar unter: {https://www.zeit.de/gesellschaft/zeitgeschehen/2010-09/todesopfer-rechte-gewalt}.

Jaschke, H.-G.: »Rechtsextremismus und Fremdenfeindlichkeit bei der Polizei«, in: Kuratorium der Polizei-Führungsakademie (Hg.): *Fremdenfeindlichkeit in der Polizei?*, Lübeck 1996, S. 199-220.

Jesse, E. (Hg.): *Totalitarismus im 20. Jahrhundert. Eine Bilanz der internationalen Forschung*, Baden-Baden 1999.

Kagermeier, E./Laskus, M.: »Angriff auf die Erinnerung«, in: *Die Zeit*, 27. Juni 2019, S. 63, online verfügbar unter: {https://www.zeit.de/2019/27/kz-gedenkstaetten-rechtsextremismus-antisemitismus-rechtspopulismus}.

Kamann, M.: »Rechtsextreme besiegt man nicht mit Formalien«, in: *Welt am Sonntag*, 21. Juni 2020, S. 10, online verfügbar unter: {https:

//www.welt.de/debatte/kommentare/article209962965/Andreas-Kalbitz-Rechtsextreme-bekaempft-man-nicht-mit-Formalien.html}.
Ders.: »Radikale auf dem Vormarsch«, in: *Die Welt*, 9. Dezember 2019, S. 3, online verfügbar unter: {https://www.welt.de/debatte/kommentare/plus204135810/Voelkischer-Fluegel-In-der-AfD-sind-die-Radikalen-auf-dem-Vormarsch.html}.
Kaul, M./Agar, V.: »Kampf um die Stadt«, in: *taz*, 31. August 2018, online verfügbar unter: {https://taz.de/Ausschreitungen-in-Chemnitz/!5529389/}.
Kepplinger, H.M./Bastian, R.: »Der prognostische Gehalt der Nachrichtenwert-Theorie«, in: *Publizistik* 4/4/2000, S. 462-475.
King, M./Taylor, D.M.: »The radicalization of homegrown jihadists: A review of theoretical models and social psychological evidence«, in: *Terrorism and Political Violence* 23/4/2011, S. 602-622.
Klärner, A.: »Versuch und Scheitern einer taktischen Zivilisierung der extremen Rechten. Der Konflikt zwischen NPD, ›Freien Kameradschaften‹ und ›Autonomen Nationalisten‹«, in: Verfassungsschutz Brandenburg (Hg.): *Schwarze Blöcke rechts und links. Autonome Extremisten auf Gewaltkurs*, Potsdam 2010, S. 36-52.
Ders.: *Zwischen Militanz und Bürgerlichkeit*, Hamburg 2008.
Ders./Kohlstruck, M.: »Rechtsextremismus – Thema der Öffentlichkeit und Gegenstand der Forschung«, in: Klärner, A./Kohlstruck, M. (Hg.): *Moderner Rechtsextremismus in Deutschland*, Hamburg 2006, S. 7-41.
Kleffner, H./Meisner, M.: »Wie unter einem Brennglas. Ein Interview mit Christoph Kopke und Tobias Singelnstein«, in: Meisner, M./Kleffner, H. (Hg.): *Extreme Sicherheit. Rechtsradikale in Polizei, Verfassungsschutz, Bundeswehr und Justiz*, Freiburg/Basel/Wien 2019, S. 120-130.
Klein, A./Groß, E./Zick, A.: »Menschenfeindliche Zustände«, in: Zick, A./Klein, A.: *Fragile Mitte – Feindselige Zustände*, Bonn 2014, S. 61-84.
Klingst, M.: »Gnadenlose Jurastudenten«, in: *Zeit online*, 27. Oktober 2014, online verfügbar unter: {https://www.zeit.de/gesellschaft/zeitgeschehen/2014-10/todesstrafe-juristen-studie-deutschland}.
Kniest, K.: *Die »Kühnen-Bewegung«. Darstellung, Analyse und Einordnung: Ein Beitrag zur deutschen und europäischen Geschichte des Rechtsextremismus*, Dissertation, Frankfurt am Main 2000.
Koopmans, R.: »Explaining the rise of racist and extreme right violence in Western Europe: Grievances or opportunities?«, in: *European Journal of Political Research*, 30/1996, S. 185-216.

Kopke, Chr.: »Polizei und Rechtsextremismus«, in: *Aus Politik und Zeitgeschichte*, 21-23/2019, S. 36-42.

Ders.: *Amoktat, Attentat, Hasskriminalität? Überlegungen zur Bewertung des mehrfachen Mordes des David S.*, Hochschule für Wirtschaft und Recht Berlin 2017.

Kornelius, S.: »Jeder vierte Deutsche denkt antisemitisch«, in: *sueddeutsche.de*, 23. Oktober 2019, online verfügbar unter: {https://www.sueddeutsche.de/politik/antisemitismus-deutschland-juedischer-weltkongress-1.4652536}.

Kubitschek, G.: »Chemnitz – zehn Punkte für die nächsten Tage«, in: *Sezession*, 29. August 2018.

Kurtenbach, S.: *Ausgrenzung Geflüchteter. Eine empirische Untersuchung am Beispiel Bautzen*, Wiesbaden 2018.

Kurth, A.: »Männerbündische Netzwerke in der AfD«, in: BdWi/fzs/GEW/ÖH (Hg.): *Wissenschaft von rechts II: Rechter Kulturkampf in Hochschule und Bildung*, Marburg 2020, S. 43-45.

Kühne, R.: »Emotionale Framing-Effekte auf Einstellungen: Ein integratives Modell«, in: *Medien und Kommunikationswissenschaft*, 61/1/2013, S. 5-20.

Kümmel, P.: »Die ›Versifften‹ wehren sich«, in: *Die Zeit*, 21. August 2019, S. 36, online verfügbar unter: {https://www.zeit.de/2019/35/theater-ostdeutschland-afd-wahlkampf-verbot-konflikt-kulturgue ter}.

Kümpel, A. S./Rieger, D.: »Wenn die Hetze das Netz verlässt. Ein Forschungsüberblick«, in: *Der Tagesspiegel*, 10. November 2019, S. 7, online verfügbar unter: {https://www.tagesspiegel.de/politik/hasskri minalitaet-und-soziale-medien-wenn-die-hetze-das-netz-verlaesst/25209370.html}.

Küpper, B./Krause, D./Zick, A.: »Rechtsextreme Einstellungen in Deutschland 2002-2018/19«, in: Zick, A./Küpper, B./Berghan, W. (Hg.): *Verlorene Mitte. Feindselige Zustände. Rechtsextremistische Einstellungen in Deutschland 2018/19*, Bonn 2019, S. 117-146.

Küpper, B./Zick, A.: »Riskanter Glaube. Religiosität und Abwertung«, in: Heitmeyer, W. (Hg.): *Deutsche Zustände*, Folge 4, Frankfurt am Main 2006, S. 179-188.

Laabs, D.: »Der NSU, ›The Order‹ und die neue Art des Kampfes«, in: *Antifaschistisches Infoblatt* 4/2014.

Lamberty, P./Wichmann, F.: »Nein zum Heim? Flucht und Asyl als Thema der extremen Rechten im Landkreis Dahme-Spreewald«, in: *Journal Exit-Deutschland* 1/2015, S. 127-149.

Langebach, M./Raabe, J.: »Zwischen Freizeit, Politik und Partei: RechtsRock«, in: Braun, S./Geisler, A./Gerster, M. (Hg.): *Strategien der extremen Rechten. Hintergründe – Analysen – Antworten*, 2. Auflage, Wiesbaden 2016, S. 377-423.

Dies.: »Die Genese einer extrem rechten Jugendkultur«, in: Schedler, J./Häusler, A. (Hg.): *Autonome Nationalisten. Neonazis in Bewegung*, Wiesbaden 2011, S. 36-53.

Legge, S./Reinecke, J./Klein, A.: »Das Kreuz des Wählers. Die Auswirkungen von politischer Entfremdung und Fremdenfeindlichkeit auf das Wahlverhalten in abgehängten Regionen«, in: Heitmeyer, W. (Hg.): *Deutsche Zustände*, Folge 7, Frankfurt am Main 2009, S. 53-72.

Leggewie, C./Meier, H.: *Nach dem Verfassungsschutz – Plädoyer für eine neue Sicherheitsarchitektur der Berliner Republik*, Berlin 2012.

Leibold, J./Kühnel, S.: »Islamphobie. Differenzierung tut not«, in: Heitmeyer, W. (Hg.): *Deutsche Zustände*, Folge 4, Frankfurt am Main 2006, S. 135-155.

Dies.: »Islamphobie. Sensible Aufmerksamkeit für spannungsreiche Anzeichen«, in: Heitmeyer, W. (Hg.): *Deutsche Zustände*, Folge 2, Frankfurt am Main 2003, S. 100-119.

Lessenich, S.: *Die Neuerfindung des Sozialen*, Bielefeld 2008.

Lichtmesz, M.: »Christchurch – Interview mit Renaud Camus«, in: *Sezession*, 9. April 2019, online verfügbar unter: {https://sezession.de/61046/christchurch-interview-mit-renaud-camus}.

Lipp, S.: »Nach außen Terror, nach innen banal«, in: *Die Zeit*, 15. März 2017, online verfügbar unter: {https://www.zeit.de/gesellschaft/zeitgeschehen/2017-03/oldschool-society-terrorismus-rechtsextremismus-prozess-haftstrafen}.

Lovink, G.: *Digitaler Nihilismus. Thesen zur dunklen Seite der Plattformen*, Bielefeld 2019.

Luzar, C.: *Rechtsextremismus im sozialräumlichen Kontext. Viktimisierung durch rechtsextreme Gewalt und raumorientierte Opferberatung*, Schwalbach am Taunus 2015.

Dies.: »Rechtsextremistische Strukturen in Dortmund. Relevanz und Erscheinungsformen«, in: Grau, A./Heitmeyer, W. (Hg.): *Menschenfeindlichkeit in Städten und Gemeinden*, Weinheim/München 2013, S. 187-201.

Malthaner, S.: »Terroristische Bewegungen und ihre Bezugsgruppe«, in: Waldmann, P. (Hg.): *Determinanten des Terrorismus*, Weilerswist 2005, S. 85-134.

Ders./Waldmann, P. (Hg.): *Radikale Milieus. Das soziale Umfeld terroristischer Gruppen*, Frankfurt am Main/New York 2012.

Dies.: »Radikale Milieus: Das soziale Umfeld terroristischer Gruppen«, in: dies. (Hg.): *Radikale Milieus*, Frankfurt am Main/New York, 2012, S. 11-42.

Mansel, J.: »Kriminelle Ausländer? Fremdenfeindlichkeit, Anzeigeverhalten und Kontrollpolitik in den Bundesländern«, in: Heitmeyer, W. (Hg.): *Deutsche Zustände*, Folge 5, Frankfurt am Main 2007, S. 169-191.

Ders./Christ, O./Heitmeyer, W.: »Der Effekt von Prekarisierung auf fremdenfeindliche Einstellungen. Ergebnisse aus einem Drei-Wellen-Panel und zehn jährlichen Surveys«, in: Heitmeyer, W. (Hg.): *Deutsche Zustände*, Folge 10, Berlin 2012, S. 105-128.

Marth, J./Grau, A./Legge, S.: »Fremdenfeindlichkeit: Warum der lokale Kontext einen Unterschied macht«, in: Heitmeyer, W. (Hg.): *Deutsche Zustände*, Folge 9, Berlin 2010, S. 61-81.

McCauley, C./Moskalenko, S.: »Understanding political radicalization: The two-pyramids model«, in: *American Psychologist*, 72/3/2017, S. 205-216.

Dies.: »Mechanisms of political radicalization: Pathways toward terrorism«, in: *Terrorism and political violence*, 20/3/2008, S. 415-433.

Meisner, M.: »Diffamiert, beleidigt, bedroht«, in: *Der Tagesspiegel*, 5. Mai 2020, S. 4, online verfügbar unter: {https://www.tagesspiegel.de/politik/attacken-gegen-asiaten-bundesregierung-ignoriert-corona-rassismus/25798536.html}.

Ders.: »Die Unabhängigkeit der Justiz und ihre Grenzen«, in: Ders./Kleffner, H. (Hg.): *Extreme Sicherheit. Rechtsradikale in Polizei, Verfassungsschutz, Bundeswehr und Justiz*, Freiburg, Basel und Wien 2019, S. 211-219.

Ders.: »Rechtsterrorismus-Verdacht gegen Bürgerwehr Freital«, in: *Der Tagesspiegel*, 12. April 2016, online verfügbar unter: {https://www.tagesspiegel.de/politik/angriffe-gegen-linken-politiker-und-fluechtlinge-rechtsterrorismus-verdacht-gegen-buergerwehr-freital/13434154.html}.

Ders./Kleffner, H. (Hg.): *Extreme Sicherheit. Rechtsradikale in Polizei, Verfassungsschutz, Bundeswehr und Justiz*, Freiburg, Basel und Wien 2019.

Menhorn, C.: »Die Bedeutung der Parteistrukturen für das neonationalsozialistische Spektrum – Strategische Neuorientierung oder temporäres Phänomen?«, in: Pfahl-Traughber, A. (Hg.): *Jahrbuch für Extremismus- und Terrorismusforschung 2014 (I)*, Brühl 2014, S. 207-239.

Messner, S. F./Rosenfeld, R.: *Crime and the American Dream*, Belmont 2013 [1994].

Meyer-Resende, M.: »So ist die Welt aber gar nicht«, in: *Frankfurter Allgemeine Zeitung*, 16. Dezember 2019, S. 9, online verfügbar unter: {https://www.faz.net/aktuell/feuilleton/debatten/begriff-des-populismus-wofuer-stehen-rechtsnationale-parteien-16537237.html}.

Minkenberg, M.: *Die neue radikale Rechte im Vergleich – USA, Frankreich, Deutschland*, Opladen 1998.

Mletzko, M.: »Gewalthandeln linker und rechter militanter Szenen«, in: *Aus Politik und Zeitgeschichte*, 44/2010, S. 9-16.

Moghaddam, F. M.: »The staircase to terrorism: A psychological exploration«, in: *American Psychologist* 60/2005, S. 161-169.

Möller, K./Schuhmacher, N.: *Rechte Glatzen*, Wiesbaden 2007.

Mudde, C.: »The war of words defining the extreme right«, in: *West European Politics* 19/2/1995, S. 225-248.

Neu, C.: »Ländliche Raume und Daseinsvorsorge – Bürgerschaftliches Engagement und Selbstaktivierung«, in: Dünkel, F./Herbst, M./Schlegel, T. (Hg.): *Think Rural! Dynamiken des Wandels in peripheren ländlichen Räumen und ihre Implikationen für die Daseinsvorsorge*, Wiesbaden 2014, S. 117-124.

Nocun, K./Lamberty, P.: *Fake Facts. Wie Verschwörungstheorien unser Denken bestimmen*, Berlin 2020.

Noelle-Neumann, E.: »Öffentliche Meinung«, in: Jarren, O./Sarcinelli, U./Saxer, U. (Hg.): *Politische Kommunikation in der demokratischen Gesellschaft. Ein Handbuch*, Opladen/Wiesbaden 1998, S. 81-94.

Ott, K./Ramelsberger, A./Richter, N./Rietzschel, A.: »Revolution von rechts«, in: *Süddeutsche Zeitung*, 1. Oktober 2018, online verfügbar unter: {https://www.sueddeutsche.de/politik/revolution-chemnitz-1.4152545?reduced=true}.

Papier, H.-J.: *Die Warnung. Wie der Rechtsstaat ausgehöhlt wird*, München 2019.

Peters, U./Eluek, M.: »Deutsche Zustände. Die Chemnitzer Hetzjagd hat eine Vorgeschichte. Neonazis und andere Rassisten sind im Freistaat seit langem bestens organisiert.«, in: *Junge Welt*, 21. September 2018, online verfügbar unter: {https://www.jungewelt.de/loginFailed.php?ref=/artikel/340277.neofaschismus-deutsche-zust%C3%A4nde.html}.

Peters, J./Sager, T.: »Streitpunkt Autonome Nationalisten«, in: Peters,

J./Schulze, C. (Hg.): *»Autonome Nationalisten«. Die Modernisierung neofaschistischer Jugendkultur*, Münster 2009, S. 43-50.
Peters, J./Schulze, C. (Hg.): *»Autonome Nationalisten«. Die Modernisierung neofaschistischer Jugendkultur*, Münster 2009.
Petersen, T.: »Wie antisemitisch ist Deutschland?«, in: *Frankfurter Allgemeine Zeitung*, 20. Juni 2018, S. 8, online verfügbar unter: {https://www.faz.net/aktuell/politik/inland/exklusive-allensbach-umfrage-antisemitismus-in-deutschland-15648477/kann-man-in-deutschland-noch-15648790.html}.
Petzke, M./Endrikat, K./Kühnel, S.: »Risikofaktor Konformität. Soziale Gruppenprozesse im kommunalen Kontext«, in: Heitmeyer, W. (Hg.): *Deutsche Zustände*, Folge 5, Frankfurt am Main 2007, S. 52-76.
Pfahl-Traughber, A.: *Rechtsextremismus in Deutschland. Eine kritische Bestandsaufnahme*, Wiesbaden 2019.
Ders.: »Terrorismus – Merkmale, Formen und Abgrenzungsprobleme«, in: *Aus Politik und Zeitgeschichte*, 24-25/2016, S. 10-18.
Ders.: *Rechtsextremismus in der Bundesrepublik*, München 2006.
Ders.: »Der organisierte Rechtsextremismus in Deutschland nach 1945«, in: Schuberth, W./Stöss, R. (Hg.): *Rechtsextremismus in der Bundesrepublik Deutschland*, Opladen 2001, S. 71-100.
Ders.: *Rechtsextremismus. Eine Bestandsaufnahme nach der Wiedervereinigung*, Bonn 1995.
Pierce, W. L.: *The Turner Diaries* (veröffentlicht unter dem Pseudonym Andrew Macdonald), Hillsboro 1978.
Prantl, H.: »Rechtsstaat, vom Virus befallen«, in: *Süddeutsche Zeitung*, 24. April 2020, online verfügbar unter: {https://www.sueddeutsche.de/politik/kolumne-prantl-grundrechte-corona-terrorismus-1.4887238?reduced=true}.
Ders.: »Wer schützt die Verfassung vor dem Verfassungsschutz?«, in: *Süddeutsche Zeitung*, 7. Januar 2012, S. V2/1.
Precht, T.: *Home Grown Terrorism and Islamist Radicalization in Europe: From Conversion to Terrorism*, Forsvarsministeriet (Verteidigungsministerium des Königreichs Dänemark), Kopenhagen 2007.
Priester, K.: *Rechter und linker Populismus. Annäherung an ein Chamäleon*, Frankfurt am Main/New York 2012.

Quent, M.: *Deutschland rechts außen*, München 2019.
Ders.: *Ist die Mehrfachtötung am OEZ München ein Hassverbrechen? Gutachten über die Mehrfachtötung am 22. Juli 2016 im Auftrag der Landeshauptstadt München*, Institut für Demokratie und Zivilgesellschaft (Hg.), Jena 2017.

Ders.: *Rassismus, Radikalisierung, Rechtsterrorismus*, Weinheim und Basel 2016.

Ders.: »Der ›Volkstod‹ und die Übriggebliebenen. Rechtsradikale Angebote und Machtgewinne in abdriftenden und dörflichen Regionen«, in: *Berliner Debatte Initial* 25/1/2014, S. 40-53.

Ders.: *Mehrebenenanalyse rechtsextremer Einstellungen. Ursachen und Verbreitung in unterschiedlichen sozioökonomischen Regionen Hessens und Thüringens*, Magdeburg 2012.

Ders./Schulz, P.: *Rechtsextremismus in lokalen Kontexten. Vier vergleichende Fallstudien*, Wiesbaden 2015.

Rathje, J.: *Reichsbürger, Selbstverwalter und Souveränisten. Vom Wahn des bedrohten Deutschen*, Berlin 2017.

Reemtsma, J. Ph.: »Vom Nutzen eines Tabus«, in: *Le Monde diplomatique*, 12. Dezember 2003, S. 2.

Rehberg, K.-S.: »Dresden-Szenen. Eine einleitende Situationsbeschreibung«, in: Rehberg, K.-S. u.a. (Hg.): *PEGIDA. Rechtspopulismus zwischen Fremdenangst und »Wende«-Enttäuschung? Analysen im Überblick*, Bielefeld 2016, S. 15-50.

Reid Meloy, J./Hoffmann, J./Guldimann, A./James, D.: »The role of warning behaviors in threat assessment: An exploration and suggested typology«, in: *Behavioral Sciences & The Law* 30/3/2012, S. 256-279.

Richter, C./Salheiser, A./Quent, M.: *Rechtsradikale Landnahme. Analyse des AfD-Wahlerfolgs zur Landtagswahl 2019 in den Thüringer Gemeinden*, Institut für Demokratie und Zivilgesellschaft (Hg.), Jena 2019.

Rippl, S.: »Rechte Radikalisierung. Besorgte Bürger*innen, rechte Subkultur und gesellschaftliche Rahmenbedingungen: Hintergründe der Ereignisse von Chemnitz«, in: Friese, H. et al. (Hg.): *Alltagsrassismus. Theoretische und empirische Perspektiven nach Chemnitz*, Bielefeld 2019, S. 99-117.

Dies./Seipel, Chr.: »Modernisierungsverlierer, Cultural Backlash, Postdemokratie. Was erklärt rechtspopulistische Orientierungen?«, in: *Kölner Zeitschrift für Soziologie und Sozialpsychologie* 70/2018, S. 237-254.

Dies./Klein, M./Wittenburg, F./Kolb, J./Otto, A./ Gärtner, R./Hinze, S.: *PEGIDA und Co. – Erste Ergebnisse einer Telefonumfrage in Chemnitz. Erklärungsansätze und erste Befunde*, Working Paper, Technische Universität Chemnitz 2016.

Rommelspacher, B.: »Frauen und Männer im Rechtsextremismus – Motive, Konzepte und Rollenverständnisse«, in: Birsl, U. (Hg.): *Rechtsextremismus und Gender*, Opladen/Farmington Hills 2011, S. 43-68.

Dies.: »Das Geschlechterverhältnis im Rechtsextremismus«, in: Schubarth, W./Stöss, R. (Hg.): *Rechtsextremismus in der Bundesrepublik Deutschland. Eine Bilanz*, Bonn 2000, S. 199-219.

Röpke, A.: *Jahrbuch rechte Gewalt. Hintergründe, Analysen und die Ergebnisse 2016*, München 2017.

Dies.: »Immobilienkäufe durch Rechtsextremisten«, in Braun, S./Geisler, A./Gerster, M. (Hg.): *Strategien der extremen Rechten. Hintergründe – Analysen – Antworten*, Wiesbaden 2009, S. 245-258.

Röpke, A./Speit, A.: *Völkische Landnahme. Alte Sippen, junge Siedler, rechte Ökos*, Berlin 2019.

Dies.: *Mädelsache! Frauen in der Neonazi-Szene*, Berlin 2011.

Rucht, D.: »Rechtsradikalismus aus der Perspektive der Bewegungsforschung«, in: Grumke, T./Wagner, B. (Hg.): *Handbuch Rechtsradikalismus*, Opladen 2002, S. 75-86.

Ders.: *Modernisierung und neue soziale Bewegungen. Deutschland, Frankreich und USA im Vergleich*, Frankfurt am Main 1994.

Runciman, W. G.: *Relative Deprivation and Social Injustice. A Study of Attitudes to Social Inequality in Twentieth Century England*, Berkeley 1966.

Sabrow, M.: »Demokratie kann schnell an Boden verlieren«, Interview, in: *Neue Westfälische*, 2. Januar 2020, S. 3.

Salzborn, S.: *Rechtsextremismus*, 2. Auflage, Baden-Baden 2015.

Sanders, E.: »Normen im Ausnahmezustand. Geschlechtlich konnotierte Identitätsangebote und Feindbilder im Rechtsterrorismus«, in: *Wissen schafft Demokratie* 6/2019, S. 119-130.

Ders./Stützel, K./Tymanova, K.: »Taten und Worte – Neonazistische ›Blaupausen‹ des NSU«, in: *NSU Watch*, 12. Oktober 2014.

Sarrazin, Th.: *Deutschland schafft sich ab*, Stuttgart 2010.

Sauer, B.: »Radikaler Rechtspopulismus als männliche Identitätspolitik«, in: Becker, K./Dörre, K./Reif-Spirek, P. (Hg.): *Arbeiterbewegung von rechts? Ungleichheit – Verteilungskämpfe – populistische Revolte*, Frankfurt am Main 2018, S. 313-323.

Sächsische Staatskanzlei (Hg.): *Sachsenmonitor*, Dresden 2018.

Schaefer, D./Mansel, J./Heitmeyer, W.: »Rechtspopulistisches Potential. Die ›saubere Mitte‹ als Problem«, in: Heitmeyer, W. (Hg.): *Deutsche Zustände*, Folge 1, Frankfurt am Main 2002, S. 123-135.

Schawe, A.: »Wie die Bürgerwehr Angst verbreitet«, in: *Sächsische Zei-*

tung, 6. November 2015, online verfügbar unter: {https://www.saechsische.de/wie-die-buergerwehr-angst-verbreitet-3243759.html}.

Schedler, J.: »Stilbruch: (Jugend)kultureller Lifestyle, Symbolik und Aktionsformen des Neonazismus im Wandel«, in: Braun, S./Geisler, A./Gerster, M. (Hg.): *Strategien der extremen Rechten*, 2. Auflage, Wiesbaden 2016, S. 345-364.

Ders.: »›Modernisierte Antimoderne‹: Entwicklungen des organisierten Neonazismus 1990-2010«, in: Schedler, J./Häusler, A. (Hg.): *Autonome Nationalisten. Neonazismus in Bewegung*, Wiesbaden 2011, S. 17-35.

Ders./Häusler, A. (Hg.): *Autonome Nationalisten. Neonazismus in Bewegung*, Wiesbaden 2011.

Schellenberg, B.: *Die Rechtsextremismus-Debatte. Charakteristika, Konflikte und ihre Folgen*, Wiesbaden 2013.

Schmid, A.: *Radicalization, De-Radicalization, Counter-Radicalization: A Conceptual Discussion and Literature Review*, ICCT Research Paper, März, Den Haag 2013.

Schmidt, A.: *Völkische Siedler/innen im ländlichen Raum. Basiswissen und Handlungsstrategien*, Amadeu Antonio Stiftung (Hg.), Berlin 2014.

Schroeder, W./Weßels, B.: *Smarte Spalter. Die AfD zwischen Bewegung und Parlament*, Bonn 2019.

Schultz, T.: *NSU. Der Terror von rechts und das Versagen des Staates*, München 2018.

Schulz, P.: »Neue Nazis. Wie und warum sich die radikale Rechte verändert«, in: *Berliner Debatte Initial* 25/1/2014, S. 18-32.

Schulze, C.: *Etikettenschwindel. Die Autonomen Nationalisten zwischen Pop und Antimoderne*, Kommunikation & Kultur, Band 11, Baden-Baden 2017.

Ders.: »Widerspruch und Innovation: Kontext, Geschichte und Charakter einer neuen Strömung im Neonazismus«, in: Peters, J./Schulze, C. (Hg.): *»Autonome Nationalisten«. Die Modernisierung neofaschistischer Jugendkultur*, Münster 2009, S. 9-19.

Schwarz-Friesel, M.: »Judenhass 2.0. Das Chamäleon Antisemitismus im digitalen Zeitalter«, in: Heilbronn, Chr. et al. (Hg): *Neuer Antisemitismus?*, Berlin 2019, S. 385-417.

Seibt, G.: »Das Mantra der Mitte«, in: *Süddeutsche Zeitung*, 12. Februar 2020, S. 9, online verfügbar unter: {https://www.sueddeutsche.de/kultur/thueringen-mitte-buergerlichkeit-sprache-1.4793370?reduced=true}.

Silver, J./Horgan, J./Gill, P.: »Foreshadowing targeted violence: Assessing leakage of intent by public mass murderers«, in: *Aggression and Violent Behavior* 38/2018, S. 94-100.

Simmel, G.: »Die Großstädte und das Geistesleben«, in: ders., *Aufsätze und Abhandlungen 1901-1908. Band 1*, Gesamtausgabe 7, Kramme, R. (Hg.), Frankfurt am Main 1995 [1903], S. 116-131.

Siri, J./Lewandowski, M.: »Rechtspopulismus in Europa. Eine Bestandsaufnahme«, in: *Kursbuch* 186/2016, S. 3-22.

Sitzer, P.: »Jugendliche Gewalttätigkeit als Emanzipation«, in: Heitmeyer, W. et al. (Hg.): *Individualisierung von Jugend. Zwischen kreativer Innovation, Gerechtigkeitssuche und gesellschaftlichen Reaktionen*, Weinheim 2011, S. 177-193.

Ders.: »Entwicklungspfade der Gewalttätigkeit männlicher Jugendlicher aus anerkennungstheoretischer Perspektive«, in: *Soziale Passagen* 2/2/2010, S. 183-196.

Ders.: *Jugendliche Gewalttäter. Eine empirische Untersuchung zum Zusammenhang von Anerkennung, Missachtung und Gewalt*, Opladen 2009.

Ders./Heitmeyer, W.: »Right-wing violence among adolescents in Germany«, in: *New Directions for Youth Developments* 119/2008, S. 169-185.

Ders./Wieczorek, C.: »Anerkennung«, in: Heitmeyer, W./Imbusch, P. (Hg.): *Integrationspotenziale einer modernen Gesellschaft*, Wiesbaden 2005, S. 101-132.

Speit, A. (Hg.): *Das Netzwerk der Identitären*, Berlin 2018.

Steinke, R.: *Terror gegen Juden. Wie antisemitische Gewalt erstarkt und der Staat versagt – eine Anklage*, Berlin 2020.

Staud, T./Radke, J.: *Neue Nazis. Jenseits der NPD: Populisten, Autonome Nationalisten und der Terror von rechts*, Köln 2012.

Stöss, R.: »Die ›neue Rechte‹ in der Bundesrepublik«, in: *bpb.de*, 7. Juli 2016, online verfügbar unter: {https://www.bpb.de/politik/extremismus/rechtsextremismus/229981/die-neue-rechte-in-der-bundesrepublik}.

Ders.: »Die ›neue Rechte‹ in der Bundesrepublik«, in: *bpb.de*, 17. Dezember 2007, online verfügbar unter: {https://www.bpb.de/politik/extremismus/rechtsextremismus/41435/die-neue-rechte-in-der-bundesrepublik}.

Strobl, R./Würtz, S./Klemm, J.: *Demokratische Stadtkultur als Herausforderung. Stadtgesellschaften im Umgang mit Rechtsextremismus und Fremdenfeindlichkeit*, Weinheim und München 2003.

Sundermeyer, O.: *Gauland. Die Rache des alten Mannes*, München 2018.

Ders.: *Rechter Terror in Deutschland. Eine Geschichte der Gewalt*, München 2012.

Tezcan, L.: »Kulturelle Identität und Konflikt. Zur Rolle politischer und religiöser Gruppen der türkischen Minderheitsbevölkerung«, in: Heitmeyer, W./Anhut, R. (Hg.): *Bedrohte Stadtgesellschaft. Soziale Desintegrationsprozesse und ethnisch-kulturelle Konfliktkonstellationen*, Weinheim und München 2000, S. 401-448.

Thein, M.: *Wettlauf mit dem Zeitgeist – Der Neonazismus im Wandel*, Göttingen 2009.

Ders.: »Der organisatorische Erneuerungsprozess als Bedingung für den Aufschwung des Neonazismus – Eine vergleichende Betrachtung traditioneller Organisationsstrukturen und der ›freien Kameradschaften‹«, in: Backes, U./ Steglich, H. (Hg.): *Die NPD. Erfolgsbedingungen einer rechtsextremistischen Partei*, Baden-Baden 2007, S. 211-231.

Ther, Ph.: »Die Ära nach dem Ausbruch«, in: *Der Spiegel*, 21. März 2020, S. 92-93, online verfügbar unter: {https://www.spiegel.de/geschichte/coronavirus-wie-die-welt-nach-der-pandemie-aussehen-wird-a-00000000-0002-0001-0000-000170114601}.

Thome, H.: »Zur Normalität von Anomie in funktional differenzierten Gesellschaften«, in: *Zeitschrift für Soziologie*, 4/2016, S. 261-280.

Virchow, F.: »Entgrenzung und Ordnung. Entstehung und Artikulation einer völkisch-nationalistischen Massenbewegung in Deutschland«, in: *Neue Kriminalpolitik* 29/1/2017, S. 36-48.

Ders.: »Dimensionen der ›Demonstrationspolitik‹ der extremen Rechten in Deutschland«, in: Klärner, A./Kohlstruck, M. (Hg.): *Moderner Rechtsextremismus in Deutschland*, Hamburg 2006, S. 68-101.

Vooren, Ch.: »Der NSU hat viel versteckter agiert«, Interview mit Karolin Schwarz, in: *Die Zeit*, 19. Februar 2020, online verfügbar unter: {https://www.zeit.de/gesellschaft/2020-02/gruppe-s-rechtsextremismus-terrorgruppe-nsu-karolin-schwarz}.

Vorländer, H./Herold, M./Schäller, S.: *PEGIDA. Entwicklung, Zusammensetzung und Deutung einer Empörungsbewegung*, Wiesbaden 2016.

Wagner, B.: »Neuer Rechtsextremismus und ›kulturelle Subversion‹«, in: *Forschungsjournal Neue Soziale Bewegungen*, 4/2008, S. 6-16.

Ders.: *Rechtsextremismus und kulturelle Subversion in den neuen Ländern*, Berlin 1998.

Wahl, K. (Hg.): *Fremdenfeindlichkeit, Antisemitismus, Rechtsextremismus. Drei Studien zu Tatverdächtigen und Tätern*, Bonn 2001.

Waldmann, P.: *Terrorismus. Provokation der Macht*, München 1998.

Walter, C.: »Blinde Flecken. Die Bundeswehr und ihr Umgang mit Rechtsextremismus«, in: Meissner, M./Kleffner, H. (Hg.): *Extreme Sicherheit. Rechtsradikale in Polizei, Verfassungsschutz, Bundeswehr und Justiz*, Freiburg/Basel/Wien 2019, S. 260-271.

Wehner, M.: »Falsche Freunde«, in: *Frankfurter Allgemeine Zeitung*, 29. Januar 2020, S. 3, online verfügbar unter: {https://www.faz.net/aktuell/politik/inland/die-afd-und-der-antisemitismus-israels-falsche-freunde-16605456/deutliches-zeichen-die-16605119.html}.

Weiß, V.: *Die autoritäre Revolte. Die Neue Rechte und der Untergang des Abendlandes*, Stuttgart 2017.

Wette, W.: »Im Geiste der Freikorps. Rechtsextremismus in der Bundeswehr ist eine unterschätzte Gefahr, seit Jahrzehnten wird das Problem heruntergespielt. Ein persönlicher Warnruf eines Militärhistorikers«, in: *Süddeutsche Zeitung*, 11./12. Januar 2020, S. 55, online verfügbar unter: {https://www.sueddeutsche.de/politik/bundeswehr-rechtsextremismus-1.4747400?reduced=true}.

Weyrosta, J.: »Keine Zeit für Politik«, in: *taz*, 12. September 2018, online verfügbar unter: {https://taz.de/!5531530/}.

Whitson, J.A./Galinsky, A.D.: »Lacking Control Increases Illusory Pattern Perception«, in: *Science*, 3. Oktober 2008, S. 115-117.

Wiktorowicz, Q.: *Radical Islam Rising: Muslim Extremism in the West*, Lanham 2005.

Willems, H./Würtz, S./Eckert, R.: *Analyse fremdenfeindlicher Straftäter*, Bundesministerium des Inneren (Hg.), Bonn 1994.

Winkler, H.A.: »Eine Sünde wider den Geist der Demokratie«, Interview, in: *Welt am Sonntag*, 9. Februar 2020, S. 4, online verfügbar unter: {https://www.welt.de/politik/deutschland/plus205705121/Nach-Thueringen-Eklat-Es-ist-absurd-staendig-den-Untergang-der-Weimarer-Republik-zu-beschwoeren.html}.

Wolf, C./Schlüter, E./Schmidt, P.: »Relative Deprivation. Vergleichsweise schlecht, vergleichsweise feindselig«, in: Heitmeyer, W. (Hg.): *Deutsche Zustände*, Folge 4, Frankfurt am Main 2006, S. 67-85.

Zeuner, B. et al.: *Gewerkschaften und Rechtsextremismus*, Münster 2007.

Zick, A./Berghan, W./Mokros, N.: »Gruppenbezogene Menschenfeindlichkeit in Deutschland 2002-2018/19«, in: Zick, A./Küpper, B./Berghan, W. (Hg.): *Verlorene Mitte. Feindselige Zustände. Rechtsext-*

remistische Einstellungen in Deutschland 2018/19, Bonn 2019, S. 53-116.

Zick, A./Küpper, B./Krause, D. (Hg.): *Gespaltene Mitte – Feindselige Zustände: rechtsextreme Einstellungen in Deutschland 2016*, Bonn 2016.

Zick, A./Klein, A. (Hg.): *Fragile Mitte – Feindselige Zustände: rechtsextreme Einstellungen in Deutschland 2014*, Bonn 2014.

Zick, A./Küpper, B./Legge, S.: »Nichts sehen, nichts merken, nichts tun oder: Couragiertes Eintreten gegen Rechtsextremismus in Ost und West«, in: Heitmeyer, W. (Hg.): *Deutsche Zustände*, Folge 7, Frankfurt am Main 2009, S. 168-189.

Soziologie
in der edition suhrkamp
Eine Auswahl

Pablo Alabarces. Für Messi sterben? Der Fußball und die Erfindung der argentinischen Nation. es 2608. 287 Seiten

Louis Althusser. Für Marx. Vollständige und durchgesehene Ausgabe. es 2600. 409 Seiten

Bruno Amable/Stefano Palombarini. Von Mitterrand zu Macron. Über den Kollaps des französischen Parteiensystems. es 2727. 255 Seiten

Zygmunt Bauman
- Flüchtige Moderne. es 2447. 260 Seiten
- Gemeinschaften. Auf der Suche nach Sicherheit in einer bedrohlichen Welt. es 2565. 180 Seiten
- Wir Lebenskünstler. es 2594. 206 Seiten

Zygmunt Bauman/David Lyon. Daten, Drohnen, Disziplin. Ein Gespräch über flüchtige Überwachung. es 2667. 204 Seiten

Ulrich Beck
- Das deutsche Europa. Neue Machtlandschaften im Zeichen der Krise. edition suhrkamp digital. 79 Seiten
- Nachrichten aus der Weltinnenpolitik. es 2619. 149 Seiten
- Risikogesellschaft. Auf dem Weg in eine andere Moderne. es 1365 und es 3326. 396 Seiten

Ulrich Beck/Martin Mulsow (Hg.). Vergangenheit und Zukunft der Moderne. es 2685. 427 Seiten

NF 1097/1/03.19

Ulrich Beck/Angelika Poferl (Hg.). Große Armut, großer Reichtum. Zur Transnationalisierung sozialer Ungleichheit. es 2614. 694 Seiten

Ingolfur Blühdorn. Simulative Demokratie. Neue Politik nach der postdemokratischen Wende. es 2634. 304 Seiten

Pierre Bourdieu
- Praktische Vernunft. Zur Theorie des Handelns. es 1985. 226 Seiten
- Rede und Antwort. es 1547. 237 Seiten
- Soziologische Fragen. es 1872. 256 Seiten
- Ein soziologischer Selbstversuch. Mit einem Nachwort von Franz Schultheis. es 2311. 160 Seiten
- Über das Fernsehen. es 2054. 140 Seiten

Didier Eribon
- Gesellschaft als Urteil. Klassen, Identitäten, Wege. es-Sonderdruck. 265 Seiten
- Rückkehr nach Reims. es-Sonderdruck. 240 Seiten

Elena Esposito. Die Fiktion der wahrscheinlichen Realität. es 2485. 127 Seiten

Mischa Gabowitsch. Putin kaputt!? Russlands neue Protestkultur. es 2661. 441 Seiten

David Harvey. Rebellische Städte. Vom Recht auf Stadt zur urbanen Revolution. Aus dem Englischen von Yasemin Dinçer. es 2657. 283 Seiten

Wilhelm Heitmeyer (Hg.)
- Deutsche Zustände. Folge 1. es 2290. 304 Seiten
- Deutsche Zustände. Folge 2. es 2332. 320 Seiten
- Deutsche Zustände. Folge 3. es 2388. 300 Seiten

NF 1097/2/03.19

- Deutsche Zustände. Folge 4. es 2454. 320 Seiten
- Deutsche Zustände. Folge 5. es 2484. 300 Seiten
- Deutsche Zustände. Folge 6. es 2525. 308 Seiten
- Deutsche Zustände. Folge 7. es 2552. 328 Seiten
- Deutsche Zustände. Folge 8. es 2602. 319 Seiten
- Deutsche Zustände. Folge 9. es 2616. 348 Seiten
- Deutsche Zustände. Folge 10. es 2647. 336 Seiten

Wilhelm Heitmeyer. Autoritäre Versuchungen. Signaturen der Bedrohung 1. es 2717. 394 Seiten

Claudia Honegger/Sighard Neckel/Chantal Magnin (Hg.). Strukturierte Verantwortungslosigkeit. Berichte aus der Bankenwelt. Mit einem Text von Elfriede Jelinek. es 2607. 395 Seiten

Eva Illouz
- Die neue Liebesordnung. Frauen, Männer und *Shades of Grey*. edition suhrkamp digital. 88 Seiten
- Israel. Soziologische Essays. es 2683. 229 Seiten

Marie Jahoda/Paul F. Lazarsfeld/Hans Zeisel. Die Arbeitslosen von Marienthal. Ein soziographischer Versuch über die Wirkungen langandauernder Arbeitslosigkeit. Mit einem Anhang zur Geschichte der Soziographie. es 769. 148 Seiten

Cornelia Koppetsch/Sarah Speck. Wenn der Mann kein Ernährer mehr ist. Geschlechterkonflikte in Krisenzeiten. es 2701. 297 Seiten

Christoph Kucklick. Das unmoralische Geschlecht. Zur Geburt der negativen Andrologie. es 2538. 379 Seiten

Bruno Latour. Das terrestrische Manifest. es-Sonderdruck. 135 Seiten

NF 1097/3/03.19

Claus Leggewie. Die Anti-Europäer. Breivik, Dugin, al-Suri & Co. es-Sonderdruck. 176 Seiten

Martina Löw/Renate Ruhne. Prostitution. Herstellungsweisen einer anderen Welt. es 2632. 215 Seiten

Steffen Mau. Das metrische Wir. Über die Quantifizierung des Sozialen. es-Sonderdruck. 308 Seiten

Steffen Mau/Nadine M. Schöneck (Hg.). (Un-)Gerechte (Un-)Gleichheiten. es 2684. 208 Seiten

Daniel Miller. Der Trost der Dinge. Fünfzehn Porträts aus dem London von heute. es 2613. 226 Seiten

Stephan Moebius/Markus Schroer (Hg.). Diven, Hacker, Spekulanten. Sozialfiguren der Gegenwart. es 2573. 462 Seiten

Jan-Werner Müller. Was ist Populismus? Ein Essay. es-Sonderdruck. 160 Seiten

Richard Münch
- Akademischer Kapitalismus. Über die politische Ökonomie der Hochschulreform. es 2633. 457 Seiten
- Globale Eliten, lokale Autoritäten. Bildung und Wissenschaft unter dem Regime von PISA, McKinsey &. Co. es 2560. 266 Seiten

Oliver Nachtwey. Die Abstiegsgesellschaft. Über das Aufbegehren in der regressiven Moderne. es 2682. 264 Seiten

Sighard Neckel/Greta Wagner (Hg.). Leistung und Erschöpfung. Burnout in der Wettbewerbsgesellschaft. es 2666. 219 Seiten

NF 1097/4/03.19

Barbara Nolte/Jan Heidtmann. Die da oben. Innenansichten aus deutschen Chefetagen. es 2599. 202 Seiten

Claus Offe. Europa in der Falle. es 2691. 160 Seiten

Werner Schiffauer. Schule, Moschee, Elternhaus. Eine ethnologische Intervention. es 2699. 298 Seiten

Frank Schirrmacher (Hg.). Technologischer Totalitarismus. Eine Debatte. es-Sonderdruck. 283 Seiten

Ulrich Schmid. Technologien der Seele. Vom Verfertigen der Wahrheit in der russischen Gegenwartskultur. es 2702. 386 Seiten

Limor Shifman. Meme. Kunst, Kultur und Politik im digitalen Zeitalter. es 2681. 189 Seiten

Walter Siebel. Die Kultur der Stadt. es 2698. 475 Seiten

Felix Stalder. Kultur der Digitalität. es 2679. 200 Seiten

Mark Terkessidis
- Interkultur. es 2589. 220 Seiten
- Kollaboration. es 2686. 332 Seiten

NF 1097/5/03.19

edition suhrkamp
Eine Auswahl

Bini Adamczak. Beziehungsweise Revolution. 1917, 1968 und kommende. es 2721. 313 Seiten

Bruno Amable / Stefano Palombarini. Von Mitterrand zu Macron. Über den Kollaps des französischen Parteiensystems. es 2727. 255 Seiten

Perry Anderson. Hegemonie. Konjunkturen eines Begriffs. es 2724. 249 Seiten

Zygmunt Bauman. Retrotopia. es-Sonderdruck. 220 Seiten

Michael Butter. »Nichts ist, wie es scheint.« Über Verschwörungstheorien. 271 Seiten

Colin Crouch. Gig Economy. Prekäre Arbeit im Zeitalter von Uber, Minijobs & Co. es 2742. 135 Seiten

Didier Eribon
- Gesellschaft als Urteil. Klassen, Identitäten, Wege. es-Sonderdruck. 264 Seiten
- Rückkehr nach Reims. es-Sonderdruck. 237 Seiten

Heinrich Geiselberger (Hg.). Die große Regression. Eine internationale Debatte über die geistige Situation der Zeit. es-Sonderdruck. 318 Seiten

Kristen R. Ghodsee. Warum Frauen im Sozialismus besseren Sex haben. Und andere Argumente für ökonomische Unabhängigkeit. 276 Seiten

NF 383/1/9.19

Jürgen Habermas. Im Sog der Technokratie. Kleine politische Schriften XII. es 2671. 193 Seiten

David Harvey. Rebellische Städte. es 2657. 283 Seiten

Wilhelm Heitmeyer. Autoritäre Versuchungen. Signaturen der Bedrohung 1. es 2717. 394 Seiten

Dirk Jörke. Die Größe der Demokratie. Über die räumliche Dimension von Herrschaft und Partizipation. es 2739. 282 Seiten

François Jullien. Es gibt keine kulturelle Identität. es 2718. 95 Seiten

Ivan Krastev. Europadämmerung. Ein Essay. es 2712. 143 Seiten

Bruno Latour. Das terrestrische Manifest. es-Sonderdruck. 136 Seiten

Enis Maci. Eiscafé Europa. Essays. es 2726. 240 Seiten

Philip Manow. Die Politische Ökonomie des Populismus. es 2728. 160 Seiten

Lorenzo Marsili/Niccolò Milanese. Wir heimatlosen Weltbürger. es 2736. 280 Seiten

Steffen Mau. Das metrische Wir. Über die Quantifizierung des Sozialen. es-Sonderdruck. 307 Seiten

Chantal Mouffe. Für einen linken Populismus. es 2729. 111 Seiten

NF 383/2/9.19

Jan-Werner Müller
- Furcht und Freiheit. Für einen anderen Liberalismus. 170 Seiten
- Was ist Populismus? Ein Essay. es-Sonderdruck. 159 Seiten

Oliver Nachtwey. Die Abstiegsgesellschaft. Über das Aufbegehren in der regressiven Moderne. es 2682. 263 Seiten

Hanno Rauterberg. Wie frei ist die Kunst? Der neue Kulturkampf und die Krise des Liberalismus. es 2725. 141 Seiten

Andreas Reckwitz. Das Ende der Illusionen. Politik, Ökonomie und Kultur in der Spätmoderne. es 2735. 305 Seiten

César Rendueles. Kanaillen-Kapitalismus. Eine literarische Reise durch die Geschichte der freien Marktwirtschaft. es 2737. 300 Seiten

Michel Serres. Was genau war früher besser? Ein optimistischer Wutanfall. es-Sonderdruck. 80 Seiten

Philipp Staab. Digitaler Kapitalismus. Markt und Herrschaft in der Ökonomie der Unknappheit. es-Sonderdruck. 344 Seiten

Carlo Strenger. Diese verdammten liberalen Eliten. Wer sie sind und warum wir sie brauchen. es-Sonderdruck. 103 Seiten

Philipp Ther. Das andere Ende der Geschichte. Über die Große Transformation. es 2744. 199 Seiten

David Van Reybrouck. Zink. es-Sonderdruck. 86 Seiten

Gabriel Zucman. Steueroasen. Wo der Wohlstand der Nationen versteckt wird. es-Sonderdruck. 118 Seiten

NF 383/3/9.19